Les opérations de transfert de footballeurs professionnels

Logiques Juridiques

Collection dirigée par Gérard Marcou

Le droit n'est pas seulement un savoir, il est d'abord un ensemble de rapports et pratiques que l'on rencontre dans presque toutes les formes de sociétés. C'est pourquoi il a toujours donné lieu à la fois à une littérature de juristes professionnels, produisant le savoir juridique, et à une littérature sur le droit, produite par des philosophes, des sociologues ou des économistes notamment.

Parce que le domaine du droit s'étend sans cesse et rend de plus en plus souvent nécessaire le recours au savoir juridique spécialisé, même dans des matières où il n'avait jadis qu'une importance secondaire, les ouvrages juridiques à caractère professionnel ou pédagogique dominent l'édition, et ils tendent à réduire la recherche en droit à sa seule dimension positive. A l'inverse de cette tendance, la collection *Logiques juridiques* des Éditions L'Harmattan est ouverte à toutes les approches du droit. Tout en publiant aussi des ouvrages à vocation professionnelle ou pédagogique, elle se fixe avant tout pour but de contribuer à la publication et à la diffusion des recherches en droit, ainsi qu'au dialogue scientifique sur le droit. Comme son nom l'indique, elle se veut plurielle.

Déjà parus

ROCA David, *Le démantèlement des entraves aux commerces mondial et intracommunautaire* (tomes I & II), 2007.
CHARVIN Robert, *Droit à la protection sociale*, 2007.
LABRECQUE Georges, *Les différends internationaux en Asie*, 2007.
PAÏVA de ALMEIDA Domingos (sous la dir.), *Introduction au droit brésilien,* 2006.
MOQUET-ANGER Marie-Laure (sous la dir.), *Les institutions napoléoniennes,* 2006.
CHARBONNEAU Simon, *Droit communautaire de l'environnement, Édition revue et augmentée*, 2006.
CHEBEL-HORSTMANN Nadia, *La régulation du marché de l'électricité*, 2006.
COMTE Henri et LEVRAT Nicolas (sous la dir.), *Aux coutures de l'Europe. Défis et enjeux juridiques de la coopération transfrontalière*, 2006.
MASSAT Eric, *Servir et discipliner*, 2006.
BOUDET Jean-François, *La caisse des dépôts et consignations*, 2006.
ROSIER Guy, *L'enracinement créole*, 2006.
DESMONS É. (sous la dir.), *Figures de la citoyenneté*, 2006.

Moustapha Kamara

Les opérations de transfert de footballeurs professionnels

Préface d'Hervé Causse

L'HARMATTAN

Ouvrage subventionné par la Bourse de recherche J. Havelange
du Centre international d'études du sport et la FIFA

5-7 rue de l'École Polytechnique ; Paris 5e
www.librairieharmattan.com
harmattan1@wanadoo.fr
diffusion.harmattan@wanadoo.fr

ISBN : 978-2-296-03689-5
EAN : 9782296036895

SOMMAIRE

Préface

La recherche juridique consiste à actualiser la connaissance des règles et mécanismes juridiques et à en découvrir de nouveaux. Pour la science juridique, comme pour d'autres, chercher consiste à déterminer un objet d'étude et à en révéler tous les aspects, ceux connus – là s'exprime la méthode, ceux inconnus – là s'exprime le talent du découvreur. Pour tel sujet comme pour tel autre, une recherche est toujours légitime ou possible, autre chose étant la question de l'utilité de la recherche.

Les opérations de transfert des footballeurs professionnels est ainsi un sujet de recherche aussi digne d'intérêt qu'un autre. La convention – tacite et académique – qui y verrait un sujet moins sérieux que d'autres est désuète, alors surtout que certaines reprises de sujets fondamentaux deviennent lassantes. A l'inverse, des sujets originaux et pointus donnent souvent sur le registre fondamental. L'ouvrage de M. Moustapha Kamara le démontre et le préfacier a pu s'en convaincre en dirigeant sa thèse.

Son sujet est apparemment non fondamental parce que triplement original : il étudie une opération atypique (le transfert), concernant une personne spéciale (un joueur salarié) pour un domaine particulier (la compétition sportive de football). Rien n'est là fondamental… et cependant le fondamental pointe : c'est sur le thème de la cession de contrat que l'auteur réfléchit *in fine*. Les sujets techniques alimentent l'étude des thèmes fondamentaux !

Pour passer du spécial au général, du technique au fondamental, il aura fallu à M. Kamara courage et abnégation. Le sujet n'avait jamais été traité dans une monographie complète. Peu de thèses, peu d'articles, aucun manuel ne l'aida ! Le droit du sport n'est et n'était pas véritablement en friche mais, comparé à d'autres secteurs, il n'était pas en coupe réglée ! Les choses auront changé en cours de thèse. A l'Institut de Recherche sur les Contrats et Investissements Lourds (IRCIL, JE 2427), les lumières ont souvent brûlé tôt le matin et tard le soir. M. Kamara travaillait sur le *Lamy Droit du sport*… venu à point. Sa recherche s'insérait ainsi, au fil des mois, naturellement, parmi les préoccupations de chercheurs patentés et de talents qui, autour d'eux, avaient réunis les professionnels de la matière pour réaliser cette encyclopédie.

Cet état de la connaissance du droit du sport a influencé la méthode de traitement du sujet. L'ouvrage en porte la marque. M. Kamara a éprouvé le besoin de faire un large tour d'horizon du droit du sport et des règles relatives au football. L'auteur n'est donc pas, au sortir de cette étude, un albatros du droit… volant haut sur le transfert de footballeurs … et veule à terre sur les autres sujets de la matière. M. Kamara connaît le droit du sport et, aussi, les pratiques du football, bonnes ou moins bonnes.

M. Kamara a passé le droit du sport au tamis dans un style simple et efficace. Il l'a fait sans ignorer les matières « supérieures », droit communautaire ou droit civil. Il parvient à mélanger les règles des autorités du football avec celles des Etats. Car l'affaire du transfert est sérieuse et pas seulement sur le plan sportif, lequel justifie sinon explique que des règles spéciales s'appliquent pour respecter les compétitions, nationales ou internationales et, aussi… l'esprit du sport.

Cette construction juridique originale reste cependant imparfaite, ce que rappellent trop régulièrement les fraudes commises au cours des transferts. Celles-ci s'expriment toujours dans un contexte professionnel marqué par le défaut de déontologie d'agents de joueurs qui, on le devine, plient parfois sous les exigences de leurs clients, joueurs ou clubs. Malgré ces errements, le système ne parvient guère à empêcher, neutraliser ou sanctionner ces fraudes, ce qui est une injure pour le public qui paye son billet et donc, ces flux financiers illicites. En outre, une juste part aux clubs formateurs n'est pas toujours donnée quand, pourtant, elle pourrait s'exprimer au cours des transferts professionnels.

Actuellement, ce transfert montre le joueur, même si les textes ne le disent pas, comme un objet et le montant du transfert comme son prix. M. Kamara transpose cette réalité en notant que le joueur peut constituer un bien, un bien d'investissement. Mais sur ce thème de l'investissement la connaissance juridique est maigre. Alors, au secours de l'opération, l'auteur soutient que le transfert est une cession de contrat de travail. Curieuse cession, diront certains, puisque le contrat de travail au cœur des négociations n'a souvent rien à voir (salaire, lieu, poste…) avec le précédent. En vérité, cette cession refait le contrat, mais alors est-il cédé ? L'auteur s'inscrit là dans un lourd courant doctrinal qui, en France, a voulu imposer que le cédé consente à la cession de contrat (opérée ici entre deux clubs). N'y a-t-il pas une opération tripartite parfaite, modèle d'acte juridique qui s'intercalerait entre le contrat habituel (à deux) et les figures des contrats multilatéraux (société, association, groupement…).

Les pouvoirs sportifs peuvent partir de ce travail de thèse pour se convaincre du chemin à accomplir ou, au moins, de la direction à prendre. Il convient purement et simplement d'inventer (au sens propre du terme : découvrir). Il faudrait inventer une opération juridique de transfert plus logique sur le plan juridique et qui, de ce fait, la rendrait plus légitime sur les plans économiques et sportifs. Tel est le rôle supérieur de la recherche juridique : donner des règles, concepts et mécanismes nouveaux qui habillent parfaitement les opérations des temps nouveaux. Une fois cette pierre juridique bien taillée, et bien posée, on y construirait au-dessus des règles précises obligeant les clubs, les joueurs salariés et surtout les agents sportifs. Le travail de M. Kamara conduit à cela. Inaugure-t-il le travail d'institutions, publiques ou sportives, qui encadreront le "sport business" pour le plus grand profit du sport tout court ?

Pour ce qui est de l'auteur, ses lendemains prêtent moins à interrogations. Le jury de thèse réuni devant l'Université de Reims Champagne-Ardenne a pu juger de l'implication de l'auteur. Ont siégé, outre le directeur de thèse, les professeurs Hallouin (Poitiers), Alaphilippe (Limoges), Simon (Dijon) et Rizzo (Aix-en-Provence). L'ouvrage que le lecteur a en mains est autant une ligne d'arrivée qu'une de départ. M. Kamara a engagé une longue course de fond sur les chemins du droit, des affaires et de la vie sportive. D'aucuns seront bien inspirés de s'attacher à l'individu qui, outre son doctorat en droit privé, dispose d'un *curriculum vitae* complet, qui passe par le droit des affaires, terrain sur lequel le préfacier a d'abord fait travailler M. Kamara. En tout cas, en lui attribuant la bourse Joao Havelange, la FIFA, elle, a fait preuve de pertinence.

Reims, le 15 février 2006,

Hervé Causse,

Professeur des Facultés de Droit.

REMERCIEMENTS

A toute ma famille

A tous mes amis

A l'Institut de recherche sur les contrats et investissements lourds (IRCIL) et à ses membres

Au Centre international d'étude du sport (CIES) et à la Fédération Internationale de Football Association (FIFA) d'avoir financé ce travail à travers la bourse de recherche Joao Havelange.

LISTE DES SIGLES ET ABREVIATIONS

AFB (Association Française de Banque)

ANPE (Agence Nationale Pour l'Emploi)

CDD (Contrat de travail à Durée Déterminée)

CDI (Contrat de travail à Durée Indéterminée)

CEDH (Cour Européenne des Droits de l'Homme)

CEE (Communauté Economique Européenne)

CIO (Comité International Olympique)

CIT (Certificat International de Transfert)

CNOSF (Comité National Olympique Sportif Français)

CRL (Chambre de Règlement des Litiges de la FIFA)

DNCG (Direction Nationale de Contrôle de Gestion des clubs de football)

EDF (Electricité De France)

EEE (Espace Economique Européen)

EUSRL (Entreprise Unipersonnelle Sportive à Responsabilité Limitée)

FFB (Fédération Française de Basket-ball)

FFF (Fédération Française de Football)

FIBA (Fédération Internationale de Basket-ball)

FIFA (Fédération Internationale de Football Association)

FIFPRO (Fédération Internationale des Footballeurs Professionnels)

FRBSB (Fédération Royale Belge des Sociétés de Basket-ball)

FREF (Fédération Royale Espagnole de Football)

GFP (Groupement du Football Professionnel)

IFRS/IAS (International Financial Reporting Standard/International Accounting Standard)

LFA (Ligue de Football Amateur)

LFP (Ligue de Football Professionnel)

NFL (National Football League)

NHL (National Hockey League)

OL (Olympique Lyonnais)

OM (Olympique de Marseille)

ONU (Organisation des Nations Unies)

SAEM (Société Anonyme d'Economie Mixte)

SAOS (Société Anonyme à Objet Sportif)

SARL (Société à Responsabilité Limitée)

SASP (Société Anonyme Sportive Professionnelle)

SEMSL (Société d'Economie Mixte Sportive Locale)

SNAAF (Syndicat National des Administratifs et Assimilés du Football)

TAS (Tribunal Arbitral du Sport)

TGI (Tribunal de Grande Instance)

TPA (Théorie Positive de l'Agence)

UBSSA (Union Belge des Sociétés des Sports Athlétiques)

UCI (Union Cycliste Internationale)

UCPF (Union des Clubs Professionnels de Football)

UE (Union Européenne)

UEFA (Union Européenne de Football Association)

UNECATEF (Union Nationale des Educateurs et Cadres Techniques de Football).

UNFP (Union Nationale des Footballeurs Professionnels)

URBSFA (Union Royale Belge des Sociétés de Football)

USFSA (Union des Sociétés Françaises des Sports Athlétiques)

INTRODUCTION

La judiciarisation du football professionnel[1], qui n'est pas récente, se développe de plus en plus avec l'émergence de contrats lourds[2]. Ces derniers soulignent que les intérêts financiers et économiques attachés aux transferts de joueurs sont considérables, au point de favoriser ou de contrarier l'ensemble des projets de développement d'une ville, voire d'une région. Les affaires judiciaires sont aussi l'occasion de constater que les règles juridiques ou autres, sont de plus en plus nombreuses et complexes en la matière. On ne saurait étudier l'opération juridique de transfert sans remettre en perspective les choses en espérant tirer du passé quelques perspectives. Le développement économique du football et l'emprise du droit sont les fruits de profondes transformations qu'a connues le sport professionnel au cours du siècle dernier.

Traiter notre sujet, nous impose de prouver que nous connaissons les diverses données sociales du sport et, spécialement, du football. Nous verrons successivement l'évolution du football au cours de l'histoire, son développement économique, notamment l'arrivée de la télévision, ses rapports avec la politique et l'émergence de la violence.

Déjà, dans l'Italie de la Renaissance, à Bologne et à Florence, l'on jouait au *quico del calcio*, jeu dans lequel le ballon était poussé avec le pied. Pratiqué à Pâques ou à Mardi gras, le *calcio* est un jeu urbain qui se déroule à l'intérieur d'espaces réduits et bien délimités. Le *calcio* préfigure le football moderne.

En Angleterre, les biens assurant la cohésion des communautés traditionnelles à la fin du XVIIIe et du début du XIXe siècle, intégrant les jeux de balle anciens, se maintiennent grâce à leur adoption par les élèves issus des couches aisées fréquentant les *publics schools*. A partir de 1880, et sous l'influence de l'industrialisation de l'Angleterre, se

[1] I. DE SILVA, « La judiciarisation du football », in *Pouvoirs* n° 101 sur le Football, Seuil 2002, pp. 105-112.
[2] Voyez l'article du journal *le Monde* où l'on a débattu des contrats lourds. En effet, les contrats sont qualifiés de « lourds » car les joueurs sont achetés très cher. Par exemple, le PSG y a récemment consacré 68 millions d'euros pour la saison 2004-2005.

déroule un processus de changement dans les *publics schools*, qui s'accompagne d'une transformation décisive de la pratique du jeu de balle.
Les brimades régressent et les rapports entre les élèves sont désormais codifiés ; les collèges en sortent pacifiés. Directeur du collège de rugby entre 1828 et 1840, Thomas Arnold opère alors timidement ce type de réforme. Cette détente favorise l'émergence d'un jeu fondé sur des règles précises, mises par écrit, ainsi que celles d'un jeu moins brutal impliquant le contrôle de soi propre à forger le caractère.

Toutefois, c'est la génération des directeurs de collège, postérieure à celle d'Arnold, qui préside vraiment à la renaissance du football moderne sous ses deux formes : le football rugby et le *dribbling game*, futur football association. Vers 1845, les *publics schools* optent pour la transcription des règles de leur jeu, ce qui vise à les pérenniser. Les plus anciennes et les plus renommées, comme celles de Eton et Harrow, choisissent alors les règles proscrivant l'usage des mains, ainsi que le coup de pied dans les tibias : c'est le *dribbling game*. En 1863, un petit nombre de représentants de quelques clubs du Sud, comme Eton, Westminster et Harrow, se réunissent à Londres dans la Freemason's Tavern, pour tenter d'harmoniser les divers règlements en vigueur afin de faciliter les rencontres. Ils décident d'adopter les règles de Cambridge et fondent du même coup une sorte de fédération : la *Football Association* (F.A.). Présent également, le représentant du collège de rugby refuse de suivre, préférant conserver le jeu à la main. Ce n'est qu'en 1871 que les partisans de ce jeu s'uniront pour fonder la *Rugby Football Union*, rendant ainsi la séparation irréversible entre le football association et le football rugby. L'extension territoriale débute à la fin des années 1860 : elle se déroule à la fois sur le plan régional et sur le plan social, et doit beaucoup à l'instauration du repos du samedi après-midi, dès 1860 dans certains cas, au profit de la *middle class*.

De très nombreux clubs naissent autour de la paroisse, avec ou sans prééminence du ministre du Culte qui fonde des espoirs sur le christianisme du muscle. Ils sont nombreux dans le Midlands et le Nord-Est. En 1880, 25% de tous les clubs en activité appartiennent à ce type. Des grands clubs comme Aston Villa, Blackpool ou les Bolton Wanderers ont eu cette empreinte religieuse. Ce n'est que vers les années 1870 que les clubs d'entreprise, comme Sheffield ou Birmingham, apparaissent. C'est Arnold Hills, le propriétaire de l'usine sidérurgique Thames Iranworks, qui fonde le club West Ham. Jusqu'en 1880, toutes les équipes finalistes de la Cup étaient formées d'anciens élèves de *publics schools*. La domination de l'élite sociale se symbolise en 1883 avec la victoire des ouvriers de Blackburn sur Eton en finale de la Cup. En 1905, dix mille clubs sont affiliés à la F.A. et, en 1910, celle-ci compte 300 000 licenciés amateurs. La démocratisation est achevée et les joueurs de l'élite se sont déjà retirés. Les agents de l'expansion économique britannique dans le monde assurent alors la diffusion du football. Les matelots jouent sur les plages du Brésil, à Botafogo en 1874, ou à Marseille, et au Portugal plus de dix ans après. La pratique du jeu revêt un caractère plus durable au sein des groupes installés à demeure, comme les employés des compagnies de navigation, tels ceux de la South Western Railway au Havre en 1872 ou de maisons de négoce des ports à Porto ou à Bilbao vers 1890. Au Brésil, il faut attendre l'année 1900 pour voir naître des associations locales, alors que des compétitions entre Britanniques existaient depuis 1890.

En France, les clubs régissent des pratiques sportives multiples et la première fédération, l'USFSA (Union des Sociétés Françaises Sportives et Athlétiques), naquit en 1894 après une menace des clubs anglais de s'organiser à part. Apparaissent ensuite la Fédération des patronages et la Ligue (LFA), réservée aux seuls footballeurs. L'autonomisation et l'unité n'interviennent que le 7 avril 1919 avec la naissance de l'association dite « Fédération Française de Football » par transformation du « Comité Français Inter fédéral » créé en 1906. Comme en Grande Bretagne, le jeu se démocratise. Si certains clubs comme le Racing Club de France restent fermés, d'autres acceptent volontiers des joueurs issus des classes inférieures, dès lors qu'il s'agit d'éléments de valeur. Dans le Nord de la France, Raymond Dubly assure après 1918 la fusion des classes sur le terrain.

A partir de 1920, déjà les grands noms viennent des couches populaires. L'itinéraire de certains confine au mythe : c'est le cas de Raymond Kopa[3], le petit galibot, ou de Garrincha[4]. Il faut attendre les années 30

---

[3] Ancien footballeur de l'équipe de France, meneur de jeu du Stade de Reims et du Réal de Madrid.

[4] Ancien footballeur de l'équipe du Brésil avec M. Pelé.

pour voir la fin de l'amateurisme marron[5] et le début du professionnalisme. Les textes instaurant le statut professionnel ainsi que ses conséquences ne furent votés que les 16 et 17 juin 1932. Le football professionnel connaîtra d'importants changements, dus certainement à la diversification de ses sources de financement. L'entrée de la télévision dans le sport professionnel en est un exemple.

Les relations entre le sport et la télévision sont nées aux Etats-Unis dans les années 30. Elles apparaissent en Europe dans les années 60 et en France dans les années 80. Cette relation était nécessaire pour les deux parties. Pour Jean-François Bourg, en devenant un média de masse, la télévision ne peut ignorer les grands évènements sportifs. Le sport, pour s'internationaliser et diversifier ses sources de financement, doit mobiliser les chaînes[6]. Pour l'auteur[7], trois facteurs concomitants expliquent cette mutation. D'abord, avec l'effondrement du modèle marxiste, ce sport, pratiqué dans 207 pays (la Fédération internationale de football compte plus de membres que l'ONU), représente désormais le seul mode de communion planétaire et accessible, car il offre des investissements affectifs, véhicule des symboles et engendre des mythes.

Ensuite, l'érosion du paradigme taylorien (conception militaire de la mobilisation de la force de travail) contraint le patronat à trouver de nouvelles méthodes de management. Les valeurs sportives (sens de la responsabilité, loyauté, esprit de compétition et d'équipe) accréditent la thèse de l'auto-fabrication de soi par la performance. Enfin, l'épuisement des ressorts de la croissance des « Trente glorieuses », au début des années 70, conduit les entreprises à rechercher de nouveaux marchés. L'émergence d'un « temps libre » et du mythe du corps

---

[5] Le développement des épreuves, l'allongement des saisons sportives et le culte de la performance rendent presque inéluctable la mise en place du professionnalisme : pour s'entraîner et pouvoir participer aux compétitions, de nombreux sportifs doivent s'absenter de leur emploi. Ce problème de « manque à gagner » est vite compensé par des « mécènes » issus de l'industrie, désireux d'attirer les meilleurs dans les clubs qu'ils financent. C'est ce phénomène qu'on appelle amateurisme marron. Le CIO et la FIFA restent inflexibles face à ce phénomène, par conséquent les soupçons et les excommunications d'athlètes marqueront profondément le sport des années 30.

[6] J. F. BOURG, « Le sport et la télévision : économie des relations », in *Revue juridique et économique du sport*, ESPORT, n° 19-1991-4.

[7] J. F. BOURG, *op.cit*, pp. 92-93.

suscitent de nouveaux besoins (équipements, matériels, produits diététiques, etc.). Par ailleurs, face à la contrainte concurrentielle, les entreprises vont associer leur image et leurs produits au football pour se faire connaître. Bien que l'un et l'autre doivent coopérer pour leur développement réciproque, la télévision, pour retransmettre les images du sport, doit payer des droits, appelés droits de télévision.

Selon l'article L.333-1 du Code du sport (article 18-1 de la loi n°2000-627 du 6 juillet 2000), les Fédérations sportives ainsi que les organisateurs de manifestations sportives mentionnés à l'article L.331-5 (article 18 de la loi du 16 juillet 1984), sont propriétaires du droit d'exploitation des manifestations ou compétitions sportives qu'ils organisent. En France, c'est la Ligue de football professionnel qui est propriétaire des droits. Ensuite, l'article L.333-1 al.2 du Code du sport (article 18-1 de la loi du 16 juillet 1984) précise que toute Fédération peut céder aux sociétés sportives, à titre gratuit, la propriété de tout ou partie des droits d'exploitation audiovisuelle des compétitions ou manifestations sportives organisées chaque saison sportive par la Ligue professionnelle qu'elle a créée, dès lors que ces sociétés participent à ces compétitions ou manifestations sportives. La cession bénéficie alors à chacune de ces sociétés.

Les droits d'exploitation audiovisuelle ainsi cédés aux sociétés sont commercialisés par la Ligue professionnelle dans les conditions et les limites précisées par décret en Conseil d'Etat[8]. Cette commercialisation est effectuée avec la constitution de lots pour une durée limitée et dans le respect des règles de la concurrence. Afin de garantir l'intérêt général et les principes d'unité et de solidarité entre les activités à caractère professionnel et les activités d'amateur, les produits de la commercialisation par la Ligue des droits d'exploitation des sociétés sont répartis entre la Fédération, la Ligue et les sociétés. La part des produits destinés à la Fédération et celle destinée à la Ligue sont fixées par la convention passée entre la Fédération et la Ligue professionnelle correspondante. Les produits revenant aux sociétés leur sont redistribués selon un principe de mutualisation, en tenant compte de critères arrêtés

---

[8] Les droits audiovisuels vendus par les Ligues et les clubs professionnels : les enjeux économiques et juridiques de l'attribution, D. n° 2004-699, 15 juillet 2004 : J.O, 16 juillet, pp. 6975-6978.

par la Ligue et fondés, notamment, sur la solidarité existant entre les sociétés, ainsi que sur les performances sportives et leur notoriété. Selon certains auteurs, la disposition vise à permettre aux clubs professionnels d'inscrire la valeur de ces droits à l'actif de leur bilan, car il s'agit là d'une revendication récurrente de présidents des clubs professionnels, qui espèrent ainsi attirer plus d'investisseurs[9]. Cette cession de droits de télévision aux clubs professionnels leur procure de nouveaux actifs.

S'agissant de la gestion de ces droits, M. Mathieu Verly pense que leur centralisation a pour but d'éviter que chaque club ne négocie directement avec les chaînes de télévision. Ceci pourrait conduire, comme cela a pu se produire en Italie, à ce que seuls les clubs les plus renommés obtiennent de « gros contrats », au détriment des plus modestes, auxquels resterait la portion congrue. L'exemple du football italien[10] a montré que, dans tel cas, le démarrage du championnat pourrait être remis en cause. Cependant, le phénomène de la gestion centralisée n'est pas sans risque. Sur le plan strictement juridique, le droit de la concurrence pourrait être appelé à jouer et, peut être, à jouer un rôle important.

Au regard du droit de la concurrence, et notamment du droit communautaire, les clubs sont considérés comme des entreprises. A l'instar de ce qui se passe en Angleterre au sujet des droits du championnat de football, la commission pourrait y voir un cartel[11] et le considérer comme une entente anticoncurrentielle préjudiciant aux chaînes de télévision et, *in fine*, aux téléspectateurs[12].

Par ailleurs, l'intérêt que la télévision porte au sport, en général, et au football, en particulier, se mesure à l'aune des dépenses sportives des chaînes de télévision et du volume horaire consacré au sport. Le Conseil Supérieur de l'Audiovisuel, dans l'une de ses récentes lettres[13], a fait

---

[9] M. VERLY, « La loi du 1er août 2003 : une profonde réforme du régime juridique des fédérations sportives », in *Gazette du palais*, Dimanche 21 au mardi 23 mars 2004, pp. 2-9.

[10] Voyez en ce sens, le tableau relatif à la propriété et le mode de commercialisation des droits télé en France, Allemagne, Angleterre, Espagne et en Italie.

[11] Ph. MOLFESSIS et P. DIDIER, *Droit commercial, Tome I ; Introduction générale, L'entreprise commerciale*, Economica, pp. 570-602.

[12] M. VERLY, *op.cit*, pp. 2-9.

[13] *Lettre du Conseil supérieur de l'audiovisuel*, n° 70, février 2004.

remarquer la démentielle augmentation des dépenses sportives des chaînes. De 1991 à 1998, celles de France Télévision sont ainsi passées de 277 millions de francs à 840, celles de Canal Plus[14] de 421 millions à 1 milliard, et celles de TF1 de 388 à 812 millions. Les droits de retransmission des coupes du monde 2002 et 2006 s'élèvent à 1,9 milliards de dollars. Ils appartiennent à l'allemand Léo Kirch.

S'agissant des volumes horaires, la tendance est aussi à la hausse. En effet, de 232 heures en 1998, puis 1875 heures en 1989, elle passe à 2453 heures en 2002 et à 2045 heures et 10 minutes en 2003. Des chaînes thématiques spécialisées dans le sport, comme « TV sport », y consacrent plus de 5000 heures par an. En France, les quatre meilleures audiences TV de l'année 2000 appartiennent au football, avec 76,2 de parts de marché pour France-Italie le 2 juillet 2000, 69,2 de parts de marché pour France-Portugal le 28 juin, 62,3 pour Espagne-France le 25 juin et enfin 60,3 pour Nantes-Calais le 7 mai 2000. Aujourd'hui, l'enjeu est tel que des chaînes de télévision adoptent de nouvelles stratégies dans leurs relations avec le sport, en investissant dans les clubs de football ou en créant des événements sportifs (Tour de France, Coupes d'Europe de football et de basket-ball, Coupe du monde de ski alpin, notamment *l'Equipe*)[15]. En dehors de la télévision, le sport tire d'importantes sommes d'argent du sponsoring ou du parrainage[16].

Le football a toujours été le lieu d'expression de rivalités entre pays ou villes. Pour Alfred Wahl, les derbys sont susceptibles d'éveiller un tel degré de passion que des mesures de sécurité s'imposent. Mais la violence occasionnelle n'est pas délibérée : le chauvinisme n'est pas le « hooliganisme »[17]. Ces rivalités peuvent être d'origines diverses ; ainsi, l'opposition sociale en Italie entre la Juventus, qui appartient à la famille bourgeoise Agnelli, propriétaire de FIAT, et le Torino, club qui

---

[14] « La chaîne cryptée décroche l'exclusivité des droits télé de la ligue 1 jusqu'en 2008, le montant du chèque destiné à être reversé aux clubs de l'élite s'élève à 1,8 milliard d'euros soit 600 millions par saison alors qu'en 2002, l'addition ne dépassait pas 350 millions », *Capital* n° 160 de janvier 2005, pp. 34 -36.

[15] LEGISPORT, bulletin d'informations juridiques sportives, n° 27 de janvier-février 2001, « *Sport et Médias ; la stratégie des chaînes de T.V. dans les clubs de football* », p. 3.

[16] K. RADNEDGE, Football et affaires, in *L'encyclopédie du football*, Olympe, 1996, pp.188-196.

[17] A. WAHL, *La balle au pied histoire du football*, Gallimard, 1990, pp. 89-93.

est de tendance plutôt ouvrière. L'opposition peut être aussi politique. En Ulster, par exemple, le Celtic, à tendance catholique, est fondé par des Irlandais et les Rangers, par des protestants et des unionistes. En Espagne, le FC Barcelone a longtemps incarné l'anti-franquisme contre son rival local, contre le Real Madrid, plutôt centriste. C'est ainsi que le FC Barcelone considère davantage sa victoire contre le Real Madrid par 5 à 0, en 1974, comme le véritable début de la transition, plutôt que l'assassinat de Carrero Blanco, le Premier ministre. Les rencontres France-Allemagne se sont disputées dans une ambiance tendue (1952, 1982 etc.).

En 1978, la dictature du général Videla chercha à légitimer son régime en organisant la coupe du monde de football. En 1998, la victoire des Bleus à la coupe du monde, a été considérée comme l'avènement d'une nouvelle France « Black, Blanc, Beur ». La prohibition du jeu par Khomeiny en 1979, et la participation de l'équipe nationale à la Coupe du monde ont été différemment interprétées par les Iraniens[18]. De 1963 à 1966, le Black Star du Ghana n'a pas seulement été une prestigieuse équipe de football, mais le porte-drapeau du panafricanisme, cher à Feu Kwamé N'Krumah[19].
Au Cameroun en 1994, dans un contexte politique marqué par la contestation et la tension, l'opération « coup de cœur » organisée par le gouvernement afin de recueillir de l'argent pour la préparation des Lions Indomptables en vue de la World Cup aux Etats-Unis, a connu un succès national, qui a surpris même les autorités[20]. La récente attribution de l'organisation de la Coupe du Monde 2010 à l'Afrique du Sud montre que les relations entre le football et la politique sont de plus en plus étroites. En effet, l'Afrique du Sud, pour soutenir sa candidature, a fait venir Nelson Mandela, Frédéric De Klerk et Desmond Tutu en Suisse, ce qui pesa largement sur le vote en sa faveur. Selon Just Fontaine qui, lui, soutenait la candidature marocaine : « Dans le film de présentation des Sud-africains, il n'y avait qu'une scène de jeu. C'est

---

[18] Ch. BROMBERGER, *Football la bagatelle la plus sérieuse du monde*, Fayard, 1998, p. 147.

[19] Homme politique ghanéen (1909-1972). Il obtint l'indépendance de la Gold Coast (1957) et présida la République du Ghana de 1960 à 1966. Partisan du panafricanisme, il joua un rôle important dans la création de l'organisation de l'unité africaine (1963).

[20] P. BONIFACE, *Géopolitique du football, interventions*, Complexe, Bruxelles, 1998, p. 66. A. CAGNACCI, *Pays du foot, une passion et des styles*, collection mutation, n° 179, 1998, p. 215.

Mandela qui a fait toute la différence. Sur les critères politiques, on ne pouvait pas lutter. Je leur ai dit d'appeler Chirac ! Désolé, moi, je n'ai pas été prix Nobel »[21].

Les évolutionnistes[22] Elias et Dunning considèrent que le sport moderne, né au XIXe siècle, en même temps que le capitalisme et l'impérialisme politique et économique, est lié au concept de « libération contrôlée des mœurs », contraires à l'ancien jeu[23]. Mais la violence ordinaire des supporters de football[24] est aussi bien présente dans le football-spectacle que dans le football de masse. Elle peut être aussi bien physique qu'orale. Elle concerne les compétitions nationales comme internationales. Pour Patrick Vassort, la violence des supporters trouve sa raison d'être au sein de deux schémas principaux d'intelligibilité. Tout d'abord, cela s'explique par le fait que le football, en tant que spectacle et « fait social total », n'instaure pas de structure entre l'action de la pelouse et celle des tribunes, ou celle des abords géographiques du stade et temporels du match (antérieur ou postérieur). En ce sens, les spectateurs, et donc supporters sont également acteurs : ils participent pleinement à « l'événement sportif ». Puis, dans les données symboliques et idéologiques du match de football, l'activité footballistique est un enjeu majeur de pouvoir symbolique et d'identification dont l'apport est aujourd'hui incontournable aux niveaux politique, économique et social. Les raisons de cet enjeu sont dépendantes de la philosophie même du sport en tant que pratique, qui est le lieu par excellence de la performance, de la productivité, du rendement, de la rationalisation du corps. Il propose un modèle de société hiérarchisée par la compétition et la lutte de tous contre tous[25].
Que ce soit la violence, la politique ou la télévision, tous ces phénomènes influencent d'une manière ou d'une autre le football. Les transferts ont beaucoup évolué dans le temps et dans l'espace.

---

[21] *France-football* / n° 3032 /Mardi 18 mai 2004, p. XXVI.

[22] Selon le Larousse c'est une doctrine selon laquelle l'histoire des sociétés se déroule de façon progressive et sans discontinuité.

[23] N. ELIAS et E. DUNNING, *Sport et civilisation, la violence maîtrisée*, Fayard, 1986.
Voyez aussi sur le même thème, Les Cahiers de la sécurité intérieure, Football, ombres au spectacle, IHESI, n° 26, 1996, p. 229.

[24] P. VASSORT, La violence ordinaire des supporters de football, in *« violence et sport »*, actes de la 9ème université sportive, citoyen sportif, 2-5 juillet 2001, pp.71-81.

[25] P. VASSORT, op. cit., p.75.

Evolution historique du système de transfert jusqu'en 1995

On constate les premiers transferts de joueurs en Angleterre, dès 1870. Les transferts se faisaient en contrepartie d'indemnités ou de prix de transfert[26]. En France, il faut attendre les années 20, précisément l'année 1922, pour voir les premières autorisations de transfert.[27] Dès lors, le droit de changer de club, de se faire muter dans un autre club, était reconnu sans restriction, au nom de la liberté individuelle. C'est précisément ce droit que les joueurs et les dirigeants exploitaient pour réaliser une opération bénéfique. Les premiers faisaient une bonne opération, en termes d'argent ou d'autres avantages en nature ; pour les seconds c'était en termes de renforcement de l'équipe. Comme les deux parties concernées tiraient avantage du système, celui-ci ne tarda pas à se généraliser[28].

A / La période du contrat à vie ou l'absence de liberté des joueurs : 1932-1969

Les 16 et 17 juin 1932, avec l'instauration du football professionnel, les clubs les plus puissants, affirment leur volonté de maîtriser un système de rémunération régulé par un seul marché et de s'imposer aux sportifs (« il y aura désormais un patron et des employés »). Et pour certains, le système de transfert avait transformé le joueur en marchandise : en tant que tel, il rapporte quelque chose à son vendeur, tandis que l'acheteur compte en tirer un profit immédiat à cause de l'efficacité de son jeu. Il peut aussi se livrer à une spéculation en espérant revendre le joueur plus cher une ou deux années après, s'il a pris de la valeur. Mais le joueur est aussi « une marchandise vivante » et, comme telle, il tire un avantage financier, lui aussi, de la transaction. Le mécanisme est ainsi monté que le joueur a même intérêt à se faire transférer le plus souvent possible. C'est pourquoi certains d'entre eux ont volontiers accepté ou provoqué leur transfert. Avant la guerre, déjà, Louis Finot, d'abord parisien, a

---

[26] A. WAHL, *op.cit*, Gallimard, 1990, p. 25.
[27] Le FC de Sète ne fut admis à recruter des joueurs anglais qu'en 1922, A. WAHL, *ibid.*, p. 35.
[28] A. WAHL,*ibid.*, p. 35.

ensuite regagné Sochaux, puis a encore défendu les couleurs de dix autres clubs[29].

Depuis lors, le montant des transferts n'a cessé de grimper. En effet, en 1946 – 1947, Gaby Braun, international de Metz, fut transféré à Strasbourg pour 1,5 millions de francs. En juillet 1947, René Vignal, le futur successeur de Da Rui dans les buts de l'équipe de France, a été acquis par le Racing pour 1 450 000 francs, alors qu'il n'était encore qu'un espoir. Pour la saison 1950–1951, Flamion fut transféré de Reims à Marseille pour 4,2 millions de francs. Ce système, qui dura jusqu'en 1954, fut très mal perçu par la majorité des joueurs. En effet, ils considéraient que le système de transfert constituait une atteinte à la dignité humaine et réclamaient par conséquent le droit de le refuser.
Les dirigeants de clubs, de leur côté, acceptent l'idée de réformer le système en proposant aux joueurs 1/10ème du montant du transfert et une augmentation de salaire de 2% par an, au bout de deux ans de fidélité au club.

En 1954, le système de transfert issu de 1932 et le système des mutations conditionnées, créé en 1948, furent réformés. Le système appliqué à partir de 1954 est assez sophistiqué et a duré jusqu'en 1969. Les clubs doivent désormais aviser leurs joueurs avant le 16 juin de leurs intentions à leur égard, qui peuvent être :
- soit de leur renouveler leur contrat à des conditions égales ou différentes
- soit de les placer sur la liste des mutations entraînant une indemnité de résiliation (a) ou sur la liste des mutations libres (b).

Le Groupement, c'est-à-dire l'équivalent de l'actuelle Ligue de football professionnel, publie, du 26 juin au 16 juillet, les deux listes précitées. Elles sont établies à l'aide des renseignements communiqués par les clubs. Jusqu'au 26 juin, tout joueur que son club désire maintenir dans ses effectifs a la faculté de demander à être placé sur la liste (a), sous réserve que le salaire mensuel fixe pour renouveler, que lui a offert son club, n'atteigne pas le maximum de 65 000 francs. Pendant la période des mutations (du 26 juin au 16 juillet) le club désireux de se renforcer d'un joueur dont le nom aura été publié par le Groupement sur la liste (a), s'adressera simultanément à ce joueur et à son club. Si ce dernier

[29] A. WAHL, *ibidem*, p. 145.

n'est pas consentant, il devra s'aligner sur l'offre faite. Lorsque deux clubs feront des propositions identiques, la priorité sera accordée à celui qui aura manifesté le premier son intention. Un joueur placé sur la liste (a), n'ayant retenu l'attention d'aucun club, sera d'office affecté à son club d'origine, à moins que ce dernier ne préfère le placer sur la liste des mutations libres.

Le club qui aurait pris l'initiative de placer un tel joueur sur la liste (a), devra lui signifier des conditions de renouvellement avant le 26 juillet, faute de quoi, ce dernier deviendrait *ipso facto* libre. L'indemnité de résiliation sera versée par le nouveau club à celui que le joueur aura quitté et sera proportionnée au salaire mensuel offert. Un barème a été établi à cet effet. Dans le cas d'un joueur de moins de 28 ans, le montant de l'indemnité s'élève à 1.200.000 francs pour le salaire minimum et à 6.000.000 de francs pour le salaire maximum. Pour le joueur de plus de 28 ans, l'indemnité n'est fixée qu'à 1.000.000 de francs pour le salaire minimum et à 4.000.000 de francs pour le salaire maximum. Toutefois, lorsque le salaire[30] atteint 65.000 francs, l'indemnité est établie au gré des parties intéressées. Lorsqu'un joueur sera muté, le système prévoit qu'il sera en droit de percevoir de son nouveau club une indemnité de changement de résidence égale à 5% du montant de l'indemnité de résiliation que son ancien club aura reçue. Un joueur rendu libre est en droit de signer dans le club de son choix. Dans ce cas, une indemnité de 100.000 francs doit être versée au dernier club quitté, par celui qui l'engage. Le régime de mutation temporaire, qui donnait au club, sous certaines conditions, la faculté d'utiliser les services, pour une saison, d'un ou plusieurs joueurs d'un autre club, ou inversement, de confier certains de ses éléments à un autre club pour le même laps de temps, disparaît en 1956 ; les clubs n'avaient que la possibilité de muter des joueurs à titre définitif[31]. Ces années ont vu l'opération de transfert être coulée dans un système façonné par les dirigeants et pour les dirigeants, au détriment des joueurs de football. Le droit a évolué dans le temps

---

[30] A l'époque, le salaire mensuel d'un joueur professionnel se décompose comme suit :
Fixe : minimum 30.000 francs
: maximum 65.000 francs
Primes de talents : 25.000 francs pour les internationaux A
15.000 francs pour les internationaux B

[31] *Encyclopédie des sports modernes, le football*, tome II, R. KISTER et G. SCHMID, Ed. Académie du sport, Genève-Zurich, 1955, tome II, p. 309.

avec des règles professionnelles beaucoup plus respectueuses des droits des sportifs.

Dans les années 1960, le football professionnel connaîtra une crise consécutive au système de transfert. Les indemnités de transfert, constituant le nœud de la crise, sont décidées par les dirigeants des clubs. Il faut dire qu'à l'époque, les footballeurs professionnels n'avaient pas encore de syndicats pour défendre leurs intérêts. Par conséquent, les dirigeants autorisent l'entrée des joueurs étrangers dans le championnat professionnel français (Nord Africains surtout et quelques joueurs de l'Afrique noire, tels que Njo Lea[32]). L'arrivée de footballeurs africains allait permettre aux dirigeants des clubs professionnels de faire l'économie de la formation des jeunes et de faire baisser les prix des transferts.

La création d'un syndicat de footballeurs professionnels, l'entrée en vigueur en 1969 du contrat à durée librement déterminée et l'instauration de la libre circulation de la main d'œuvre à l'intérieur de la Communauté Economique Européenne, le 1er juillet 1968, allaient accélérer et améliorer le statut des footballeurs. L'époque ouverte avec le système de 1954 était révolue. On allait entrer dans le football moderne. Le système de transfert devait bien aussi se moderniser.

B/ La période du contrat à durée librement déterminée ou la reconnaissance de droits aux joueurs : 1969-1995

Le Groupement du football professionnel va modifier de façon unilatérale le nouveau contrat à durée librement déterminée, qui était de trois ans pour le premier contrat et d'un an pour les autres contrats, à une durée de cinq ans. Il faut attendre l'adoption de la Charte[33] du

---

[32] E. NJO LEA, de nationalité camerounaise, ancien footballeur professionnel et diplomate de formation, a notamment gagné le titre de champion de France en 1957. Il fonda en France, en 1962, l'Union Nationale des Footballeurs Professionnels (UNFP).

[33] La Charte du football professionnel est une convention collective établie entre les clubs, les joueurs et la Fédération française de football notamment la Ligue qui s'occupe du football professionnel. Elle « présente donc le caractère d'une convention de droit privé ». Voyez à ce propos, l'arrêt du conseil d'Etat du 10 mai 1991, *Association Girondins de Bordeaux football-club,* Revue Juridique et économique du sport, juillet 1991, numéro spécial, p. 31 ou ceux du Tribunal des conflits, 20 octobre

football professionnel en 1973 pour assister à l'organisation d'une véritable carrière du footballeur professionnel. Ainsi, on assiste à une certaine liberté du footballeur et l'interdiction des engagements perpétuels de ce dernier envers son club, d'une part et à l'obligation pour les clubs professionnels de football, d'autre part, d'ouvrir des centres de formation. Il faut attendre les années 80 pour que ces centres de formation deviennent vraiment opérationnels. Ils demeurent sous la responsabilité des secteurs amateurs des clubs.

Le premier contrat, qui a une durée de quatre ans, peut être résilié avant son terme, s'il y a l'accord des deux parties. Selon l'article 15 de cette charte, à la fin du premier contrat, le nouveau club verse une indemnité de formation au club formateur. Le montant de cette indemnité de formation correspond à l'indemnité de base ou à un pourcentage de cette dernière, en fonction de la durée de la formation. L'indemnité de base correspond en principe au montant brut que le joueur a perçu au cours des deux dernières années. Si la formation a duré plus de trois saisons, c'est l'entièreté de l'indemnité de base qui est due ; si la formation ne couvre qu'une saison, la somme de transfert ne s'élève qu'à 10% de ce montant. Une somme de transfert n'est donc due que pour le premier transfert. Hormis ce cas, il n'y a pas lieu de verser une somme de transfert pour une mutation à l'intérieur de la France. Pour le cas d'une mutation internationale, l'article 18 double la somme de transfert due, au titre de l'article 15.

En Belgique, selon le règlement de l'URBSFA de 1982, il convient de distinguer trois rapports : l'affiliation du joueur, son affectation et sa qualification. Seul un joueur qualifié est admis à participer à des compétitions organisées par l'association. La qualification suppose que le joueur soit affilié à l'Union belge et à un club belge. Le transfert est défini comme étant l'opération par laquelle un joueur change d'affectation. Cette définition n'englobe donc en elle-même que les changements de club à l'intérieur de la Belgique car, si le changement se fait vers l'étranger ou à partir de l'étranger vers la Belgique, le joueur change également d'affiliation. Dans le cas où le transfert est temporaire, le joueur continue à faire partie du club auquel il appartient, tout en obtenant une qualification pour le nouveau club. Dans son

---

1997 et de la chambre sociale de la Cour de Cassation du 3 février 1993, Revue juridique et économique du sport, 1993, n° 24, p. 72.

règlement, l'association distingue trois types de transfert, à savoir le transfert dit « imposé », le transfert dit « libre » et le transfert administratif. Le transfert imposé requiert l'accord du joueur et de son nouveau club, mais pas celui de son ancien club. Un transfert libre requiert l'accord du joueur et des deux clubs concernés. Le transfert administratif, quant à lui, laisse la possibilité à l'association d'intervenir dans des circonstances spéciales.

Les règles de transfert applicables aux joueurs professionnels peuvent se décrire comme suit : les clubs passent avec leurs joueurs des contrats qui garantissent en particulier une rémunération et des primes minimales. Bien que ce soient les parties qui débattent les conditions de ces contrats, le règlement de l'URBSFA impose néanmoins un certain nombre de montants minimaux et notamment un montant fixe minimal de 30.000 FRB par mois pour un joueur professionnel.
Tous ces contrats, qui peuvent avoir une durée allant de un à cinq ans, doivent venir à échéance le 30 juin. Avant que le contrat n'arrive à échéance et au plus tard le 26 avril de l'année en question, le club doit proposer un nouveau contrat au joueur. Sinon, à partir du 1er mai, on assimile le joueur en question à un amateur en ce qui concerne les règles de transfert. Le joueur est libre de refuser cette offre. S'il refuse, son nom est repris dans une liste de transfert qui doit être communiquée à l'URBSFA le 30 avril au plus tard. Le joueur dont le nom figure sur cette liste peut faire l'objet d'un transfert imposé entre le 1er et le 31 mai. Cela signifie que, dans ce cas, le transfert intervient sans l'accord de l'ancien club, pour autant que le nouveau club verse à l'ancien club la somme de transfert prévue. Le montant de cette somme de transfert, appelée « indemnité de formation » dans le règlement de l'URBSFA de 1982, se calcule en multipliant le revenu annuel brut du joueur par un coefficient qui est fonction de son âge, variant de 14 à 2 pour les joueurs professionnels. Pour un joueur professionnel qui a entre 25 et 26 ans par exemple, la somme de transfert s'élève à dix fois le revenu brut. Du 1er au 25 juin, suit la période des transferts libres. Dans ce cas, les parties conviennent librement de la somme de transfert. Le changement de club ne peut pas intervenir avant que l'ancien et nouveau club ne soient tombés d'accord sur le montant de cette somme de transfert. Si la somme n'est pas versée, le club s'expose à des sanctions prises par l'URBSFA. S'il n'y a pas de transfert, le club dont le joueur fait partie doit lui proposer un nouveau contrat d'une saison, aux mêmes conditions que celui proposé au mois d'avril. Si le joueur refuse cette

offre, le club peut prendre une mesure de suspension avant le 1er août. S'il ne le fait pas, le joueur est automatiquement re-qualifié d'amateur. En cas de suspension, si, par la suite, aucun nouveau contrat n'est conclu ou si aucun transfert n'intervient, le joueur peut se faire transférer en qualité d'amateur à l'issue de deux saisons au cours desquelles il n'a pas été admis à jouer.
Le 1er janvier 1993, ce système de transfert a été remplacé par un autre sensiblement identique à quelques points près. Par exemple, la somme de transfert d'un joueur âgé de 25 à 27 ans qui évolue en première division s'élève désormais à huit fois son revenu brut.

En Autriche, les règles en question sont contenues dans le règlement destiné aux joueurs et aux clubs affiliés à la Fédération autrichienne de football, qui est entré en vigueur le 1er juillet 1994. Conformément à l'article 25, paragraphe 3, de ce règlement, l'ancien club a droit à une somme de transfert si le joueur change de club. Aux termes de l'article 30, paragraphe 1, du règlement, cette somme de transfert « compense financièrement la détérioration de la situation concurrentielle du club due au départ du joueur. Par ailleurs, elle couvre également des frais proportionnels de formation ». Aux termes de l'article 30, paragraphe 4, du règlement, les désaccords entre les clubs sur le montant de cette somme de transfert n'ont « pas d'incidence sur la qualification du joueur. La notification en faveur du nouveau club emporte qualification du nouveau joueur conformément aux dispositions applicables ». D'après l'article 32, paragraphe 5, du règlement, les « règles correspondantes de la FIFA ou de l'UEFA » s'appliquent aux transferts vers l'étranger ou en provenance ce l'étranger.

En Allemagne, c'est essentiellement le statut du joueur licencié de la Fédération allemande de football qui comporte les règles de transfert. Il convient en outre de prendre en compte le règlement sur le jeu de la Fédération allemande. D'après l'article 29, paragraphe 1, du statut du joueur licencié, un club qui prend sous contrat un joueur d'un autre club doit payer une somme de transfert à l'ancien club. A cet égard, les effets du contrat de travail ne peuvent pas « dépendre d'une condition consistant en un certain montant ou en un accord sur une somme de transfert ». En cas de transfert vers l'étranger, l'ancien club a droit à « une indemnité de formation et de promotion ».

En ce qui concerne le Danemark, l'UEFA a produit un contrat type que l'association danoise de football a élaboré à l'intention des joueurs de football. La troisième section de ce contrat comporte les règles visant le transfert des joueurs professionnels. Il apparaît qu'une somme de transfert ne doit être payée que lorsque le joueur change de club pour aller dans un club étranger ou dans un club danois de première division. Au cas où le joueur irait dans un club danois de première division, la somme de transfert se calcule en multipliant le revenu brut du joueur par certains coefficients, allant de 0 à 3 en fonction de l'âge du joueur et de son revenu. Pour les joueurs de 25 à 27 ans, par exemple, le coefficient est de 0,8 pour la première tranche de 100.000 DKR et inférieure à 200.000 DKR et de 2,40 pour le reste du revenu. En revanche, si le joueur va dans un club étranger, la somme de transfert se calcule en multipliant le revenu brut du joueur par un coefficient unique allant de 12 à 1. Pour un joueur de 25 à 27 ans, ce coefficient est de 8.

En Espagne, le décret royal n° 1006/1985 du 26 juin 1985 dispose que, en cas de transfert, une somme de transfert, appelée indemnité pour l'entraînement et la formation, peut être exigée conformément à une convention collective. Aux termes de l'article 18 de cette convention collective, une somme de transfert est due en cas de transfert, lorsque le joueur concerné et le prix fixé figurent dans une liste de transfert. Les joueurs professionnels âgés de 25 ans ou plus ne peuvent pas figurer sur cette liste. Il s'ensuit que ces joueurs peuvent changer de club en Espagne sans qu'il y ait lieu de verser une somme de transfert. Selon l'article 21 de cette convention collective, en cas de transfert, le joueur a droit à 15% de la somme de transfert.

En Italie, le football est régi par la loi n° 91 du 23 mars 1981. Aux termes de l'article 6 de cette loi, une somme de transfert, appelée indemnité de préparation et de promotion, peut être exigée lors d'un transfert, et son bénéficiaire doit l'investir à des fins sportives.

Aux Pays-Bas, il ressort de l'article 49, paragraphe 1, sous a), du règlement de la fédération produit par l'UEFA que, en cas de départ d'un joueur à l'étranger, la Fédération néerlandaise de football ne délivre le certificat de transfert visé à « l'article 12 du règlement de la FIFA » que si la somme de transfert a été payée à l'ancien club ».

Au niveau international, avant l'arrêt Bosman, les Fédérations sportives, comme l'UEFA et la FIFA, avaient aussi établi des règles de transfert. La réglementation de l'UEFA sur les transferts a été approuvée par son Comité exécutif le 24 mai 1990 et est entrée en vigueur le 1er juillet 1990. D'après cette réglementation, à l'échéance du contrat avec le club de son choix, le nouveau club doit immédiatement informer le club cédant de la conclusion du contrat. Ce dernier doit aussi en informer sa fédération nationale. Celle-ci doit alors établir sans délai le certificat international de transfert. L'ancien club a toutefois droit à une « indemnité de promotion ou de formation » à charge du nouveau club. L'indemnité de formation est due si le joueur change de club pour la première fois. A chaque nouveau changement, il y a lieu de verser une indemnité de promotion, qui est censée compenser les progrès que le club a permis au joueur d'accomplir. En cas de désaccord entre les clubs, une commission d'experts, constituée par l'UEFA, fixe le montant de cette somme de transfert qui s'impose aux parties. Elle le détermine en multipliant, par un coefficient allant de 1 à 12, en fonction de l'âge du joueur, le revenu brut qu'il a perçu au cours de la saison écoulée, y compris d'autres prestations. Pour un joueur de 25 à 26 ans par exemple, la somme de transfert s'élève à huit fois ce montant. Cette somme de transfert ne peut toutefois pas dépasser 5 000 000 SFR.

L'article 16 de ces dispositions comporte la règle suivante : « Les relations économiques entre les deux clubs pour ce qui concerne l'indemnité de promotion ou de formation n'auront aucune incidence sur les activités sportives ou professionnelles du joueur. Le joueur pourra jouer librement pour le club avec lequel il a signé son nouveau contrat ». Les versions du transfert de 1991 et de 1993 sont globalement identiques à celle de 1990.

S'agissant de la FIFA, le dernier règlement avant Bosman date du 1er janvier 1994. Il traite du statut et de la qualification des joueurs de football qui « opèrent un transfert d'une association nationale à une autre ». Ces joueurs ne peuvent être qualifiés pour un club d'une autre association que si celle-ci est en possession d'un « certificat international de transfert établi par l'association nationale que le joueur désire quitter ». La nouvelle association est seule compétente pour demander le certificat international de transfert nécessaire. Une association nationale ne peut refuser d'établir ce certificat de transfert que si le joueur en question « n'a pas rempli toutes les obligations contractuelles à l'égard de son ancien club » ou si, entre l'ancien et le nouveau club, il existe « un litige d'un autre ordre autre que financier au sujet du transfert ». La FIFA peut ordonner à une association nationale d'établir un tel certificat de transfert ou rendre une décision en tenant lieu.

Conformément à l'article 14, premier alinéa, du règlement de la FIFA de 1994, en cas de transfert d'un joueur professionnel, l'ancien club a droit à une « indemnité de promotion et/ou de formation ». Lorsqu'un joueur amateur conclut avec un nouveau club un contrat aux termes duquel il perd son statut de joueur amateur, son ancien club a droit à une « indemnité de formation ». Si les deux clubs ne sont pas parvenus à s'entendre sur le montant de la somme de transfert, le litige devra être soumis à la FIFA qui tranchera. Le règlement permet néanmoins à des confédérations faisant partie de la FIFA d'arrêter leur propre règlement pour régler des litiges de cette nature. Le cas échéant, seule la Confédération a compétence pour trancher les litiges en question qui surviendraient entre des clubs ayant leur siège dans le territoire de cette confédération. L'article 20, premier alinéa, du règlement de la FIFA de 1994 dispose qu'un désaccord sur le montant de la somme de transfert ne doit pas avoir d'incidence sur les activités sportives ou professionnelles du joueur. Par ailleurs, « aucun certificat international ne peut en aucun cas être refusé pour ce motif. Un joueur est dès lors libre de jouer pour le nouveau club avec lequel il a signé un contrat dès que le certificat international de transfert a été reçu ».

La période post-Bosman ou la liberté du joueur en fin de contrat : depuis 1995

Après l'arrêt Bosman de 1995, la FIFA a mis en place un nouveau règlement, entré en vigueur le 1er septembre 2001. L'application de ce règlement a montré que bien des problèmes restent à résoudre. L'objet de cette thèse est dc proposer une relecture de ce règlement sur les transferts de joueurs à travers le droit des contrats et le droit des biens.

Problématique

Les transferts de sportifs, notamment ceux des footballeurs professionnels, sont dérégulés. Quelle est la cause de cette dérégulation ? Est-elle due à l'arrêt Bosman ou au problème du partage inéquitable de l'important flux financier généré par les transferts ? Si oui, quelle est la solution la plus adéquate, c'est-à-dire celle qui prendrait en compte les intérêts des différentes parties ? Ou encore, doit-on reconnaître le joueur professionnel comme une valeur incorporelle et partager cette valeur entre le club qui l'a formé ou révélé et le sportif professionnel, « force de travail et outil de production » en même temps ?

Autrement dit, au lieu de proposer, comme c'est le cas aujourd'hui, l'indemnisation de l'unique joueur qui devient professionnel (formation réussie) sur les quarante formés. Et, par conséquent, de laisser à la charge du club formateur l'ensemble des coûts relatifs au restant des joueurs formés, mais n'ayant pas pu accéder à la professionnalisation (formation non réussie), il serait certainement préférable de mettre en place un mécanisme qui permettrait de prendre en compte les intérêts des clubs (compensation réelle des coûts de formation[34] ou retour sur investissement) et des joueurs (une indemnité prenant en compte son talent et sa révélation).

Le problème est qu'on applique aujourd'hui le droit commun des obligations, c'est-à-dire le juste remboursement des frais dépensés par les centres de formation, alors que les clubs formateurs préfèrent l'application du droit des biens, c'est-à-dire « reconnaître à l'inventeur une partie du trésor »[35].

Par ailleurs, le fait que l'opération de transfert fasse intervenir plusieurs parties (agents sportifs, joueurs, clubs, aux intérêts parfois divergents) et plusieurs contrats (le contrat de médiation, c'est-à-dire le contrat de l'agent sportif qui facilite les transferts, le contrat de travail, c'est-à-dire celui qui lie le joueur au club et qui justifie l'opération, les contrats d'image qui intéressent le club et le joueur et qui prennent de plus en plus de place dans les transferts), ne serait-il pas un facteur aggravant du dysfonctionnement des transferts ?

---

[34] Voyez en annexe, quelques données sur les centres de formation et la sous-évaluation des indemnités de formation par rapport au coût de formation.

[35] P. COLLOMB, L'accès au professionnalisme, in *Les contrats des sportifs professionnels ; l'exemple du footballeur professionnel*, PUF, 2003, pp. 99-102, sous la direction de G.SIMON.

Ainsi, nous verrons que l'arrêt Bosman n'est pas la cause, mais la conséquence d'un système souvent décrié. Bosman n'est que la prise en compte par le juge, notamment européen, des droits fondamentaux du sportif, bafoués par les transferts et la tentative d'encadrement du football-entreprise. Les problèmes des transferts de joueurs seraient aggravés d'une part, par la dérive des agents sportifs dont les activités sont mal contrôlées en pratique, d'autre part, par l'enchevêtrement de contrats (contrat de travail et des indemnités de transfert, contrat de mandat, de courtage et des indemnités de transfert, contrat d'image, des indemnités de transfert et du contrat de travail). Par conséquent, si ces facteurs aggravants sont résolus, il reste que les transferts posent essentiellement deux problèmes :
- celui de leur qualification juridique
- et, surtout, celui relatif à la répartition inéquitable du flux financier de l'opération entre les parties.

Jusqu'à présent, le problème des transferts de joueurs a très largement été présenté sous la forme du dilemme de l'attribution des « droits de transfert » aux clubs (clause de réserve) ou aux joueurs (agents libres), réduisant ainsi le système à une pure logique de restriction à la mobilité, donc de veto aux transferts potentiels. Or, le marché des transferts ne fonctionnerait pas tant comme une vente des « droits de transfert » qu'une "vente" du joueur lui-même, donc d'un transfert des droits sur le talent du joueur. Autrement dit, le marché n'officialiserait pas le transfert d'un droit de veto, mais, plus globalement, d'un transfert du joueur et de sa créativité. Nous passons donc d'un problème de répartition du droit du talent footballistique à celui de la répartition du droit de propriété sur ce même talent.

La cause des transferts ne serait pas tant un problème de distribution inéquitable des talents footballistiques entre les clubs (fin des clauses de réserve ou de rétention), que celui de la répartition inéquitable des droits sur le talent, incluant les « droits de transfert » et des flux assimilés. Il s'agirait donc moins d'une question de mobilité que du rapport de force autour de celle-ci (transferts contraints et inéquitables).
La thèse présentée ici avance que la crise de la formation professionnelle et le déséquilibre compétitif croissant ne sont pas les conséquences mêmes de la concentration des meilleurs joueurs dans quelques équipes ou pays européens, donc de la fin des restrictions à la

« mobilité », quotas ou autre « clause de réserve », mais la non prise en compte de la force de travail du joueur comme une valeur incorporelle et les cessions inéquitables et contraintes des droits de propriété.

Avant d'exposer le plan de notre travail, il nous revient de faire un point d'ordre sur le Code du sport. Dans ce travail de recherche, le nouveau Code du sport n'aura pas été un élément déterminant . Notre travail était en effet achevé lorsque le Rapport au Président de la République relatif à l'ordonnance n°2006-596 du 23 mai 2006 relative à la partie législative du Code du sport et l'ordonnance elle-même ont été publiés au journal officiel. Cette ordonnance réalise la codification annoncée par la loi n°2004-1343 du 9 décembre 2004 de simplification du droit a autorisé le Gouvernement à adopter par voie d'ordonnance la partie législative du Code du sport. De très nombreux codes ont été ainsi modifiés, selon la voie rapide de l'ordonnance et la méthode dite de la codification à droit constant. L'objectif est de ne pas modifier le droit positif mais de le clarifier par la forme que constitue un nouveau code, doté d'un plan et d'une présentation et d'une numérotation des articles qui se veulent plus cohérentes et plus claires. L'ordonnance comporte en annexe le nouveau code et ses articles réalisent une coordination entre les textes « renumérotés » et surtout, l'abrogation des principales lois qui, traitant du sport, sont désormais codifiées[36]. Nous ne discuterons pas, ultérieurement, de savoir si le changement de forme a pu avoir une influence sur le fond du droit. Nous venons d'expliquer en effet que notre travail était achevé lorsque le Code du sport a été promulgué. Nous aurons seulement pu mettre formellement à jour notre travail en insérant les textes en vigueur, à savoir les articles du Code du

[36] C'est l'article 7 qui se charge des abrogations des textes les plus importants : « Sont abrogés, sous réserve des dispositions de l'article 8 : 1° Le chapitre V du titre VIII du livre VII du Code du travail ; 2° Le deuxième alinéa de l'article 5 du décret-loi du 9 janvier 1852 sur l'exercice de la pêche maritime ; 3° La loi du 6 juillet 1984 relative à l'organisation et à la promotion des activités physiques et sportives ; 4° Le I de l'article 34 de la loi du 13 juillet 1993 modifiant la loi du 16 juillet 1984. 5° L'article 21-1 de la loi n° 95-115 du 4 février 1995 d'orientation pour l'aménagement du territoire ; 6° L'article 29 de la loi n° 99-223 du 23 mars 1999 relative à la protection de la santé des sportifs et à la lutte contre le dopage ; 7° L'article 26 de la loi n°2000-627 du 6 juillet 2000 modifiant la loi du 16 juillet 1984 ; 8° Les articles 10 et 11 de la loi n° 2003-708 du 1er août 2003 relative à l'organisation et à la promotion des activités physiques et sportives ».

sport. Les anciens articles demeurent tant ils sont habituels pour le lecteur.

Après avoir décelé les lacunes de l'opération de transfert de joueurs et les solutions apportées par la réforme FIFA de 2001, nous montrerons que cette réforme ne répond pas parfaitement aux attentes des joueurs et des clubs. Puis, nous tenterons de proposer un ensemble de solutions aux différentes imperfections des transferts et, enfin, une relecture de la réforme FIFA par l'analyse du droit des contrats et celle du droit des biens.

Pour ce faire, nous nous pencherons, dans une première étape, sur la possibilité de régler les différents aspects lacunaires à travers des structures spéciales comme la commission chargée des transferts de joueurs au sein des Ligues professionnelles, une direction nationale de contrôle de gestion des clubs dans les pays ayant un championnat professionnel. Ainsi, pour les agents sportifs, il faudrait mettre en place un mandat spécial qui consisterait à lui permettre exceptionnellement de signer ou de rompre un contrat et à cantonner l'essentiel de son activité au courtage. Cela éviterait la pluri-activité de l'agent sportif et rendrait son rôle plus clair. Quant aux clubs qui s'adonnent souvent à des folies budgétaires, la mise en place d'une direction européenne de contrôle de gestion des clubs professionnels permettrait une meilleure transparence financière, tant au niveau de la vente que de l'achat de joueurs.

Dans une seconde étape, il s'agira de procéder à une analyse de la réforme de la FIFA sur les transferts par une analyse de droit du travail et par celle du droit des biens. Il s'agit, ici, de qualifier et de classer l'opération de transfert de sportifs sur le plan juridique. Par rapport au droit du travail, si le club de sport professionnel transfère un joueur, c'est parce qu'il existait deux liens entre les deux parties : le lien contractuel de travail et le lien de licence. Or, la licence, qui n'appartient pas au club mais à la Fédération, ne peut justifier le paiement d'une indemnité de transfert. Par conséquent, on en déduit que c'est nécessairement le contrat de travail qui justifie cette opération. Mais, en même temps, l'opération de transfert suppose aussi la prise en compte de la spécificité sportive notamment du droit fédéral. Par conséquent, pour le premier problème, à savoir celui de la qualification juridique de l'opération de transfert de joueurs, nous pensons que les transferts naissent dans le contrat de travail tout en s'exprimant hors du contrat de travail. Cette hypothèse de travail mérite d'être complétée. Par rapport au droit des biens, la question des transferts de sportifs doit être traitée comme un droit particulier né de situations et pratiques particulières et spécifiques au domaine du sport. Il conviendrait de faire un pas en avant en reconnaissant aux clubs une certaine « propriété » sur le joueur qui, pour lui, devient une valeur incorporelle. Mais, pour que le joueur ne soit pas assujetti à la seule volonté du club, cette valeur incorporelle doit être partagée de façon équitable. La cession et le partage de ce bien entre le club et le joueur auraient le mérite de régler les problèmes de la compensation financière du club formateur « celui qui découvre le trésor », d'une part, et la rémunération juste des joueurs afin d'éviter la logique réglementaire, c'est-à-dire les nombreuses réformes des instances sportives, d'autre part. Cette reconnaissance permettrait surtout d'incorporer les transferts de joueurs dans les systèmes juridiques qui ont du mal à les justifier et à les classer. Cette approche, dont la prétention n'est pas de résoudre tous les problèmes de transfert de joueurs professionnels, constituera néanmoins une avancée en la matière. Ainsi, pour mener à bien cette étude, nous tenterons de réformer (Partie II) le transfert qui est une opération imparfaite (Partie I). Cela suppose d'abord de présenter le transfert (Titre I) et de relever les différentes contestations du système (Titre II) en droit communautaire et au sein du mouvement sportif. Ensuite de montrer ce qui semble être les lacunes (Titre I) du transfert et enfin les aspects de réforme (Titre II) pour un meilleur fonctionnement

PARTIE I

LE TRANSFERT, UNE OPERATION IMPARFAITE

L'opération de transfert pose problème par sa construction et sa complexité. En effet, à des règles internes se superposent des règles internationales parfois divergentes. A des autorités nationales, s'ajoutent des autorités internationales. La mondialisation du marché, donc l'ouverture des frontières du sport, la pluralité de nationalités et l'emprise du droit rendent les transferts plus complexes. Or, il se trouve que les transferts sont en contradiction avec les principes de base du droit communautaire et qu'ils n'atteignent pas non plus leurs objectifs, c'est-à-dire l'équilibre de la compétition et la compensation de la formation. Par conséquent, nous assisterons à de nombreuses contestations. D'une part, les footballeurs veulent plus de libertés ; celle de circuler et celle de choisir ou de participer au choix de leurs clubs. D'autre part, les clubs formateurs veulent plus de reconnaissance ; en particulier celle d'avoir une certaine « propriété » sur le « trésor » qu'ils ont découvert donc d'être indemnisés des efforts financiers consentis à la formation.

TITRE I : PRESENTATION DU SYSTEME

Le transfert, en général, est une opération juridique de transmission d'un droit, d'une obligation ou d'une fonction d'un titulaire (auteur) à un autre (ayant cause) ; il désigne aussi bien le résultat de l'opération, l'effet translatif (par exemple, le transfert de propriété résultant de la vente) que l'opération même (l'acte translatif)[37].

Les transferts de footballeurs constituent une opération par laquelle un club accepte de mettre fin, avant le terme stipulé, au contrat d'un joueur, afin de lui permettre de s'engager au profit d'un autre club, en contrepartie du paiement par ce dernier d'une indemnité financière. Il s'agit donc d'une convention originale reposant sur un accord triangulaire entre le sportif et les clubs concernés. Le club quitté accepte de libérer le joueur de manière anticipée ; ce dernier promet de se mettre au service du nouveau club qui, de son côté, s'oblige à indemniser le premier club[38].

La doctrine a également essayé de définir l'opération. Pour Monsieur Simon, le transfert est l'autorisation, donnée par un club à sa fédération nationale, de qualifier un joueur engagé sous contrat professionnel dans un autre club. La différence entre le régime « ordinaire » des mutations et celui des transferts réside en ce qu'ici le pouvoir de décision appartient au club[39]. C'est à notre sens une analyse inspirée du droit administratif.

Pour Monsieur Garrigues, l'organisation nationale et internationale du football repose sur le principe de non-concurrence : les clubs s'engagent à ne pas affilier les membres d'un autre club. Les impératifs de mobilité sportive professionnelle ont transformé cette obligation de non-concurrence en une indemnisation du club quitté par un joueur, indemnisation qui est censée remplacer la protection dont le club disposait. Par le système du transfert, chaque club conserve un moyen

[37] *Vocabulaire juridique-Association H. Capitant*, sous la direction de G. CORNU, PUF, p. 925.

[38] J. MOULY, *Dictionnaire juridique du sport*, sous la direction de J-P. KARAQUILLO et F. ALAPHILIPPE., Dalloz, 1990, p. 358.

[39] G. SIMON, *Puissance sportive et ordre juridique étatique*, LGDJ, Thèse, 1990, p. 120.

de faire obstacle au déplacement professionnel d'un sportif[40]. Pour Monsieur Jacotot, comprendre le système des transferts, c'est prendre conscience de l'établissement d'une relation triangulaire. D'abord, un contrat de travail à durée déterminée - non encore arrivé à son terme – unit un club A et un footballeur. Ensuite, le club A conclut avec un club B un contrat de transfert dans le cadre duquel l'un (le club B) s'engage à payer à l'autre (le club A) une indemnité et l'autre (le club A) s'engage à autoriser la rupture anticipée du contrat de travail. Enfin, un nouveau contrat de travail se forme entre le footballeur et le club B. Cet ensemble contractuel repose sur une finalité précise « l'organisation » de la rupture anticipée d'un commun accord du premier contrat de travail[41]. Pour d'autres auteurs, le contrat de transfert est la consécration d'un accord tripartite entre deux clubs et un sportif professionnel permettant à ce dernier de muter d'un club à l'autre avant le terme de son contrat de travail. On peut décrire, de façon schématique, l'opération de transfert comme la conclusion et l'exécution d'une convention permettant à un club d'exiger d'un autre le versement d'une somme d'argent en contrepartie de l'acceptation de libérer un joueur de ses obligations contractuelles et d'annoncer à la Fédération nationale et, le cas échéant internationale, la disponibilité de ce joueur pour un enregistrement auprès de son nouveau club[42].

La FIFA définit de façon indirecte le transfert. En effet, l'article 1, al.1er du règlement de la FIFA gouvernant l'activité des agents sportifs précise que l'agent de joueurs est une personne physique dont l'activité consiste, conformément aux dispositions suivantes, à mettre en rapport régulièrement et contre rémunération, un joueur et un club en vue de la conclusion d'un contrat de travail, ou de deux clubs en vue de la conclusion d'un contrat de transfert. Pour l'UEFA, le transfert est un contrat contenant des clauses qui lient les clubs entre eux. Le transfert n'est donc que l'exécution d'une obligation assurée par les clubs, les uns vis-à-vis des autres. Selon celle-ci, il serait erroné de croire que les clubs jouissent d'un droit de rétention sur le sportif ; ils sont plutôt

[40] Ch. GARRIGUES, *Activités sportives et droit communautaire*, Thèse, Strasbourg, 1982, p. 403.

[41] D. JACOTOT, *Les contrats des sportifs professionnels ; l'exemple du footballeur professionnel,* p. 212, sous la direction de G. SIMON.

[42] F. RIZZO, « A propos de la réification de la personne du sportif professionnel salarié », in *Les Cahiers de droit du sport, centre de droit du sport,* Aix-Marseille, CDS 1, 2005, p. 50.

chargés d'une obligation de non-concurrence les uns vis-à-vis des autres. Si l'on veut, il est interdit à un club de s'attacher les athlètes d'un autre, à moins que ce dernier club ne signifie son consentement dans un accord de cession avec dédommagement[43]. Partant, l'athlète a toujours le loisir d'abandonner son club lorsqu'il le souhaite ; mais il ne sera pas accepté dans son nouveau club, sauf autorisation expresse de l'ancien. Il apparaît dès lors que les droits du sportif ne sont pas moindres que ceux traditionnellement reconnus à n'importe quel citoyen : nul en effet n'est en mesure d'exiger d'être membre d'une association qui l'écarte ou d'être embauché par un employeur qui le refuse[44]. Cette définition de l'UEFA pose problème puisqu'elle met en cause la liberté de travail des sportifs.

Ces différentes approches du système de transfert font apparaître trois éléments essentiels : un mouvement de joueurs entre clubs, le paiement d'une somme de transfert (appelée indemnité de transfert ou de formation), dont l'objectif est de compenser le club quitté, et enfin, de nouveaux liens contractuels entre le joueur et le club acheteur. D'autres parties peuvent intervenir ; c'est le cas des agents sportifs ou intermédiaires et des Fédérations internationales (Fédération internationale de football association) et nationales (Fédération française de football par exemple). Par ailleurs, de nombreux liens contractuels unissent les clubs et les joueurs (relation de travail, donc d'employeur et de salarié, relation dans le cadre associatif ; la plupart des clubs étant constitués d'une association dite support et d'une société sportive). C'est dire que le système de transfert est insatisfaisant (Chapitre I) dans la mesure où ni le contrat de travail (Section I), ni le contrat d'association (Section II) ne constituent un fondement sérieux pour priver le joueur de sa liberté[45].

---

[43] Rapport de l'UEFA de 1972, p. 38.

[44] J-Cl. GERMAIN, *Les sportifs et le droit,* collection scientifique de la faculté de droit de Liège n° 40, 1975, p. 57.

[45] M. Raymond KOPA dénonçant le système de transfert disait que « les footballeurs sont des esclaves. Aujourd'hui, en plein XX° siècle, le footballeur est le seul homme à pouvoir être vendu et acheté sans qu'on lui demande son avis », *France-Dimanche*, 4 juillet 1963. Récemment à propos du transfert de Didier DROGBA à Chelsea, l'international ivoirien disait « ç'aurait été beaucoup plus facile de me décider si je n'étais pas aussi attaché à mon club. Je serais parti sans trop réfléchir ni rien regretter. Mais là, il existe des liens très forts qui me retiennent à l'O.M. Si j'avais dit en fin de saison dernière que je voulais rester, ce n'était pas pour faire plaisir aux supporters mais bien pour exprimer le fond de ma pensée. Je ne sais pas trop pourquoi, mais je

CHAPITRE I : LES ASPECTS INSATISFAISANTS DU SYSTEME

Les relations contractuelles unissant les clubs sportifs et le joueur professionnel, telles que le contrat de travail et le contrat d'association, ne constituent pas un fondement juridique à même de justifier l'absence de liberté du joueur dans le système de transfert. Par conséquent, le contrat de travail (Section 1), encore moins le contrat d'association (Section 2), ne peuvent justifier la privation de la liberté du joueur.

SECTION 1 : LA NON-JUSTIFICATION DE LA RETENTION DU JOUEUR PAR LE CONTRAT DE TRAVAIL[46]

Contrairement à la règle générale en matière de droit de travail, qui veut que le salarié soit, en principe, lié par un contrat de travail à durée indéterminée à son employeur et, exceptionnellement, par un contrat de travail à durée déterminée, dans le domaine du sport professionnel, le contrat de travail à durée déterminée est la règle. Le sportif professionnel est toujours lié par un contrat de travail avec son club.

Selon l'article L.122-1 du Code du travail, le contrat de travail à durée déterminée ne peut avoir ni pour objet, ni pour effet de pourvoir durablement à l'activité normale et permanente de l'entreprise. Sous réserve des dispositions de l'article L.122-2, il ne peut être conclu que pour l'exécution d'une tâche précise et temporaire, et seulement dans les cas énumérés à l'article L.122-1-1. En effet, pour l'article L.122-1-1, le contrat de travail ne peut être conclu pour une durée déterminée que dans les cas suivants :

« 3° Emplois à caractère saisonnier ou pour lesquels, dans certains secteurs d'activité définis par décret ou par voie de convention ou d'accord collectif étendu, il est d'usage constant de ne pas recourir au

---

suis vraiment tombé sous le charme de tout ce club et de cette ville, et j'ai du mal à imaginer tout quitter d'un seul coup, comme ça. Ce qui me gêne un peu, c'est que j'avais aussi le sentiment que tout le monde attendait mon départ, qu'il arrangerait un certain nombre de personnes. Mais moi, je n'étais pas pressé du tout de quitter ce club » *France Football*, n° 3041 du mardi 20 juillet 2004.

[46]Le contrat de travail est traité plus amplement dans cette thèse.

contrat de travail à durée indéterminée, en raison de la nature de l'activité exercée et du caractère par nature temporaire de ces emplois ».

L'article D.121-2 pris en application de l'article L.122-1-1, 3°, précise que les secteurs d'activité dans lesquels des contrats à durée déterminée peuvent être conclus concernent les emplois pour lesquels il est d'usage constant de ne pas recourir au contrat à durée indéterminée, en raison de la nature de l'activité exercée et du caractère par nature temporaire de ces emplois, sont les suivants : l'enseignement et le sport professionnel.

S'agissant par ailleurs de la rupture du contrat de travail à durée déterminée, l'article L.122-3-8 précise que sauf l'accord des parties, le contrat de travail à durée déterminée ne peut être rompu avant l'échéance du terme qu'en cas de faute grave ou de force majeure. La loi n° 2002-73 du 17 janvier 2002, dite de modernisation sociale, permet désormais au salarié employé par un contrat de travail à durée déterminée de le rompre unilatéralement avant son terme, à condition qu'il justifie d'une embauche à durée indéterminée. En dehors de ces cas de rupture prévus par la loi, le salarié ne peut rompre son contrat de travail à durée déterminée sauf à supporter les conséquences d'une rupture abusive. En effet, l'article L.122-3-8 du Code du travail précise que la méconnaissance par le salarié ouvre droit pour l'employeur à des dommages et intérêts correspondant au préjudice subi. Or, dans les transferts de footballeurs professionnels, cela est impossible sans l'accord du club. Par conséquent, cette absence de liberté du footballeur professionnel ne peut se fonder sur le contrat de travail, qui permet, au contraire, aux parties du contrat de travail à durée indéterminée comme du contrat de travail à durée déterminée, de pouvoir rompre les liens contractuels. Il apparaît clairement que les dirigeants de club voudraient avoir une espèce de droit divin sur les joueurs, depuis leur plus jeune âge jusqu'au milieu au moins de leur carrière professionnelle. Certains, comme ce fut le cas jusqu'à l'instauration du contrat à temps en 1969, souhaitent peut être secrètement posséder ce droit jusqu'au terme de la carrière du joueur[47]. Le contrat d'association est, par ailleurs, évoqué pour justifier la privation de la liberté du joueur.

[47] Lettre UNFP n° 56 du 26 novembre 2004.

SECTION 2 : LA NON-JUSTIFICATION DE LA RETENTION DU JOUEUR PAR LE CONTRAT D'ASSOCIATION

Le contrat d'association peut-il justifier l'absence de liberté du sportif inhérente aux transferts de sportifs professionnels ? L'article L.121-1 du Code du sport (article 7 de la loi du 16 juillet 1984) précise que les associations sportives sont constituées conformément aux dispositions de la loi du 1er juillet 1901 relative au contrat d'association. Les dispositions du titre II du livre 1er du code précité concernent les clubs professionnels qui sont normalement constitués d'une association relevant de la loi du 1er juillet 1901, chargée de gérer le secteur amateur et d'une société sportive professionnelle, constituée par l'association, en charge de la partie professionnelle de l'activité. Or, le joueur est salarié du club, donc membre de l'association sportive. Ce statut de membre de l'association sportive permet-il au club, association sportive, de priver le joueur de sa liberté, c'est-à-dire de l'empêcher de démissionner et d'aller dans l'association de son choix ?

La liberté d'association est une liberté fondamentale, reconnue aussi bien en droit interne[48] qu'en droit européen[49] : elle est inscrite dans la Déclaration Universelle des Droits de l'Homme de 1948 et dans la Convention Européenne des Droits de l'Homme de 1950, ratifiée par la France en 1974.

C'est l'article 1er de la loi du 1er juillet 1901 qui définit l'association comme une convention par laquelle deux ou plusieurs personnes mettent en commun, de façon permanente, leurs connaissances ou leurs activités, dans un but autre que de partager les bénéfices. Cette définition implique une liberté individuelle, celle d'adhérer librement ou de ne pas adhérer à une association. Ainsi, l'association ne doit pas se confondre avec une collectivité locale : la commune regroupe, elle, tous les habitants de la commune, sans requérir leur adhésion[50]. En revanche, les membres de droit qui représentent souvent les pouvoirs publics, la

---

[48] La liberté d'association est un principe fondamental reconnu par les lois de la république selon la décision du Conseil Constitutionnel de 1971, CE, 11 juillet 1956, *Amicale des annamites de Paris*, Ass. Plén., 9 février 2001, *Association club des sports de Rimberlieu.*

[49] CEDH, 30 juin 1993, arrêt SIGURJONSSON ; CEDH, 25 avril 1996, arrêt GUSTAFSSON.

[50]Civ. 8 nov. 1978, RTD, com. 1979. 484.

désignation est faite unilatéralement par les fondateurs de l'association, et le consentement des membres de droit n'est pas sollicité.

Quant à la liberté de ne pas adhérer ou de sortir de l'association, aucune disposition d'ordre privé ne peut imposer l'adhésion à une association[51]. Le principe est que l'adhésion à une association n'est jamais obligatoire. Ainsi, l'adhésion obligatoire à une association de chasse a été condamnée, dans l'affaire Mme Chassagnou et autres, par la Cour Européenne des Droits de l'Homme, dans une décision du 29 avril 1999, sur le fondement de la liberté d'association[52].

Selon la doctrine, l'arrêt du 29 avril 1999 intéresse bien plus que les seuls protecteurs de la nature en France. Dans d'autres pays (Italie), les propriétaires fonciers, bien que non tenus d'adhérer à des associations de promotion du sport cynégétique, peuvent, dans certaines régions, subir la chasse des tiers sans leur assentiment. L'article 1er, alinéa 2, du premier protocole additionnel à la convention permet, désormais, selon l'interprétation qu'il faut bien sûr très largement approuver, d'invoquer le libre usage des biens pour s'opposer aux incursions des porteurs de fusils. Qui pouvait nier de bonne foi que la présence de chasseurs en armes et en activité, sur un fond privé, constituait une privation de jouissance paisible dudit fonds par son propriétaire ?[53] En revanche, il existe de nombreuses associations pour lesquelles le législateur prescrit une adhésion obligatoire, ce qui pose problème au vu de l'arrêt Chassagnou. En effet, selon Monsieur Alfandari, le contrat forcé n'est pas une originalité chaque fois qu'un intérêt général est en jeu : c'est ainsi que tout propriétaire d'une automobile est tenu de contacter une assurance, mais qu'il a le choix de son assureur. L'adhésion obligatoire à une association est un problème plus précis, comme le prouve les exemples qui suivent.
En revanche, certaines adhésions obligatoires doivent se faire auprès d'une association unique, chargée de mission de service public : c'est, par exemple, le cas de l'Association Française des Banques (AFB) qui, tel un ordre professionnel, regroupe obligatoirement les établissements bancaires ; ou encore de l'association pour la gestion du régime d'assurance obligatoire géré par une association. Pour ces associations,

---

[51]Civ. 23 fév. 1960, D. 1961. 55.
[52]CEDH, 27 oct. 2000, arrêt Chassagnou, JCP 1999. 328, note MALAFOSSE.
[53]G. CHAROLLOIS, arrêt Chassagnou, *D.* 1999, Chron. 389.

c'est plus souvent leur monopole que le principe d'une adhésion obligatoire qui est discuté[54].

S'agissant de la sortie de l'association, l'article 4 de la loi de 1901 prévoit que tout membre d'une association qui n'est formée pour un temps déterminé peut s'en retirer en tout temps, après paiement de cotisations échues et de l'année courante, nonobstant toute clause contraire. Ainsi, qu'il s'agisse d'adhérer, de ne pas adhérer ou de sortir d'une association, le sportif professionnel est libre de son choix. Il doit pouvoir démissionner d'une association sans en être empêché. Seul l'intérêt général peut justifier une adhésion obligatoire, tel l'exemple dans le domaine bancaire. Or, dans le cadre de son transfert, le sportif ne dispose pas de cette liberté, alors même que son contrat est rompu avec son ancien club. En effet, le club quitté, c'est-à-dire celui avec lequel le joueur a rompu son contrat de travail, exige souvent une importante somme d'argent pour que le joueur puisse être transféré à un autre club. A défaut, le joueur reste au bon vouloir de son ancien club, ce qui constitue une violation du contrat d'association. Par conséquent, l'absence de liberté de choix du joueur paraît en contradiction avec la loi du 1er juillet 1901, qui ne saurait justifier les transferts de sportifs professionnels, l'opération présupposant l'autorité du club sur son joueur.

Selon la doctrine majoritaire, l'incertitude plane sur la base juridique de l'opération de transfert. L'analyse rattachant l'absence de liberté du footballeur professionnel (lié aux transferts) aux relations contractuelles, associative et de travail, qui unissent le joueur au club, n'emporte guère l'adhésion[55]. On a donc soutenu que les clubs commettaient un abus de droit. Il leur arrivait de s'attacher les sportifs à vie, de les empêcher de mener une carrière à la mesure de leur talent, c'est-à-dire de passer dans un club plus important, puis de celui-ci à un autre plus important encore, et ainsi de suite. C'est pourquoi d'aucuns ont dénoncé cette situation en reprochant aux ordres juridiques sportifs de méconnaître gravement la liberté de l'athlète : dans l'hypothèse où celui-ci est affilié à son club et se trouve empêché d'en démissionner, quand bon lui semble, pour s'intégrer à un autre club, on parlait d'une atteinte à la liberté d'association ; dans le cas où il avait conclu un contrat de professionnel

---

[54] E. ALFANDARI, la liberté d'association in *Libertés et droits fondamentaux*, 8e éd. Dalloz, 2002, pp. 429-446.

[55] G. SIMON, *op.cit*, p.122.

ou de semi professionnel, on parlait plutôt d'une atteinte à la liberté du travail[56].

Le fondement juridique de l'opération de transfert est incertain. En effet, la position de la doctrine est d'ailleurs confirmée par les raisons purement sportive et financière (équilibre de la compétition et compensation de la formation), que les clubs et les institutions sportives évoquent souvent pour justifier les transferts. Les raisons juridiques ne sont jamais avancées.

CHAPITRE II : LES ASPECTS ESSENTIELS DU SYSTEME

Il existe différents types de transferts de footballeurs professionnels (section 1) qui peuvent s'exprimer aussi bien sur le plan national (§ 1) que le plan international (§ 2). Le transfert national ne fait intervenir que des clubs professionnels de football appartenant à la même Fédération nationale, alors que le transfert international concerne deux clubs professionnels de football appartenant à deux Fédérations nationales différentes. Par ailleurs, qu'il soit national ou international, le transfert peut être temporaire (prêt de joueurs) ou définitif.

En dehors de cette typologie, la mécanique du transfert fait partie des aspects essentiels du système. En effet, cette mécanique concerne, d'une part, des intervenants (§1) privés (A) et des intervenants institutionnels (B), d'autre part, des périodes de transfert (§ 2) qui sont encadrées dans des délais (A) dont la validité a été confirmée par la Cour européenne (B).

SECTION 1 : LA TYPOLOGIE DU TRANSFERT

Comme nous l'avons souligné plus haut, le transfert peut être national ; il ne fait, alors, intervenir que des clubs professionnels appartenant à la même Fédération nationale. Il peut être aussi international, en faisant intervenir des clubs professionnels appartenant à deux Fédérations nationales distinctes. Cette dernière situation pose davantage de problèmes, dans la mesure où les intervenants sont plus nombreux[57] et la procédure plus complexe. Une fois, les conditions et la procédure de

---

[56] J-C. GERMAIN, *op.cit*, pp. 56-57.

[57] En dehors des deux fédérations nationales, des clubs et des agents sportifs, la FIFA aussi intervient.

la mutation respectées, le footballeur peut être transféré de façon définitive ou temporaire. Dans tous les cas, les mutations de joueurs professionnels relèvent de la compétence de la commission juridique de la Ligue de football professionnel.

§ 1 : Le transfert national

Le transfert national est celui qui concerne deux clubs appartenant à une même fédération nationale (deux clubs français par exemple). Le transfert ou mutation nationale (interne) du sportif peut se faire de façon temporaire (il s'agit de prêts de joueurs professionnels) ou définitive (transfert définitif avec résiliation de l'ancien contrat de travail non encore arrivé à terme et signature d'un nouveau contrat de travail à durée déterminée entre un second club et le joueur professionnel)[58].

A/ Les mutations temporaires

Les mutations temporaires ou provisoires visent les cas de prêts de joueurs[59]. Ils peuvent prendre la forme de prêts simples d'une part, et de prêt accompagné d'une promesse de transfert définitif d'autre part. Le prêt simple est une forme de mise à disposition provisoire d'un joueur d'un club à un autre. Le prêt accompagné d'une promesse de transfert définitif peut se faire sous la forme de prêt avec obligation d'achat ou de prêt avec option d'achat. Le prêt avec option d'achat peut s'analyser comme une promesse unilatérale de transférer définitivement le joueur c'est à dire une sorte de période d'essai avec possibilité pour le club acquéreur de décider d'opter pour le transfert définitif si le joueur donne satisfaction. S'agissant du prêt avec obligation d'achat, il s'analyse comme un transfert définitif sous condition suspensive[60]. En effet, le club acquéreur peut décider de transférer le joueur sous réserve d'atteindre ses objectifs ; par exemple accéder à une division supérieure ou participer à une Coupe d'Europe.

---

[58] Voyez en annexe, le tableau comparatif des mutations définitives et temporaires en France et en Angleterre de 1999 à 2003.

[59] Voyez notamment, A. COEURET, Prêt de main d'œuvre, *J-Cl. Travail*, V° Fasc. 3-20, 1999 ; J-P. KARAQUILLO, *Prêt d'un sportif salarié*, Dictionnaire juridique du sport, Dalloz, 1991.

[60] Voyez F. RIZZO, Les opérations de transfert in *Lamy Droit du Sport*, 2005.

L'article L. 125-1 du Code du travail interdit le délit de marchandage, et l'article L.125-3 (L. n° 73-608 du 6 juillet 1973 relative à la répression des trafics de main-d'œuvre), prohibe toute opération à but lucratif ayant pour objet exclusif le prêt de main-d'œuvre sous peine des sanctions prévues à l'article (L.n° 90-613 du 12 juillet 1990) « L.152 » dès lors qu'elle n'est pas effectuée dans le cadre des dispositions du livre 1er, titre II, chapitre IV du présent code, relatives au travail temporaire.

La loi pose donc deux conditions pour que joue la prohibition :

- l'opération doit avoir un but lucratif ;
- l'objet de l'opération doit être exclusivement le prêt de main-d'œuvre.

Ainsi, si le prêt n'a pas de but lucratif, la prohibition s'efface. Autrement dit, le but recherché de l'opération ne doit pas être la réalisation de bénéfices pécuniaires. Quant au caractère exclusif, il est rempli si le joueur présente une qualité spécifique en apportant un savoir-faire inexistant dans le nouveau club.

Dans le domaine du sport, le prêt de main-d'œuvre est validé. En effet, le club quitté ne reçoit pas d'indemnité de prêt en échange du sportif professionnel transféré. Au contraire, le but recherché est que le club qui reçoit le joueur prenne en charge la totalité ou une partie des salaires ou cotisations sociales. Ainsi, la mise à disposition d'un éducateur sportif par l'association Loire Profession sport auprès d'un club de tennis est licite, car effectuée sans but lucratif, dès lors que le montant de la rémunération versée par le club utilisateur correspond aux salaires bruts majorés des cotisations patronales et d'une participation réduite aux frais de gestion de l'association[61]. L'objectif de cette prohibition de tout prêt exclusif de main-d'œuvre à caractère lucratif a ainsi pour conséquence d'interdire l'opération de marchandage *stricto sensu*, par laquelle un sous-entrepreneur recruterait uniquement de la main-d'œuvre pour la mettre à disposition d'un entrepreneur principal[62].

Les règlements fédéraux ont, en outre, encadré les mutations temporaires de joueurs professionnels. Ainsi, l'article 135 du règlement administratif de la Ligue de football professionnel prévoit que les

[61] Lyon, 24 juin 1996, *D.* 1998. Somm. 41, obs. KARAQUILLO.
[62] A. COEURET, *Prêt de main-d'œuvre*, J. Cl. Travail, V° Fasc, 3-20, 1999.

mutations temporaires de joueurs professionnels, stagiaires ou espoirs, sont effectuées pour une saison éventuellement renouvelable. En outre, l'article 504 de la Charte du football professionnel précise les mutations temporaires sont valables dès lors qu'une seule est pratiquée pour une saison pour un même joueur[63]. Le règlement du 1er juillet 2005 de la FIFA relatif au statut et aux transferts de joueurs a apporté un assouplissement. En effet, il précise qu'un joueur prêté par un club à un autre qui rejoint ensuite son club d'origine peut à nouveau faire l'objet d'un autre prêt à un autre club, à condition que, durant la période où il est à nouveau dans son club d'origine, il s'entraîne exclusivement pour ce nouveau club sans pour autant disputer de match pour ce même club d'origine. Ce droit est, en outre, réservé aux seuls clubs ayant un statut professionnel. Il est aussi strictement encadré quant au nombre de joueurs[64]. De plus, la direction nationale du contrôle de gestion des clubs veille au respect des règles comptables et financières lors des opérations de transfert[65].

Pour certains auteurs, le procédé consiste pour un club à mettre à la disposition provisoire d'un autre club l'un de ses joueurs. Durant cette période de prêt, ou plus exactement de mise à disposition, le sportif passe sous l'autorité et le contrôle du nouveau club et perçoit une rémunération par le club emprunteur qui prend en charge la totalité des salaires du sportif ou, selon le cas, partage une partie des rémunérations avec le club prêteur. A l'issue de l'opération, le joueur réintègre, en

---

[63] L'article 504 de la charte du football professionnel relatif aux mutations temporaires prévoit les différentes modalités. En effet, ces mutations donnent lieu à l'établissement d'un avis de mutation temporaire auquel est annexée une convention financière selon les modalités prévues par Isyfoot signés par les deux clubs et le joueur. Ces documents sont créés par le club prêteur dans Isyfoot. Une fois l'accord accepté et signé par les parties, l'avenant est soumis à la Ligue de football professionnel pour homologation. La rémunération dont bénéficie le joueur à son retour dans le club d'origine ne pourra en aucun cas être inférieure à celle que lui accordait le club dans lequel il avait été muté temporairement, sauf accord particulier, objet d'un avenant, conclu entre les parties.

[64] L'article 135 du règlement administratif de la Ligue de football professionnel prévoit qu'un club ne peut muter à titre temporaire avec un maximum de deux joueurs dans le même club, que sept de ses joueurs déjà licenciés au club la saison précédente.

[65] La DNCG (Direction Nationale de Contrôle de Gestion des Clubs) donne son avis sur les opérations de transfert de joueurs en tenant compte de la situation financière des clubs.

principe, l'effectif de son club d'origine, avec lequel il a conservé un lien contractuel de travail[66].

Différentes motivations peuvent pousser les parties à procéder à de telles mutations. Pour le club prêteur, il s'agit de diminuer la masse salariale en transférant une partie de son effectif qu'il n'utilisera pas au cours de la saison. En effet, le club acquéreur prend souvent une partie ou la totalité du salaire du joueur prêté. Pour le joueur[67], il s'agit d'une opportunité sportive lui permettant de se valoriser, afin, soit de regagner sa place dans son ancien club à l'issue du prêt, soit de rester définitivement dans le nouveau club, ou encore de se faire "acheter" par un autre club. Une fois le joueur transféré, la réglementation précise les possibilités. En effet, l'article 136 du règlement administratif de la Ligue de football professionnel précise que la mutation temporaire peut se transformer à tout moment en mutation définitive, avec l'accord du joueur et dans le respect des règles applicables aux mutations.

B/ Les mutations définitives

La mutation devient définitive lorsque le sportif est « vendu » à un autre club à l'issue du transfert ou lorsque le prêt du sportif se transforme en achat, à l'issue de la mutation temporaire. La mutation définitive est plutôt la règle, car elle n'est pas limitée quant au nombre de joueurs et permet aux clubs d'avoir des rentrées conséquentes d'argent.

Contrairement à la mutation temporaire, la mutation définitive concerne en général les meilleurs footballeurs. En effet, le footballeur, ayant acquis une valeur supplémentaire après une belle saison[68], cherche à exprimer son talent dans un club plus ambitieux et prestigieux, à même de remplir son palmarès (Réal Madrid, Juventus, Milan AC, Lyon, Chelsea, Manchester United, Bayern de Munich). Par conséquent, les footballeurs transférés dans ces clubs professionnels perçoivent des indemnités et des salaires très importants. Le club vendeur, souvent de

---

[66] F. DOUSSET, *Rugby et droit social*, Thèse, Montpellier, 2002, n° 183.

[67] C'est le cas du footballeur Edouard CISSE qui a été prêté pour la saison 2003-2004 à l'AS Monaco. Après avoir accompli une excellente saison sanctionnée par une finale de « *champions league* », il fut convoité par les meilleurs clubs européens. Mais il a finalement décidé de retourner dans son ancien club, le PSG.

[68] C'est le cas de Michael ESSIEN transféré de Lyon à Chelsea pour 38 millions d'euros après avoir été artisan des deux titres de champion de France avec son ancien club et élu meilleur joueur du championnat pour la saison 2004-2005.

dimension moins importante ou de même statut mais n'ayant pas une bonne santé financière, a tout intérêt à vendre certains de ses meilleurs éléments.

§ 2 : Le transfert international

La mutation, qu'elle soit temporaire ou définitive, peut s'opérer, aussi, au niveau international. Cependant, la procédure est différente et varie selon que le joueur est transféré de la France vers l'étranger ou dans le sens contraire. A souligner, par ailleurs, que la mutation de footballeurs non communautaires est assez particulière, puisqu'elle suppose que ces sportifs remplissent d'autres conditions.

Le transfert international est celui qui concerne deux clubs n'appartenant pas à une même Fédération nationale (par exemple un club belge et un club français). Le transfert international peut concerner un joueur évoluant dans le championnat français et désirant être muté vers un championnat étranger (A), ou un joueur évoluant dans un championnat étranger et désirant être muté dans un club professionnel français (B). Ce transfert concerne surtout des joueurs internationaux c'est-à-dire des joueurs ayant une valeur économique très importante sur le marché des transferts.

A/ Le transfert de joueurs du championnat français vers des clubs étrangers

L'article 107 des statuts et règlements de la Fédération française de football prévoit que tout footballeur ayant évolué dans un club français et désirant jouer dans un club étranger doit obtenir l'autorisation de sortie de la Fédération. Cette dernière délivre l'autorisation :

- directement pour les joueurs sous contrat fédéral ;

- après avis de la Ligue de football professionnel pour les joueurs sous contrat professionnel, espoir, stagiaire, aspirant et apprenti ;

- après avis de la Ligue régionale pour les joueurs amateurs, après démission réglementaire auprès de la ligue et du club quitté, ou réception par la Ligue concernée de l'accord écrit du club quitté.

Selon M. Simon, cette autorisation de sortie, qui est en quelque sorte un visa délivré par la Fédération d'origine, se distingue de l'autorisation exigée pour les mutations internes. En effet, si son octroi suppose l'accomplissement préalable des formalités prévues pour toute mutation et, notamment, l'accord du club quitté, lorsqu'il est nécessaire, la Fédération d'origine, qui est ici exclusivement compétente, n'est tenue d'accorder l'autorisation que lorsque les conditions de la mutation sont remplies. Elle se réserve, en effet, le pouvoir, en raison de considérations indépendantes de la volonté des joueurs ou des clubs, de refuser la délivrance de la lettre de sortie lorsqu'elle le juge nécessaire[69].

Pour M. Parleani, le système de l'autorisation de sortie, couplé (directement ou non) avec l'exigence d'une indemnité, semble bien contraire au principe fondamental de libre mobilité, exprimé aux paragraphes 1 et 3 de l'ancien article 48 (Traité de Rome du 25 mars 1957, actuel, article 39, qui énonce que « la libre circulation des travailleurs est assurée à l'intérieur de la Communauté, elle implique l'abolition de toute discrimination fondée sur la nationalité, entre les travailleurs des Etats membres, en ce qui concerne l'emploi, la rémunération et les autres conditions de travail) en le laissant perdurer. Ne laisse-t-on pas en place un obstacle « administratif » qui peut rendre aléatoire la mobilité du salarié[70] ?

A notre avis, cette position des Fédérations nationales a évolué. En effet, la Fédération française de football a tiré les leçons des récents succès de l'équipe nationale de football de France (à la Coupe du monde de 1998 et à la Coupe d'Europe 2000). Si l'équipe de France est devenue très performante, c'est qu'elle s'est dotée d'une solide expérience que ses joueurs ont acquise dans les championnats étrangers[71] et aujourd'hui la quasi-totalité de ces internationaux

---

[69] G. SIMON, *op.cit.*, p. 124.

[70] G. PARLEANI, Les transferts internationaux de footballeurs professionnels et le droit communautaire, *Petites affiches,* 7 septembre 1994, n°107 tiré du site Internet :www.lextenso.fr

[71] Selon *France-Football*/N°3003/Mardi 18 novembre 2003, « l'exemple type a été le succès en quarts de finale du Mondial 1998 contre l'Italie, dont la plupart des acteurs sur le terrain avaient peaufiné leur science du jeu dans le *Calcio*. Quand ce n'est pas la série A, c'est la *Liga, la Bundesliga* ou la *Premier League* qui sont sources d'émulation et de progrès. « Jouer chaque semaine dans des stades de 80 000 places apporte une expérience merveilleuse », souligne René GIRARD. Un LIZARARU a attendu de partir au Bayern Munich avant de glaner ses trophées à profusion.

Pour observer les performances des meilleurs joueurs français, il faut davantage regarder *L'équipe du dimanche* que *Téléfoot*. Les palmarès des ZIDANE, THURAM, HENRY et consorts se sont étoffés au contact de l'étranger. Se frotter aux meilleurs de toutes les nationalités, comme c'est le cas au Réal, à la Juve ou à Arsenal, évoluent dans les meilleurs championnats européens. Si la « génération de la Coupe d'Europe de 1984 » n'a pas eu un palmarès aussi glorieux que celui de la « génération Zidane », c'est qu'à l'époque, seul M. Platini évoluait à l'étranger. La volonté de préserver la stabilité et l'homogénéité de la sélection nationale n'est plus convaincante comme argument pour refuser des autorisations de sortie. Ainsi, les affaires les plus récentes relatives au refus d'autorisation de sortie ne concernaient que les transferts de jeunes joueurs. En effet, l'article L.211-5 du Code du sport (article 15-4 de la loi du 16 juillet 1984) précise que « l'accès à une formation dispensée par un centre de formation mentionné à l'article L.211-4 du présent code est subordonné à la conclusion d'une convention entre le bénéficiaire de la formation ou son représentant légal et l'association ou la société.

La convention prévoit qu'à l'issue de la formation, et s'il entend exercer à titre professionnel la discipline sportive à laquelle il a été formé, le bénéficiaire peut être dans l'obligation de conclure, avec l'association ou la société dont relève le centre, un contrat de travail, dont la durée ne peut excéder trois ans ».

Or, beaucoup de jeunes joueurs, dès la fin de leur formation, veulent partir dans les clubs de leur choix, souvent les plus riches et refusent, par conséquent, de rester dans leur club formateur. C'est pour lutter contre cette fuite des jeunes talents vers l'étranger et la fin de la formation à la française que les autorisations de sortie sont souvent refusées. On pourrait citer, par exemple, les cas de Dabo et Sylvestre qui, formés au Stade Rennais, sont partis à l'Inter de Milan en 1998.

En outre, la politique de la FIFA va dans le sens de la délivrance des autorisations de sortie, puisqu'elle encourage les Fédérations nationales à délivrer des autorisations de sortie et à motiver tout refus de délivrance. Cette position a été insérée dans l'article 110 des statuts et règlements généraux de la Fédération française de football. En effet, ce texte dispose que si, dans un délai de 30 jours, le certificat de sortie n'est pas délivré, faute de réponse de la Fédération étrangère quittée ou de raison valable justifiant son refus, la Fédération d'accueil peut

---

incite à élever son niveau de jeu. Ce n'était pas forcément le cas, par exemple quand KOPA évoluait en Espagne, la proportion d'étrangers étant alors moindre car les frontières moins perméables. Même si Jacques SANTINI aime la L1, il fait donc appel pour beaucoup aux éléments extérieurs : treize sur dix-huit convoqués pour Allemagne-France la semaine dernière ».

émettre en faveur du joueur un certificat de sortie provisoire[72]. Ce certificat deviendra définitif un an après la date à laquelle la nouvelle fédération a adressé sa demande à la Fédération quittée. Si une réponse est reçue dans l'intervalle et qu'un motif valable est invoqué pour refuser d'émettre le certificat de sortie, le certificat provisoire est immédiatement annulé. Si le joueur peut être transféré du championnat français vers l'étranger, le procédé inverse est aussi possible.

B/ De l'étranger vers le championnat français

Le transfert de l'étranger vers le championnat français peut, d'une part, concerner des footballeurs communautaires et, d'autre part, des footballeurs non communautaires. Les footballeurs communautaires sont ceux qui sont originaires des pays membres de l'Union européenne et de l'espace économique européen[73]. Les clubs français peuvent recruter autant de joueurs communautaires qu'ils le désirent depuis l'arrêt dit Bosman. Les footballeurs non communautaires sont ceux qui ne sont ni originaires de pays membres de l'Union européenne, ni de l'espace économique européen. Parmi les joueurs non communautaires se trouvent ceux qui viennent de pays ayant signé des accords d'association, de partenariat et de coopération[74] et ceux qui viennent de pays ne les ayant pas signés[75].

---

[72] Le certificat provisoire a été supprimé par le règlement du 1er juillet 2005 de la FIFA relatif au statut et aux transferts de joueurs.

[73] M. PAUTOT, *Sportifs, transferts et liberté, la nationalité des sportifs,* Litec, 2001, pp. 39-49.

[74] Les accords d'association, de partenariat et de coopération avec l'Union Européenne visent :

- pour les accords d'association ; Turquie, Pologne, Hongrie, Bulgarie, Slovaquie, République Tchèque, Roumanie, Lituanie, Estonie, Lettonie, Slovénie.

- pour les accords de partenariat ; Maroc, Algérie, Tunisie, Ukraine, Russie, Moldavie, Kazakhstan, Kirghistan, Biélorussie, Géorgie, Arménie, Azerbaïdjan, Ouzbékistan.

- pour l'accord de coopération ; l'accord de Cotonou du 23 juin 2000 entré en vigueur le 1er Avril 2003 avec les pays Afrique Caraïbes Pacifique concernent les pays suivants : Afrique du Sud, Angola, Antigua et Barbuda, Barbade, Bénin, Botswana, Burkina Faso, Burundi, Cameroun, Cap vert, Centrafrique, Comores, Congo, Côte d'ivoire, Djibouti, Dominique, Erythrée, Ethiopie, Fidji, Gabon, Gambie, Ghana, Grenade, Guinée, Guinée Bissau, Guinée Equatoriale, Guyana, Haïti, Ile Maurice, Iles Cook, Jamaïque, Kenya, Kiribati, Lesotho, Nauru, Niger, Nigeria, Niue, Ouganda, Palau, Papouasie nouvelle guinée, Rwanda, Saint-Vincent et les Grenadines,

Les transferts des joueurs non communautaires posent plus de problèmes, car les clubs professionnels français doivent respecter certaines dispositions fédérales qui limitent leur nombre[76]. En effet, l'article 552 de la Charte du football professionnel pour la saison 2003/2004 prévoit que les clubs peuvent conclure un contrat avec les joueurs ressortissants d'un pays bénéficiant d'un accord d'association ou de coopération avec l'UE, uniquement si ceux-ci peuvent au moins justifier d'une sélection nationale lors d'un match de compétition officielle des Confédérations, ou FIFA, ou trois ans de licence amateur en France. Le nombre de ces joueurs n'est pas limité. Toutefois, les joueurs sous contrats professionnels homologués pour la saison 2002/2003 ressortissants d'un pays bénéficiant d'un accord d'association ou de coopération avec l'UE et ne pouvant justifier au moins d'une sélection nationale lors d'un match de compétition officielle des Confédérations ou FIFA, ne sont pas comptabilisés.

Sainte Lucie, Salamon, Samao, Sao Tomé et Principe, Sénégal, Seychelles, Sierra Leone, Soudan, Surinam, Swaziland, Tanzanie, Tchad, Togo, Tonga, Trinité et Tobago, Tuvalu, Vanuatu, Zambie, Zimbabwe. L'article 13.3 de l'accord de Cotonou interdit la discrimination en raison de la nationalité en ce qui concerne les conditions de travail. L'accord est valable pour 20ans, il est appelé à être révisé tous les cinq ans. Voyez M. PAUTOT, *op.cit*, p. 39-49, M. PAUTOT, l'arrêt BOSMAN étendu à de nouveaux pays ? in *Legisport*, 1999, n° 15, pp. 1-4.

Dans ces pays notamment africains, les fédérations de football n'ayant pas de structures, les jeunes joueurs partent en Europe sans avoir besoin de lettre de sortie de leur fédération qui les ignore. Selon Monsieur Mbaye NDOYE, président de la Fédération sénégalaise de football et de l'As Douane l'un des clubs phares du Sénégal, « aucun club ne peut s'opposer au départ de ses joueurs », www.lequotidien.sn du 22 octobre 2004, p p. 1-2.

[75]Il s'agit de footballeurs professionnels originaires d'Amérique latine ou de pays asiatiques.

[76] Dans le domaine du basket professionnel, en Pro A, pour la saison 2004-2005, un club doit aligner obligatoirement sur la feuille de match quatre joueurs français (naturalisés ou non) sur dix (cinq sur onze ou six sur douze). Pour les étrangers (au plus six, donc), sont autorisés au maximum : 1. Quatre européens ; 2. Un « Cotonou » ; 3. Deux ressortissants du reste du monde (Américains en quasi-totalité). En Pro B, le quota français est porté à cinq (sur dix), avec toujours deux « US » au maximum mais les « Cotonou » ne sont pas reconnus.

Ainsi, les Sénégalais Souleymane Camara (Reims), Boniface Ndong (Dijon) et Yamar Diène (Roanne), les Jamaïcains Maurice Bailey (Nancy) et Andrew Miller (Bourg), les Dominicains Jeff et Ricardo Greer (Strasbourg), le Camerounais Stéphane Pelle (Asvel), le Malien Tahirou Sani (Gravelines) et enfin Floyd Miller, ressortissant de Saint-Vincent et Grenadines (Le Havre), constituent la première promotion des basketteurs ACP bénéficiant de cet accord ; voyez *l'Equipe*, 8 octobre 2004, pp. 10-11.

Pour certains auteurs, les accords d'association et de coopération ne donnent pas le droit aux nationaux des Etats concernés à jouir du principe de libre circulation au sein de l'Union européenne, c'est-à-dire venir s'installer dans un Etat membre de l'Union européenne pour y chercher un emploi. Néanmoins, nombre de ces accords contiennent une clause de non-discrimination applicable aux personnes travaillant déjà légalement au sein de l'UE, qui ne peuvent être discriminées en fonction de leur nationalité en ce qui concerne les conditions de travail, de licenciement et de rémunération. Seules en bénéficient les personnes travaillant déjà légalement dans un Etat membre de l'UE, cette clause ne les protégeant pas d'une discrimination concernant l'accès à l'emploi[77].

Le transfert, dès lors qu'il concerne un joueur venant d'un club étranger, impose que le joueur à transférer démissionne d'abord, puis dispose d'un certificat international de transfert. Le certificat international de transfert est une autorisation délivrée par la Fédération que le joueur désire quitter. Cette autorisation est indispensable, puisqu'elle permet de qualifier le joueur[78]. Cependant, le règlement de la Ligue de football professionnel pose un ensemble de conditions avant de délivrer ce certificat. En effet, l'article 138 al.1 du règlement administratif de la Ligue de football professionnel prévoit qu'un joueur venant d'un championnat étranger dont la Fédération nationale est affiliée à la FIFA peut, dès qu'il a fixé sa résidence en France, signer pour le club de son choix un contrat, auquel doit être joint le récépissé postal d'envoi recommandé de sa démission à son dernier club. Cependant, cette démission ne suffit pas pour que la Ligue de football professionnel homologue le contrat. L'homologation du contrat par la Ligue de football professionnel permet de qualifier le joueur, afin qu'il puisse participer aux compétitions officielles et bénéficier des avantages attachés à son statut de joueur professionnel. Or, c'est le certificat international de transfert qui permet de déclencher la procédure d'homologation[79]. L'homologation a essentiellement pour but de vérifier si le contrat du joueur est conforme aux règlements fédéraux.

---

[77] S. DOREMUS, « Le sportif étranger à l'Union européenne », in *Revue affaire européenne* 2002, n° 3, p. 333.

[78] Voyez le Règlement sur le statut et les transferts de joueurs de la FIFA du 1er Septembre 2001.

[79] La procédure d'homologation est visée à l'article 254 de la charte du football professionnel. En effet, elle se déroule de la manière suivante :

En outre, le règlement de la FIFA du 1er septembre 2001, relatif au statut et aux transferts de joueurs, encadre de manière objective la délivrance du certificat. La délivrance du certificat international de transfert est ainsi limitée dans le temps en ce qui concerne la demande, la délivrance et le contentieux[80]. La délivrance du certificat international

---

1- le contrat est établi par le club selon les modalités définies dans Isyfoot, puis imprimé en six exemplaires. Il prend effet sous condition suspensive de son homologation. Un des exemplaires est remis immédiatement au joueur, ou à son représentant légal s'il est mineur, un autre étant conservé par le club. Les quatre autres exemplaires doivent obligatoirement être accompagnés :

a) de la licence amateur si le joueur était déjà qualifié au club ;

b) du récépissé postal de l'avis de démission ou de l'accord du club quitté ;

c) de l'avis favorable du club quitté en cas de mutation effectuée entre le 16 juillet et 31 décembre ;

d) de la convention de formation pour les joueurs engagés sous un statut de joueur en formation.

2- l'absence des documents signalés aux a), b), c) et d) fait obstacle à l'homologation du contrat.

3- chaque dossier est adressé individuellement par le club dans le délai de quinze jours après la signature du contrat, par lettre recommandée à la LFP pour l'attention de la commission juridique. Dans le même temps, le club soumet le contrat, par Isyfoot, au service juridique de la LFP pour mise en œuvre de la procédure d'homologation.

4- le dossier est recevable en la forme et conforme aux dispositions du statut :

a) si la situation du club vis-à-vis de la DNGC ne comporte aucune restriction, il est homologué ;

b) si le club fait l'objet d'une mesure de contrôle, il est transmis à la DNCG pour décision : si la décision est favorable il est homologué, si la décision est défavorable, elle est notifiée par lettre recommandée au club, au joueur et ou à son représentant légal. Le club est également informé de la décision par Isyfoot. Elle peut être frappée d'appel par le club, le joueur et/ou son représentant légal devant la commission d'appel de la DNCG.

5- Le contrat est homologué par la LFP qui adresse un exemplaire du contrat, par pli recommandé, au club intéressé, au joueur et/ou à son représentant légal et la FFF. Dans le cas contraire, les documents sont gardés en instance.

[80]L'article 6, al.2, du règlement de la FIFA du 1er septembre 2001, relatif au statut et aux transferts du joueur, prévoit qu'une association nationale ne demandera un certificat international de transfert à une autre association nationale que le joueur désire quitter qu'à la condition que le club avec lequel le joueur désire contracter soumette sa demande d'enregistrement en temps utile, c'est-à-dire pendant une période d'enregistrement fixée par l'association nationale qui doit demander le certificat.

S'agissant de la délivrance, un certain nombre de délais doit être respecté. En effet, l'article 6, al.4, dispose qu'une association nationale remettra dans les 7 jours un certificat international de transfert à une association nationale qui l'aura demandé et adressera en même temps une copie au Secrétariat Général de la FIFA.

de transfert est strictement réglementée afin d'éviter des abus. Le principe en la matière doit être la délivrance et l'exception, le refus[81].

SECTION 2 : LA MECANIQUE DU TRANSFERT

La mécanique du transfert concerne d'une part, les intervenants (§1) qui viennent du privé (A) et d'autre part, les institutionnels (B). En outre, cette étude concerne aussi les périodes de transfert (§2). Ces périodes de transfert ont été à l'origine de nombreux contentieux, notamment les délais (A) dont la Cour européenne a finalement validé l'existence dans le domaine du sport professionnel (B).

§ 1 : Les intervenants

Les intervenants relèvent de deux catégories ; ceux qui viennent, d'une part, du privé (A) tels que les clubs (1), les footballeurs professionnels (2), les agents sportifs (3) et qui sont parties intégrantes[82] à l'opération de transfert et, d'autre part, les institutions (B) internationales et nationales chargées d'encadrer l'opération de transfert, comme la FIFA (1) et la Fédération française de football (2).

L'article 6 al. 6 du règlement précité précise que si, dans un délai de 14 jours courant dès la date de la demande de la nouvelle association, l'association que le joueur veut quitter ne lui a pas remis un certificat de transfert, la nouvelle association peut contacter le secrétariat général de la FIFA pour demander l'intervention de la commission du statut du joueur de la FIFA.

[81] L'article 9 du Règlement du 1er juillet 2005 sur les transferts de joueurs de la FIFA précise que le certificat international de transfert est à délivrer sans condition, gratuitement et sans limite temporaire. Toute disposition contraire sera considérée comme nulle et non advenue. Par ailleurs, la Circulaire n° 775 du 3 oct. 2001 précise que doit être joint au CIT, *le passeport du joueur* qui expose l'historique de la carrière du joueur.

[82] L'agent sportif est un mandataire selon la loi ; il est donc transparent. Ainsi, l'agent sportif comme partie intégrante à l'opération de transfert s'entend comme un facilitateur actif des mouvements de joueurs.

A/ Les intervenants privés

Les intervenants privés sont à l'origine de l'opération de transfert et sont directement concernés. Il s'agit essentiellement des clubs professionnels de football (1), les joueurs professionnels (2) et les agents sportifs (3).

1) LES CLUBS : un groupe de personnes morales

1-1 : Les personnes morales

Les clubs professionnels de football sont composés de deux personnes morales[83] ; l'association sportive, appelée aussi association mère ou encore association support (a) chargée de gérer le secteur amateur, d'une part, et la société sportive (b) pour la gestion du secteur professionnel, d'autre part. Cette partie est un bref rappel de l'organisation des clubs professionnels de football. En outre, il faut dire que, plus le club professionnel, notamment la société sportive, est puissant économiquement, plus il pèse sur le marché des transferts. La forme de la société sportive peut être un indicateur économique sur son poids dans la vente et l'achat de joueurs professionnels de football.

Les articles L.122-1 et L.122-2 du Code du sport (article 11 de la loi du 16 juillet 1984) précisent que : « toute association sportive affiliée à une Fédération sportive (...) qui participe habituellement à l'organisation de manifestations sportives payantes, procurant des recettes d'un montant supérieur à un seuil (soit leur masse salariale dépasse 800 000 euros soit leurs recettes dépassent 1 200 000 euros) fixé par décret en Conseil d'Etat, ou qui emploie des sportifs dont le montant total des rémunérations excède un chiffre fixé par décret en Conseil d'Etat constitue pour la gestion de ces activités une société commerciale régie par la loi du 24 juillet 1966 sur les sociétés commerciales. Cette société prend la forme :

«soit d'une société à responsabilité limitée ne comprenant qu'un associé, dénommée entreprise unipersonnelle sportive à responsabilité limitée ;

---

[83] Voyez en ce sens pour une étude détaillée des clubs sportifs, Ch. GERSCHEL, *Les groupements sportifs professionnels : aspects juridiques*, Paris, LGDJ, 1994, 373 p.

« soit d'une société anonyme à objet sportif ;

« soit d'une société anonyme sportive professionnelle.

« Les sociétés d'économie mixte sportives locales constituées avant la date de publication de la loi n° 99-1124 du 28 décembre 1999 portant diverses mesures relatives à l'organisation d'activités physiques et sportives peuvent conserver leur régime juridique antérieur.

« Les statuts des sociétés constituées par les associations sportives sont conformes à des statuts types définis par décret en Conseil d'Etat. »

En outre, « l'association sportive » qui ne répond pas aux conditions définies au premier alinéa du présent article peut, pour la gestion de ces activités, constituer une société conformément aux dispositions de la présente section. »

Le premier de ces seuils est calculé en établissant la moyenne des recettes inscrites en comptabilité sur les trois derniers exercices connus. Ces recettes sont notamment constituées par le montant hors taxes de l'ensemble des produits des manifestations payantes organisées par le groupement. La liste des recettes n'est pas arrêtée. Le second seuil est calculé à partir de la moyenne des rémunérations versées au cours des trois derniers exercices connus, telles que ces rémunérations résultent des documents comptables du groupement sportif. Le montant des rémunérations pris en compte est constitué par l'ensemble des salaires, primes, vacations, avantages en espèces ou en nature, habituels ou exceptionnels, reçus par les sportifs employés par le groupement ; il ne comprend pas les charges fiscales et sociales afférentes à ces rémunérations[84]. L'association sportive affiliée a un délai d'un an, à compter de la date à laquelle elle dépasse l'un des seuils fixés à l'article 1er du décret n° 86-407 du 11 mars 1986, pour constituer une société sportive.

Pour la doctrine, deux remarques peuvent être formulées. Premièrement, bien que relevés récemment, ces seuils sont suffisamment bas pour toucher un grand nombre de clubs de différentes disciplines. Deuxièmement, à la différence de l'ancien texte, la loi de 1999 fixe des seuils alternatifs et non plus cumulatifs ; elle étend ainsi son domaine à des associations sportives qui, par essence, ne peuvent percevoir de

[84] D. PORACCHIA, Les sociétés sportives in *Lamy Droit du sport*, n° 209-10.

recettes de billetterie, mais recrutent des sportifs grassement rémunérés, comme les clubs cyclistes de haut niveau[85]. En outre, les articles L.122-1 et L.122-2 du Code du sport (article 11 de la loi du 16 juillet 1984) imposent aux associés l'adoption des dispositions prévues par le décret n° 93-1047 du 31 août 1993, sans laisser de place à la liberté contractuelle. Cela présente l'avantage de guider très précisément le rédacteur des statuts, mais a pour inconvénient majeur de constituer un facteur de rigidité qui n'est pas opportun[86].

Les clubs sportifs sont aussi visés aux articles 22 à 45, chapitre 3, des règlements généraux de la Fédération française de football[87]. L'article 101 du règlement administratif de la Ligue de football professionnel prévoit, en outre, que les clubs participant aux championnats de France de ligue 1 et de ligue 2 sont des groupements constitués sous forme d'associations affiliées à la Fédération française de football, conformément aux articles 22 et suivants des règlements généraux de la dite Fédération. Les clubs professionnels de football sont ainsi constitués d'une association support (a) et d'une société commerciale (b).

a/ L'association sportive

L'article 1er de la loi du 1er juillet 1901 définit l'association comme la convention par laquelle deux ou plusieurs personnes mettent en commun d'une façon permanente leurs connaissances ou leurs activités dans un but autre que de partager des bénéfices. Dans le domaine du sport, les associations sportives[88] furent longtemps ignorées par l'Etat. Il fallut attendre l'ordonnance du 2 octobre 1943 et celle du 28 août 1945 pour voir les premiers textes qui encadrent leur organisation et leur

---

[85] V. THOMAS, L'évolution du statut des clubs sportifs professionnels : de l'association sportive au groupe sportif, *Bulletin Joly Société*, 1 juillet 2002, n° 7, p.755.

[86] D. PORACCHIA, *op.cit.*, n° 209-10.

[87] Le chapitre 3 des règlements généraux est relatif aux conditions d'affiliation (articles 22 à 47), des obligations des clubs et des dirigeants (articles 28 à 35), des modifications structurelles (changement de nom, changement de siège social, fusion, entente et groupement des clubs de jeunes aux articles 36 à 36 ter), la cessation d'activité (articles 40 à 45).

[88] Pour plus d'informations voyez J.M. GARRIGOU-LAGRANGE, *Recherches sur les rapports des associations avec les pouvoirs publics*, LGDJ, 1970, pp. 106-112.

fonctionnement. Elles ont connu très vite un succès vu leur nombre[89], en particulier dans le domaine du sport. L'article L.121-1du Code du sport (article 7 de la loi du 16 juillet 1984) prévoit que tout groupement sportif doit être constitué sous la forme d'une association. Selon les autorités du ministère chargé des sports[90], les clubs sportifs demeurent des associations et le pouvoir de décision doit rester entre les mains de leurs représentants. L'association à obligations renforcées était régie par les lois successives suivantes :

D'abord, la loi du 1er juillet 1901, la loi n° 84-148 du 1er mars 1984 relative à la prévention et au règlement amiable des difficultés des entreprises et la loi « Avice » du 16 juillet 1984 qui a introduit l'obligation pour les associations sportives ayant dépassé les seuils réglementaires de constituer une structure appropriée pour la gestion de leur secteur professionnel.

Ensuite, la loi n° 87-979 du 7 décembre 1987 et la loi « Bredin » du 13 juillet 1992 ont permis aux clubs ayant dépassé le seuil fixé par décret[91] de rester dans le cadre associatif à condition que celui-ci n'ait pas connu de déficit pendant deux exercices consécutifs. A défaut, les associations à obligations renforcées devaient obligatoirement constituer une société sportive pour la gestion de leur secteur professionnel. Enfin, avec la loi « Ayrault » du 28 décembre 1999, le législateur a fini par abroger les associations à obligations renforcées. En effet, d'une part, ce statut ne correspondait plus aux réalités financières des clubs sportifs professionnels et, d'autre part, le football professionnel est devenu une véritable activité économique, avec des clubs aux budgets importants consécutifs aux droits de télévision et l'appel à des investisseurs privés.

---

[89] Ces associations loi de 1901 sont dans le domaine du sport au nombre de 171 000 en France avec 14,5 millions de licenciés, 90 fédérations sportives olympiques, nationales, affinitaires, universitaires, scolaires, 3,5 millions de bénévoles qui se consacrent à la vie sportive associative selon un recensement de l'année 2000 du ministère chargé des sports, in *Le monde*, 10 décembre 2003, p. VI.

[90] Avis de Jean-François VILOTTE, directeur de cabinet du ministre chargé des sports Monsieur Jean-François LAMOUR in *Le monde*, *op.cit*, p. VI.

[91] Les seuils sont respectivement fixés à 800 000 euros pour le montant des rémunérations (D. n° 86-407, 11 mars 1986, art.1er, modifié par D. n° 2002-608, 24 avril 2002) et 1 200 000 euros pour les recettes provenant des manifestations sportives payantes (D. n° 86-407, 11 mars 1986, art. 1er, modifié par D. n° 2002-608, 24 avril 2002).

Selon Monsieur Gatsi, l'association sportive à obligations renforcées doit adresser à sa Fédération sportive une copie de ses statuts après leur mise en conformité, dans un délai d'un mois suivant le dépôt légal de ces statuts modifiés. Si la Fédération estime que ces statuts ne sont pas conformes aux dispositions législatives et réglementaires, elle doit inviter l'association, dans le mois de leur réception, à lui présenter des statuts conformes dans un délai de deux mois. Le non-respect de cette exigence autorise la Fédération à exclure les clubs en infraction des compétitions qu'elle organise[92]. La sanction est donc redoutable puisqu'elle concerne l'existence même des clubs. La responsabilité de l'association pouvait être engagée aussi bien sur le plan contractuel[93] que délictuel[94].

Par ailleurs, pour M. Garrigues, l'adoption de la formule sociétaire est due à la relative bonne santé des SAOS que connaissent nos voisins (Royaume-Uni, Allemagne, Italie, Espagne) et à la prise de conscience progressive du décalage existant entre la forme qu'est l'association de la loi de 1901 et la pratique d'activités à « esprit lucratif »[95].

b/ Les sociétés sportives

• Les entreprises unipersonnelles sportives à responsabilité limitée (EUSRL)

La société à responsabilité limitée est une société commerciale (quel que soit son objet) dans laquelle les associés ne sont tenus des dettes sociales qu'à concurrence de leur apport et dont le capital est divisé en parts sociales non librement cessibles[96]. L'EURL, qui est une société unipersonnelle à responsabilité limitée unijambiste, a un seul associé, personne physique ou morale. La gérance peut être confiée à l'associé unique ou à un tiers[97]. L'apparition de l'EURL peut se situer à deux moments. D'une part, elle peut être dès l'origine constituée sous cette

---

[92] J. GATSI, *Droit du sport*, Que sais-je, PUF, 2000, p. 127.
[93] Civ.2e, 2 oct. 1980, *Bull. civ.* II, n° 199. Civ.1e, 7 nov. 1967, *Bull.civ.* I, n° 326.
[94] Civ.2e, 22 mai 1995, *Bull. civ.*II, n° 155.Civ.2e, 7 oct. 1987, *Bull. civ.*II, n°191.TGI Marseille, 6 oct. 1983, *D.* 1985. IR. 143.
[95] Ch. GARRIGUES, *op. cit*, p. 80.
[96] *Vocabulaire-juridique*, Association Capitant, V° Société.
[97] M. COZIAN/ A. VIANDIER/ F. DEBOISSY, *Droit des sociétés*, Litec 17e éd., 2004, pp. 435-441.

forme : l'article L.223-1 du Code de commerce autorise l'institution d'une SARL par la volonté unilatérale d'un associé unique. D'autre part, elle peut résulter, en cours de vie sociale, de la réunion de toutes les parts entre les mains d'un seul : l'article L. 223-4 du Code de commerce précise que, par dérogation à l'article 1844-5 du Code civil, cette circonstance ne constitue pas une cause de dissolution de la SARL. En toute hypothèse, la situation n'est jamais définitive et le retour à la société pluripersonnelle reste possible à tout moment par simple cession de parts[98]. Il s'agit donc d'une société créée par une seule personne physique ou morale mais dont la gérance ne peut être assurée que par une personne physique.

La loi n° 85-697 du 11 juillet 1985, relative à l'entreprise unipersonnelle à responsabilité limitée et à l'exploitation agricole à responsabilité limitée, a permis l'adaptation de l'EURL dans le domaine du sport. Une « EUSRL » a été instituée par la loi n° 99-1124 du 28 décembre 1999. C'est une société à associé unique qui permet aux dirigeants d'association de conserver un lien de dépendance très étroit entre la société commerciale et l'association et de ne pas avoir de partenaires financiers pour gérer leur activité professionnelle.

L'EUSRL peut présenter certains avantages pour l'association sportive par rapport aux autres sociétés sportives. Etant unipersonnelle, elle peut être créée par la seule association. Celle-ci n'a pas l'obligation de trouver au minimum six autres partenaires, comme cela est le cas pour créer une des sociétés anonymes par l'article L.122-2 du Code du sport (article 11 de la loi du 16 juillet 1984). En outre, étant seule associée, l'association exercera, si elle le veut, un pouvoir sans partage sur cette structure. Mais elle pourra également décider de confier la gestion du sport professionnel à une tierce personne, qu'elle nommera gérant et sur laquelle elle conservera un réel pouvoir de contrôle. Enfin, elle offre à l'association la faculté de remplir ses obligations légales – constituer une société sportive – pour un moindre coût, puisqu'elle n'est plus tenue de fixer le capital social à un niveau au moins égal à 7500 euros[99]. En revanche, il est évident que cette société ne permet pas à l'association d'attirer des investisseurs qui, par définition, ne peuvent pas être

[98] B. PETIT, *Droit des sociétés*, 2e éd. Litec, 2004, pp. 136-138. Voyez aussi V. MAGNIER, *Droit des sociétés*, Dalloz 2e éd., 2004, pp. 203-206.
[99] D. PORACCHIA, *op.cit*, n° 206-5.

membres de l'EUSRL, celle-ci ne pouvant pas muer en SARL sportive. Cette structure n'est donc pas destinée à recueillir des investissements en fonds propres pour développer l'activité sportive professionnelle du groupement sportif. Elle peut, cependant, constituer une étape dans la structuration du groupe et permettre, dans un premier temps, à l'association de finaliser son secteur sportif professionnel[100].

- **Les sociétés d'économie mixte sportives locales (SEMSL)**

L'article 9 de la loi n° 75-988 du 29 octobre 1975 relative au développement de l'éducation physique et du sport, dite loi Mazeaud, a mis en place les premiers jalons des sociétés d'économie mixte sportives locales. Ces sociétés sont aujourd'hui prévues par la loi du 7 juillet 1983, relative aux sociétés d'économie mixte locales et au décret n° 86-408 du 11 mars 1986, relatif aux statuts types des sociétés d'économie mixte sportives locales. Depuis la loi n° 99-1124 du 28 décembre 1999, ne peuvent plus être créées de nouvelles sociétés d'économie mixte sportives locales. Aujourd'hui, aucun club de ligue 1 ne conserve ce statut de SEMSL.

Les sociétés d'économie mixte sont des sociétés commerciales constituées entre des personnes de droit privé et une ou plusieurs personnes de droit public, ayant le caractère d'un organisme de droit privé, mais dont les statuts contiennent généralement des dérogations au droit commun des sociétés. Cette société tire cette dénomination de ce que son capital appartient pour partie à une ou plusieurs personnes publiques, pour partie à des personnes privées[101]. Il s'agit donc de sociétés fondées sous un statut commercial et soumises aux règles du droit des affaires, mais associant dans des proportions très variables des capitaux d'origine publique, toujours majoritaires (Etat, collectivités locales, établissements publics), et d'origine privée, et dont l'activité diffère profondément des unes aux autres[102].

Selon l'article L.122-5 du Code du sport (article 13 de la loi du 16 juillet 1984), le capital de la société d'économie mixte sportive locale et

[100] F. ALAPHILIPPE et J.P. KARAQUILLO, *Dictionnaire permanent droit du sport, V° Activité commerciale des associations sportives*, éd. Législatives, n° 58.
[101] *Vocabulaire juridique, Association H. Capitant*, V° Sociétés d'économie mixte.
[102] G. MONTAGNIER et S. GUINCHARD, *Lexique, termes juridiques*, 10° édition, Dalloz, mai 1995.

de la société anonyme à objet sportif est composé d'actions nominatives. Les membres élus des organes de direction de cette société ne peuvent recevoir, au titre de leurs fonctions, que le remboursement des frais justifiés. Le bénéfice de la société d'économie mixte sportive locale, de l'entreprise unipersonnelle sportive à responsabilité limitée et de la société anonyme à objet sportif, est affecté à la constitution de réserves qui ne peuvent donner lieu à aucune distribution.

Pour certains auteurs, l'objet social de la SEMSL réside dans la gestion et l'animation d'activités organisées par les Fédérations sportives, ainsi que dans le fait de mener diverses actions en relation avec cet objet, et notamment des actions de formation au profit des sportifs. La SEMSL est administrée soit par un conseil d'administration, soit par un directoire et un conseil de surveillance. S'agissant de son capital social, le juge administratif exerce un contrôle sur l'opportunité et la légalité de l'apport fait par la collectivité[103]. Ainsi, cette dernière peut être condamnée si elle participe à des opérations d'augmentation de capital alors que sa situation financière est gravement obérée[104]. Les SEMSL n'ont pas rencontré un grand succès dans la pratique. Les municipalités qui subventionnent les sections professionnelles de football n'ont vraisemblablement pas reconnu les avantages qu'elles pourraient en retirer. De toute évidence, la SEMSL ne constitue pas une panacée pour le sport professionnel ; malgré certaines prises de position enthousiastes, sur le terrain, les arguments « contre » l'ont emporté sur les arguments « pour »[105].

- **Les sociétés anonymes à objet sportif (SAOS)**

La société anonyme est une société commerciale (quel que soit son objet) dans laquelle les associés (qui doivent être au moins au nombre de sept) ne sont tenus des dettes sociales qu'à concurrence de leur apport et dont le capital est divisé en actions (librement cessibles)[106]. Dans les SA, les associés dénommés actionnaires sont propriétaires d'actions négociables ; cela veut dire que l'*intuitus personae* n'existe pas ou guère (sauf exceptions statutaires) dans ce type de société. Les

---

103 J. GATSI, *op. cit.*, p. 127.
104 CE, 6 nov. 1995, *AJDA*, 1996. 224.
105 Ch. GARRIGUES, Thèse, *op.cit.*, p. 82.
106 *Vocabulaire juridique, Association Capitant*, V° Société anonyme.

actionnaires ne sont pas tenus au passif de la société anonyme : ils ne peuvent perdre plus que ce qu'ils ont apporté[107]. L'article L. 225-1 du Code de commerce dispose que la société anonyme « est la société dont le capital est divisé en actions, constituée entre des associés, ne supportant les pertes qu'à concurrence de leurs apports. La SA peut se constituer de deux façons : appel public à l'épargne et sans appel public à l'épargne ». Selon l'article L. 411-1 du Code monétaire et financier, il faut deux critères pour qu'on parle d'appel public à l'épargne :

- l'admission aux négociations sur un marché réglementé d'un instrument financier mentionné à l'article L. 211-1-1 du Code monétaire et financier (titres de capital, titres de créances, parts ou actions d'organismes de placement collectif, instruments financiers à terme) ;

- l'émission ou la cession d'instruments financiers dans le public en ayant recours, soit à la publicité, soit au démarchage, soit à des établissements de crédit ou à des prestataires d'investissement.

Dans le domaine du sport professionnel, la loi a permis la constitution de sociétés très particulières sans possibilité de faire appel public à l'épargne. En effet, l'article L.122-10 du Code du sport (article 13 de la loi du 16 juillet 1984) précise que « le bénéfice, au sens de l'article L.232-11 du Code du commerce (...), est affecté à la constitution de réserves qui ne peuvent donner lieu à aucune distribution. ». Cela est contraire à l'esprit de l'article 1832 du Code civil qui précise que « la société est instituée par deux ou plusieurs personnes qui conviennent par un contrat d'affecter à une entreprise commune des biens ou leur industrie en vue de partager le bénéfice ou de profiter de l'économie qui pourra en résulter (...).

Contrairement aux SEMSL, dont la majorité du capital est détenue par les partenaires publics, les SAOS sont constituées en majorité par des capitaux privés et donc de personnes privées. L'association support doit cependant détenir au moins un tiers du capital social et des droits de vote à l'assemblée générale. Le but de la SAOS doit être désintéressé. Selon Monsieur GATSI, cet objectif se traduit à travers deux règles dérogatoires au droit commun des sociétés anonymes commerciales.

[107] P. LE CANNU, *Droit des sociétés*, Montchrestien, 2002, pp. 329-543, n° 26.

D'une part, la distribution des dividendes est interdite et les bénéfices éventuels doivent être affectés à la constitution de réserves. D'autre part, les membres élus des organes de direction de la SAOS n'ont droit à aucune rémunération, ils ne peuvent recevoir, au titre de leurs fonctions, que le remboursement de frais justifiés.

La SAOS est une émanation de l'association sportive préexistante, dite association support. Sa création ne remet pas en cause l'existence de l'association antérieure. Bien au contraire, celle-ci survit, participe au capital de la nouvelle société et assume la charge du secteur amateur du club sportif, le secteur professionnel étant réservé à la société nouvellement constituée[108]. Le capital de la société anonyme à objet sportif est au minimum de 37 000 euros, divisé obligatoirement en actions nominatives d'une valeur devant être fixée entre 15,24 euros et 76,22 euros. L'association sportive en détient obligatoirement au moins le tiers[109]. La SAOS peut être dirigée soit par un conseil d'administration soit par un conseil de surveillance et directoire.

- **Les sociétés anonymes sportives professionnelles (SASP)**

Les sociétés anonymes sportives professionnelles constituent, comme les EUSRL, une nouveauté de la loi du 28 décembre 1999. La SASP est une société anonyme dont le capital est constitué de manière libre. Contrairement aux autres formes de sociétés, la SASP pourra distribuer les dividendes réalisés à ses actionnaires et rémunérer ses dirigeants. La grande majorité des clubs professionnels de football[110] ont adopté la SASP comme forme de société. En revanche, ces différentes sociétés n'ont pas le droit de faire appel public à l'épargne. Le choix de la SASP obéit à plusieurs objectifs qui sont d'ordre juridique et économique. Sur le plan juridique, il s'agit pour le législateur d'une volonté de transparence au sein du groupe constitué par la société et l'association mère. Cette dernière, du fait de son caractère désintéressé, doit se

---

[108] J. GATSI, *op.cit.*, p. 28.
[109] *D. PORACCHIA*, *op.cit*, n° 209-75.
[110] Sur les vingt clubs de L1 de football, en France en 2004, un seul (Ajaccio) est constitué en EURL, deux (Auxerre et Bastia) sont constitués en SAOS, un seul (Monaco) en SA, seize en SASP (notamment Bordeaux, Caen, Istres, Lens, Lille, Lyon, Marseille, Metz, Nantes, Nice, PSG, Rennes, Sainte Etienne, Sochaux, Strasbourg et Toulouse), in *Onze Mondial*, hors série n°43/44 guide complet du championnat L1, L2, National 2004-2005.

concentrer sur la gestion du sport amateur, la structure sociale centrant son activité sur le sport professionnel, c'est-à-dire sur une activité économique. Cela permet de soumettre l'activité sportive professionnelle aux règles du droit commercial et du droit des sociétés et de bénéficier des règles comptables, de la publicité des comptes, du contrôle des commissaires aux comptes. Sur le plan économique, la SASP permet l'investissement direct dans le sport professionnel à travers la participation de personnes privées au groupement sportif professionnel[111].

Les associés fondateurs doivent être au minimum sept et apporter à la société soit du numéraire, soit des biens dans les conditions du droit commun. Il faut, notamment, que les souscriptions atteignent 37 000 euros, capital social minimum de la société anonyme sportive professionnelle. Les apports en industrie sont proscrits. Les actions émises en contrepartie des apports prennent obligatoirement la forme nominative[112]. En outre, contrairement aux autres structures offertes aux associations sportives affiliées dépassant certains seuils, la loi n'impose pas la participation automatique de l'association mère ou d'autres personnes comme associé de la société anonyme sportive professionnelle[113]. Par ailleurs, la loi n'interdit pas toute multipropriété d'actions de sociétés sportives. Cela est possible dès lors que l'objet de ces sociétés porte sur des activités sportives différentes. Rien n'empêche donc une même personne d'investir dans des SASP gérant respectivement des activités professionnelles dans le domaine du basket, du rugby, du football, etc.[114].

Les SASP peuvent fonctionner soit avec une structure à conseil d'administration soit à conseil de surveillance et directoire. La réforme introduite par la loi du 15 mai 2001 sur les nouvelles régulations économiques permet désormais de séparer, dans les SA avec conseil d'administration (comprenant entre 3 et 18 membres), les fonctions de président et de directeur général. Elle a incontestablement rapproché la SA de type classique de celle avec directoire et conseil de surveillance. Dans la société duale, le directoire, organe en principe collégial, dont les

---

[111] D. PORACCHIA, *op.cit*, n° 212-10.
[112] D. PORACCHIA, *ibid*, n° 212-55.
[113] D. PORACCHIA, *ibid*,, n°212-65.
[114] D. PORACCHIA, *ibid.*, n° 212-105.

membres ne sont pas nécessairement actionnaires, est responsable de la marche de l'entreprise, en ayant vis-à-vis du conseil de surveillance une relative autonomie. Le conseil de surveillance (comprenant entre 3 et 18 membres), composé à l'origine exclusivement d'actionnaires, a, lui, pour unique fonction de contrôler le directoire (comprenant entre 2 et 7 membres) au nom du capital[115].

S'agissant de la rémunération des membres de l'organe de direction, contrairement à l'interdiction générale prévue par l'article L.122-5al.2 du Code du sport (article 13 alinéa 2 de la loi du 16 juillet 1984 modifié par la loi du 28 décembre 1999) pour la société anonyme à objet sportif, la rémunération des organes de direction de la société anonyme sportive professionnelle, au titre de leurs fonctions, n'est pas interdite. On en déduit la faculté offerte à la SASP de rémunérer ses mandataires sociaux. Cette rémunération est décidée globalement par l'Assemblée générale et répartie entre les administrateurs par le Conseil d'administration. L'administrateur rémunéré ne peut recevoir aucune rémunération de l'association support[116]. S'il s'agit d'une structure à conseil de surveillance, il doit compter dix-huit membres maximum. En outre, l'exercice des fonctions de membre du conseil du directoire ou de membre du conseil de surveillance est incompatible avec les fonctions de dirigeant de l'association support[117].

Par ailleurs, le droit pénal des affaires s'applique aux sociétés sportives. Le jeu du pénal peut être illustré par l'exemple de l'abus de biens sociaux[118]. Selon l'article L.242-6-3° du Code de commerce « est puni d'un emprisonnement de cinq ans et d'une amende de 375 000 euros le fait pour...le président, les administrateurs ou les directeurs généraux d'une société anonyme de faire, de mauvaise foi, des biens ou du crédit de la société, un usage qu'ils savent contraire à l'intérêt de celle-ci, à des fins personnelles ou pour favoriser une autre société ou entreprise dans laquelle ils sont intéressés directement ou indirectement ». Ainsi, le président d'un club de football devenu une SAOS est condamné pour avoir utilisé les biens de cette société afin d'organiser la mise en place

[115] Ph. MERLE, *Droit commercial ; sociétés commerciales*, 9e éd., Dalloz, 2003, p. 518.
[116] D. PORACCHIA, *op. cit*, n° 212-230.
[117] D. PORACCHIA, *précité*, n° 212-305.
[118] B. DE MASSIAC, Réflexions à propos de l'abus de biens sociaux, *RJDA* 1996, p. 719.

de procédés délictueux, caractérisés par le paiement de prestations fictives lors du transfert de joueurs et la rémunération d'intermédiaires chargés de missions secrètes et contraires à l'éthique sportive, telle la corruption de joueurs et d'arbitres, dès lors que l'utilisation des fonds sociaux, dans de telles conditions, était contraire à l'intérêt social de la société[119]. Pour qu'il y'ait abus de biens sociaux, il faut cumuler, selon la jurisprudence, quelques éléments constitutifs :

- l'auteur doit être visé par la loi ;
- la personne doit violer l'intérêt social ;
- la recherche, par le prévenu, d'un intérêt personnel[120].

Dans le cadre des transferts qui sont par nature des opérations risquées, l'appréciation de l'abus de biens sociaux doit être faite dans chaque cas d'espèce[121]. En effet, on ne sait pas par avance si tel joueur recruté fera une bonne saison et par conséquent, sera rentable financièrement, le football n'étant pas une science exacte. Dès lors, il est difficile de savoir si le recrutement du joueur a profité directement au dirigeant. S'agissant du risque, il sera analysé à la date de signature de la convention de transfert entre le club et le joueur. La loi oblige, par ailleurs, l'établissement d'une convention entre la société et l'association sportive, afin de définir le domaine de compétences respectives de l'association support et de la société.

1-2 : les liens contractuels entre les personnes morales

• L'obligation d'une convention entre personnes morales formant le club

L'article L.122-14 du Code du sport (article 11 de la loi du 16 juillet 1984) précise que « l'association sportive et la société qu'elle a constituée définissent leurs relations par une convention approuvée par leurs instances statutaires respectives. « Un décret en conseil d'Etat précise les stipulations que doit comporter cette convention, notamment les conditions d'utilisation par la société ou de cession à celle-ci de la

---

[119] Aix-en-Provence, 4 juin 1998, *JCP* 1998. IV. 2757.
[120] J.H. ROBERT, note sous. Crim., 4 nov. 2004, *JCP* 2005. II. 10 051.
[121] D.PORACCHIA, Abus de biens sociaux et transfert des sportifs, *D*, 2006, n°4, pp. 304-309.

dénomination, marque ou autres signes distinctifs de l'association. L'association conserve la disposition à titre gratuit des signes distinctifs utilisés par la société ou cédés à elle ».

Selon la doctrine, si la conclusion d'une convention était déjà prescrite par les anciens textes, la renégociation périodique de cette convention constitue une nouveauté, car le précédent décret (D. n° 93-395, 18 mars 1993) n'abordait pas la question du renouvellement ou de la résiliation du contrat. Celui-ci était donc conclu définitivement. Bien entendu, comme il s'agissait d'une stipulation à durée indéterminée, il était loisible à chaque partie d'y mettre fin à tout moment. La rupture pouvait ainsi intervenir au milieu d'une saison et priver la société sportive de certains moyens essentiels à la poursuite d'un championnat, comme le stade. En l'absence de toute rupture, le contrat figeait les relations de l'association et de la société sans qu'il soit possible d'adapter son contenu. Or, la situation financière ou sportive des deux entités formant le groupe pouvait évoluer au gré des saisons et aboutir, par exemple, à l'impossibilité pour la société de verser à l'association les redevances correspondant à l'exploitation des marques et autres signes distinctifs.

L'immobilisme contractuel entre les deux entités formant le groupe sportif risquait d'entraîner des situations de blocage que seule la transaction ou le recours au juge était susceptible de résoudre. Toutefois, conférer une durée déterminée à une convention ne garantit pas que les cocontractants vont souhaiter renégocier entre eux. Ce qui va inciter l'association et la société sportive à traiter ensemble, ce sont les conséquences de la rupture de la convention. D'un côté, la société veillera à renouveler la convention avec l'association sous peine de ne plus pouvoir participer à une compétition officielle. Sauf à conclure un contrat de collaboration avec une autre association sportive affiliée à une fédération, elle devra probablement se dissoudre.

De l'autre, l'association entretiendra ses liens avec la société tant que celle-ci exécutera ses engagements contractuels, car toute rupture imposera de trouver un autre investisseur pour créer une nouvelle société. Alors que la société conservera les joueurs et pourra monnayer leur transfert, l'association ne disposera plus que de son numéro d'affiliation à la fédération pour attirer un nouvel investisseur. Encore pourra-t-elle décider modestement de créer une EUSRL en attendant des jours meilleurs ou bien, de manière plus catégorique, abandonner le sport de haut niveau. En résumé, l'association et la société sportive ont beaucoup à perdre à ne pas renouveler la convention qui les unit : la rupture de leurs relations juridiques provoquera leur sabordement économique et sportif[122].

Malgré ce partage de compétences entre la société sportive et l'association, cette dernière est-elle encore adaptée aux ambitions financières des clubs professionnels de football ? Certains auteurs semblent exprimer que le statut associatif a encore de nombreux adeptes au sein du mouvement sportif. En effet, selon *Le Monde*, quelques voix minoritaires pensent que la vieille formule d'association-loi de 1901 n'est plus adaptée[123]. La majorité, elle, avait exprimé une opinion inverse : la formule associative restait la seule à exprimer les valeurs représentatives du mouvement sportif. Le rapport ASENSI, du nom du député-maire de Tremblay, milite plutôt pour un mariage de l'ultra-libéralisme et des valeurs du sport (éthique, solidarité, désintéressement etc.).

A notre avis, le sport est devenu une activité économique à part entière, engrangeant d'importantes sommes d'argent. En France, on est ainsi passé de 220 millions d'euros de contrat en Ligue 1 pour la saison footballistique 1999-2000, à 654 millions pour 2007-2008. L'image olympique a connu une ascension fulgurante entraînant une explosion des dépenses pour l'ensemble des partenaires : 350 millions de dollars aux J.O de Moscou et Lake Placid en 1980, 4.260 millions en 2004 à Athènes et Salt Lake City. En outre, les clubs les riches du monde représentent des revenus importants pour la saison 2003-2004 ; Manchester United (249 millions d'euros), Real Madrid (227 millions d'euros), Milan AC (213 millions d'euros), Chelsea (208 millions d'euros), Juventus de Turin (206 millions d'euros), Arsenal (167 millions d'euros) et Barcelone (162 millions d'euros)[124]. Quant aux salaires du championnat de France, ils se chiffrent à des millions d'euros ; Mario Yepès du PSG est le joueur le mieux payé avec 3 millions d'euros devant Barthez (2,6 millions d'euros) et Wiltord (2,4 millions d'euros). Or, le statut associatif correspondait à une époque où

[122] V. THOMAS, *op. cit*, p. 755.
[123] *Le Monde*, *op. cit.*, p. VI.
[124] « L'économie du sport ; le spectacle sportif court après l'argent », in *La Tribune* supplément n° 3173, 3 juin 2005.

l'investissement privé ne s'intéressait pas à l'activité sportive et où les budgets des clubs dépendaient des subventions publiques et des recettes des matchs, alors que ce n'est plus le cas aujourd'hui. Par conséquent, le statut associatif est inadapté par rapport aux ambitions de développement des clubs professionnels de football. C'est pourquoi il est nécessaire de procéder à de profondes réformes. D'ailleurs, la loi n° 2003-708 du 1er août 2003 relative à l'organisation et à la promotion des activités physiques et sportives, dite « loi Lamour », va dans ce sens.

- **Le contenu de la convention**

Nous aborderons, d'abord, le contenu du décret relatif à la convention entre l'association et la société sportive et ensuite, les apports de la loi Lamour du 1er août 2003.

Dans un premier temps, cette convention doit être approuvée par le préfet après avis de la Fédération française de football et de la Ligue de football professionnel. Le décret n° 2001-150 de février 2001 a précisé le contenu de la convention. En effet, elle doit établir :

-la définition des activités liées au secteur amateur et des activités liées au secteur professionnel ;

-la répartition entre l'association et la société des activités liées à la formation ;

-les modalités de participation de la société aux activités qui demeurent sous la responsabilité de l'association ;

-les conditions dans lesquelles les terrains, les bâtiments et les installations seront utilisés par l'une et l'autre partie et, le cas échéant, les relations de celles-ci avec le propriétaire de ces équipements ;

-les conditions d'utilisation par la société de la dénomination, de la marque ou autres signes distinctifs dont l'association est propriétaire ; ainsi que la contrepartie due par la société à l'association pour cet usage ;

-la durée de la convention qui doit s'achever à la fin d'une saison sportive sans pouvoir dépasser quatre ans ;

-les modalités de la résiliation anticipée de la convention, qui ne pourra, le cas échéant, prendre effet qu'à la fin d'une saison sportive et moyennant un préavis d'une durée au plus égale à trois mois.

Dans un deuxième temps, la loi du 1er août 2003 a offert de nouvelles opportunités aux clubs afin de mieux valoriser leurs actifs. En effet, l'article L.333-1al.2 du Code du sport (article 4 de la nouvelle loi, qui modifie l'article 18-1 de la loi du 16 juillet 1984) prévoit que toute Fédération sportive peut cependant céder aux sociétés mentionnées à l'article L.122-2, à titre gratuit, la propriété de tout ou partie des droits d'exploitation audiovisuelle des compétitions ou manifestations sportives organisées chaque saison par la Ligue professionnelle qu'elle a créée dès lors que ces sociétés participent à ces compétitions ou manifestations sportives. La cession bénéficie alors à chacune de ces sociétés. Les articles L 333-2 et L.333-3 précisent que les droits d'exploitation audiovisuelle ainsi cédés aux sociétés sont commercialisés par la ligue professionnelle dans des conditions et limites précisées par décret en Conseil d'Etat.

Afin de mieux garantir l'intérêt général et les principes d'unité et de solidarité entre les activités à caractère professionnel et les activités à caractère amateur, les produits de la commercialisation seront répartis entre la Fédération, la Ligue et les sociétés. Les produits revenant aux sociétés leur sont redistribués selon un principe de mutualisation, en tenant compte de critères arrêtés par la Ligue professionnelle et fondés notamment sur la solidarité existant entre les sociétés, ainsi que sur les performances sportives et leur notoriété.

Selon certains auteurs, sur l'exploitation de l'image de marque, on peut se demander si l'association support pourra s'opposer aux invitations pressantes de la société du secteur professionnel. D'autant plus que la participation de la société aux compétitions organisées par la Fédération, donc au « circuit officiel », via un numéro d'affiliation, cesse de relever de la compétence de l'association. S'agissant des droits d'exploitation audiovisuelle des compétitions sportives, le législateur fait ici preuve d'une grande confiance à l'égard du sport professionnel, ne renvoyant même pas au pouvoir réglementaire le soin de fixer quelques repères. Le principe de la gestion centralisée des droits audiovisuels a pour but d'éviter que chaque club ne négocie directement avec les chaînes de télévision. Ceci pourrait conduire, comme cela a pu se produire en Italie, à ce que seuls les clubs les plus renommés obtiennent des gros contrats, au détriment des plus modestes, auxquels resterait une peau de chagrin. L'exemple du football italien a montré que, dans un tel cas, le démarrage du championnat pouvait être remis en cause[125]. Le décret n° 2004-550 du 14 juin 2004 (J.O du 16 juin 2004, p. 10765) pris en application de la loi du 1er août 2003 relatif aux conventions passées entre les associations et les sociétés sportives créées par elles, renforcent nettement la position de la société sportive par rapport à l'association support.

A notre avis, la réforme de 2003 avait pour but d'offrir aux clubs professionnels de nouveaux moyens pour faire face à la concurrence des clubs anglais, italiens, espagnols notamment. Pour ce faire, deux possibilités leur sont offertes : l'exploitation de l'image de marque sportive et les droits d'exploitation audiovisuelle des compétitions sportives. Or, les clubs professionnels de football français souffrent davantage de la lourdeur des charges fiscales et sociales[126]. Par conséquent, des innovations dans ce sens rendraient plus compétitifs les clubs français à l'échelle européenne, d'autant plus que les structures fédérales, comme la direction nationale de contrôle de gestion (DNCG), permettent de pallier tout risque de dérives financières.

2) Les footballeurs professionnels

Il s'agit, là aussi, d'un rappel historique du combat mené, en France, dans les années 60, par le syndicat des footballeurs professionnels pour rééquilibrer les rapports entre les joueurs et les dirigeants de clubs. La reconnaissance du contrat de travail à durée librement déterminée a mis fin à l'engagement du joueur jusqu'à l'âge de 35 ans, donc jusqu'à la fin de sa carrière. Ces nouveaux droits ont permis le développement du système et ont changé la nature du marché des transferts dans le football professionnel.

Les footballeurs sont constitués en deux classes : les amateurs, c'est-à-dire les non professionnels, d'une part, et les non amateurs, c'est-à-dire les footballeurs professionnels, d'autre part. Selon l'article 2 du chapitre 1er du règlement de la FIFA, du 1er septembre 2001, relatif au statut et aux transferts des joueurs, « sont réputés amateurs les joueurs qui, pour

[125] M. VERLY, « La loi du 1er août 2003 : une profonde réforme du régime juridique des fédérations sportives », in *Gazette du Palais*, mars 2004.
[126] Se reporter en ce sens au rapport de l'inspecteur des finances J.P. DENIS au Ministre des chargé des sports ; certains aspects du sport professionnel en France, nov. 2003.

toute participation au sport de football association ou activité quelconque en relation avec celui-ci, n'ont jamais perçu une indemnité supérieure au montant des frais effectifs qu'ils encourent dans l'exercice de cette activité. Le remboursement des dépenses encourues au titre de frais de voyage, de subsistance et d'hébergement en relation avec un match, de même que celui des frais d'équipement, de préparation et d'assurances peut être admis sans que le statut amateur d'un joueur en soit affecté. Tout joueur qui a perçu, pour une participation au sport de football association ou une activité quelconque en relation avec celui-ci, une indemnité supérieure au montant fixé sous l'alinéa 2 est réputé non amateur à moins qu'il n'ait réacquis le statut d'amateur ».

Ce statut est déterminé par la Fédération auprès de laquelle le joueur est enregistré[127]. Contrairement au footballeur amateur, le non amateur doit satisfaire certaines exigences. En effet, selon l'article 4 du chapitre II du règlement précité de la FIFA « tout joueur déclaré non amateur par son association nationale doit être au bénéfice d'un contrat écrit avec le club qui l'emploie. De tels contrats ont une durée d'un an au minimum et cinq ans au maximum. Les contrats d'une durée différente ne sont admis que s'ils sont conformes au droit national. Copie de ces contrats doit être fournie à l'association nationale concernée et sur demande, mise à disposition de la FIFA ». L'objectif de ces articles consacrés aux joueurs est de poser des bases contractuelles claires dans les rapports entre les clubs et les footballeurs, afin de mieux protéger ces derniers.

---

[127] L'enregistrement des joueurs est traité au chapitre III du règlement 2001 précité de la FIFA. L'article 5 de ce chapitre prévoit que tout joueur souhaitant évoluer en qualité d'amateur ou de non amateur dans une compétition organisée ou reconnue par une association nationale doit être enregistré par cette association.
L'enregistrement des joueurs auprès d'une association nationale ne peut intervenir que lors de l'une des périodes annuelles d'enregistrement fixées à cette fin par l'association nationale, avec une limite d'un transfert d'enregistrement par joueur au cours de la même saison sportive dans une période de 12 mois.
L'une de ces périodes se situera à la fin de la saison, l'autre au milieu de la saison.
Les associations nationales ne peuvent enregistrer de joueurs provenant d'une autre association qu'une fois en possession d'un certificat de transfert de l'enregistrement de cette autre association appelé certificat international de transfert de l'enregistrement et en plus le cas d'un joueur non amateur, d'une copie du contrat du joueur avec son nouveau club. Des extraits de ce registre seront, sur demande, mis à la disposition de la FIFA.

Les footballeurs professionnels, pour mieux protéger leurs droits, n'ont pas attendu l'intervention de la FIFA contre «l'esclavagisme» des clubs. En effet, l'union nationale des footballeurs professionnels (UNFP), créée le 16 novembre 1961, a été à la base de l'évolution du statut du joueur professionnel. L'UNFP est ainsi née d'une idée de Eugène N'Jo Lea[128], rejoint par Just Fontaine, Jacques Bertrand, Jean-Jacques Marcel, Henri Biancheri, etc. L'histoire de l'UNFP a connu une évolution marquée par nombreuses victoires. En 1964, l'UNFP obtient son premier succès avec l'institution du pécule de fin de carrière. Dans la foulée de cette première victoire, commence alors le combat pour l'obtention du contrat à temps, alors que Just Fontaine, premier président, passe la main à Michel Hidalgo. En 1966, alors que l'Europe du traité de Rome se construit, alors qu'on ne parle encore que de Marché commun, les footballeurs décident de faire voler en éclats les frontières. Sous l'impulsion et la conduite de la France, donc de l'UNFP, se créée la Fédération Internationale des Footballeurs Professionnels (FIFPro), le syndicat international dont l'activité et la représentativité ne cessent de croître aujourd'hui encore. En 1969, les footballeurs français, après plusieurs années d'un âpre combat, obtiennent l'entrée en vigueur du contrat à durée librement déterminée. Les joueurs du monde entier saluent le combat syndical mené par l'UNFP et envient leurs homologues français, « tellement en avance sur le temps, nous n'en avions pas conscience à l'époque, se souvient Michel Hidalgo, mais les joueurs français, grâce à l'UNFP, avaient près de trente ans d'avance sur l'ensemble des footballeurs européens ». En 1972, unilatéralement, les dirigeants, qui n'ont pas accepté le contrat à temps, modifient les termes du statut professionnel. Philippe Piat, le nouveau président de l'UNFP, convoque une assemblée générale que les mêmes dirigeants tentent de saboter. Mais les footballeurs passent outre les directives de leurs présidents. A leur retour de l'AG., des joueurs lyonnais sont suspendus. Le syndicat déclenche une grève le 2 décembre. « Le lendemain, un gros titre barre la une de *l'Equipe*, se souvient Philippe Piat, président depuis 1969. Il y avait écrit : « Première manche à l'UNFP ». Nous savions, de toute façon, compte tenu de la mobilisation générale des professionnels français, que nous ne pouvions pas perdre ce combat-là ». En 1973, à la suite de la

[128] Eugène N'JO LEA était footballeur professionnel originaire du Cameroun. Parallèlement, il menait des études de droit. Il a joué notamment à l'A.S. Saint-Etienne.

grève et devant la détermination des footballeurs, qui ne sont pas décidés à voir leurs avantages acquis bafoués par la seule volonté des dirigeants, le ministre chargé des sports réunit toutes les parties concernées.

Le groupement (l'ancêtre de la Ligue de football professionnel) promet de partager à l'élaboration d'une charte du football, qui voit finalement le jour quelques mois plus tard. Les joueurs, unis, ont tenu bon. Et ils ont gagné. En 1984, les dirigeants veulent à nouveau abolir le contrat à temps. Les négociations aboutissent à de faibles modifications de la charte. Certaines, d'ailleurs en faveur des joueurs. La libéralisation des salaires n'est pas la moindre d'entre elles. En 1985, grâce à la signature d'une convention avec la Ligue nationale de football, l'UNFP perçoit une redevance sur les droits de télévision et peut ainsi offrir toujours plus à ses adhérents. En 1991, comme en 1972 et en 1984, les dirigeants tentent de remettre en cause les avantages acquis par les joueurs. Le ton monte rapidement et il faut une menace de grève, puis une décision du Conseil d'Etat, pour que ces jeunes présidents comprennent que les footballeurs et leur syndicat ne sont pas décidés à se laisser faire. En 1995, la Cour européenne de justice reconnaît qu'un joueur est totalement libre à la fin de son contrat et qu'aucune indemnité ne peut être opposée à son départ. Ce combat, les Français l'ont gagné 26 ans plus tôt. Dès juin 1990, l'UNFP a vu juste en décidant de soutenir Jean-Marc Bosman. En 1998, alors que la France fête sa première coupe du monde, les footballeurs professionnels de l'hexagone fêtent, eux, la libéralisation des contrats de chaussures et de gants de gardien, en équipe de France, ainsi que dans les clubs, à l'expiration des contrats signés avant le 1er juillet 1997. En 1999, la FIFA accepte enfin le principe de représentativité des joueurs via la FIFPRO. Après en avoir été le secrétaire général, Philippe Piat en est le vice-président. Désormais, les décisions qui engagent l'avenir du football et des footballeurs ne pourront plus être prises sans l'accord des joueurs[129].

---

[129]Ce bref rappel historique du combat mené par le syndicat des joueurs professionnels en France est tiré de :
http ://www.unfp.org/presentation/historique.htm.
Voyez aussi J. Ph. BOUCHARD et A. CONSTANT, *Un siècle de football*, Calmann-Lévy, 1996, p. 159.

3) Les agents sportifs

Les agents sportifs ou intermédiaires sportifs sont au centre de l'opération de transfert. Non seulement ils participent au début de l'opération avec la détection et le suivi de jeunes talents, mais aussi avec la négociation et la conclusion de la convention de transfert. Connaître leurs activités nous permettra de mieux comprendre l'opération de transfert. La loi du 16 juillet 1984 est la première en France qui encadre la profession d'agents sportifs. L'article L.222-6al.1 du Code du sport (article 15-2 de la loi du 13 juillet 1992) donne une définition[130] assez proche du courtage. En effet, L.222-6al.1 précité précise que toute personne exerçant à titre occasionnel ou habituel, contre rémunération, l'activité consistant à mettre en rapport les parties intéressées à la conclusion d'un contrat relatif à l'exercice rémunéré d'une activité sportive, doit être titulaire d'une licence d'agent sportif.

Dans cette étude, nous aborderons le règlement de la FIFA en la matière, l'expérience de l'un des pionniers de la profession, Dominique Rocheteau, et une présentation de l'activité d'agents sportifs aux Etats-Unis, où la profession est née. Le règlement de la FIFA gouvernant l'activité des agents de joueurs a imposé des obligations[131] aux agents sportifs. En effet, l'agent sportif doit intervenir au bénéfice d'un contrat écrit dont la durée est, au plus, de deux ans renouvelable. La rémunération[132] de l'intermédiaire mandaté par le joueur sera calculée en fonction du salaire de base brute réalisé par le joueur aux termes du contrat de travail négocié par l'agent. Le principe est que le joueur est seul débiteur. Par conséquent, si la rémunération de l'agent sportif est faite par le club, elle devient illégale. Autrement dit, si l'agent sportif est mandaté par le joueur, il doit être rémunéré par ce dernier et non par le club qui l'engage. Les modalités de rémunération de l'intermédiaire pour service rendu seront différentes selon que le mandant est le club ou le sportif. Si le mandant est un sportif, le paiement se fera de façon unique, au début de la période couverte par le contrat de travail négocié

---

130 Cette définition assez proche du courtage sera traitée plus largement dans le chapitre III section II du titre I de la 1ere partie.

131 Voyez à ce propos les articles 12 à 15 du règlement du 1er mars 2001 de la FIFA gouvernant l'activité des agents de joueurs.

132 Il faut préciser que pour la rémunération de l'agent de joueurs, on ne tient pas compte des prestations supplémentaires telles que voiture, logement de fonction, primes de réussite et autres avantages du sportif.

par l'agent pour le joueur, ou par un décompte annuel à chaque fin d'année contractuelle. Si le mandant est un club, la rémunération se fera sous forme d'un paiement forfaitaire unique. Ce qui pose problème dans la mesure où un principe général du contrat de mandat prévoit que le mandataire doit être payé selon service rendu. Il faut préciser, en outre, que ce droit à la rémunération ne s'éteint qu'à l'expiration du contrat de travail, ou dès que le joueur a signé un nouveau contrat de travail, non négocié avec l'aide de ce même agent sportif. Pour éviter les abus, la FIFA a exigé l'adhésion à des contrats types de médiation et la publicité des copies auprès des Fédérations nationales. Par ailleurs, l'agent sportif ne doit approcher en aucun cas un joueur sous contrat en cours avec un club dans l'intention délibérée de persuader le joueur de résilier prématurément son contrat. Il ne doit représenter les intérêts que d'une partie[133].

Selon Dominique Rocheteau, ancien agent sportif, le terme d'impresario ne recouvre qu'une partie des activités : « On se positionne davantage comme un conseil. C'est un jeu comme si nous étions l'avocat du joueur. D'ailleurs, pendant toute ma carrière, je n'ai jamais eu le moindre impresario, sauf lorsque j'ai fait ponctuellement appel à Monsieur Genestar. En revanche, je bénéficiais de l'aide d'un avocat et d'un conseil fiscal. Mon idée de départ était donc de regrouper au sein d'une agence tous les services dont un joueur peut avoir besoin. On essaie de s'occuper du joueur de A à Z. On s'efforce de plus en plus de prendre de jeunes espoirs pour les suivre pendant toute leur carrière et pour bien les connaître. Je leur donne des conseils sur le plan sportif, mais ils reçoivent également de notre part une aide au niveau de la gestion de leur patrimoine et aussi, c'est important, de la préparation à la reconversion[134]». Les différentes définitions conférées à l'activité d'agent sportif semblent contradictoires et les services qu'ils proposent aux sportifs dépassent le cadre plus restreint prévu par la loi. C'est dire que cette situation posera d'énormes problèmes dans les transferts de joueurs.

Aux Etats-Unis, dans l'Etat de Californie, est considéré comme agent sportif toute personne (sauf si elle est avocate) qui représente un sportif dans tout sport d'équipe ou individuel, pour la négociation de contrats

---

[133] Voyez l'article 14 du règlement précité de la FIFA sur les agents de joueurs.

[134] Voyez à ce propos *l'Equipe* du 5 janvier 1991.

professionnels, ou pour la recherche d'une place comme sportif professionnel. Cette définition de l'Etat de Californie présente l'agent sportif comme un représentant du sportif. Il faut dire que c'est aux Etats-Unis que les premiers agents sont apparus : « les sportifs jouent là-bas pour de l'argent depuis plus d'un siècle. Ils ont commencé à le faire après la guerre de sécession, quand les foudroyantes équipes de base-ball voyageaient sur des milliers de kilomètres pour des matchs spectacles chaque fois que des opposants et un public pouvaient être trouvés.

Le premier athlète ayant pris un agent fut le joueur de football américain le plus connu des années 20 : Red Grange. Au lendemain de son dernier match au sein de son (*cash and carry*) Pyle, négocia un contrat garantissant au « Fantôme galopant » 100 collèges, il signa un contrat pour jouer avec les Chicago Bears. Son agent négocia un contrat de 25 000 dollars pour huit matchs. En France, les agents sont apparus plus tard avec l'explosion du marché des transferts et l'inflation des salaires. La mise en place du contrat à temps a engendré un nouveau métier dans les milieux du sport : Agent sportif.

Du fait des enjeux financiers particulièrement importants, le milieu du football a été le premier « touché »[135].

La législation américaine pourrait servir de référence à celle européenne notamment française. En effet, elle présente deux intérêts. D'abord, l'ancienneté de la profession, donc l'expérience qui permettrait d'éviter de nombreux problèmes relatifs à l'activité d'agents sportifs et le gain de temps pour mieux encadrer les transferts. Ensuite, la législation californienne semble plus proche de la réalité puis qu'elle permet la représentation mais aussi l'exercice de l'activité d'agents sportifs par les avocats ; ce qui n'est pas permis en France, contrairement à l'Italie ou l'Espagne. Permettre aux avocats d'accéder au marché des transferts faciliterait le contrôle et la transparence de l'opération. Quant au joueur, il pourrait bénéficier de conseils précieux sur les plans juridique et fiscal.

---

[135] J.J BERTRAND et D. VERHEYDEN, *Le sportif et son agent - le guide- comment choisir son agent et réussir sa carrière sportive,* éd. Puits Fleur, 1999, pp. 19-20.

Par ailleurs, ces agents sportifs offrent des services assez variés et doivent avoir certaines capacités. Selon certains auteurs « schématiquement, celui qui prétend pouvoir prendre en charge vos intérêts doit être capable de :

-déterminer votre valeur sur le marché ;

-établir un faisceau d'analyses de vos compétences ;

-négocier ;

-convaincre un club de vous prendre ;

-définir vos besoins afin que vos contrats puissent vous satisfaire ;

-protéger vos droits, seul ou avec l'aide d'un spécialiste ;

-vous aider à gagner davantage d'argent en faisant des interventions dans les médias, en ayant des sponsors ;

-être votre conseiller personnel ;

-vous aider à gagner votre après carrière[136] ». En dehors des intervenants non institutionnels, des intervenants institutionnels collaborent de façon moins active lors des transferts. C'est le cas de la FIFA et des Fédérations nationales.

B/ Les intervenants institutionnels

Bien que jouant un rôle passif dans les transferts de footballeurs, les institutions comme la FIFA et les fédérations nationales (la Fédération française de football par exemple) n'en restent pas moins indispensables à la réalisation de l'opération de transfert. La présentation des institutions sportives est plutôt historique. En outre, nous évoquerons leur rôle dans les transferts.

1) La Fédération internationale de football association (FIFA)

La FIFA fut créée le 21 mai 1904, au 229 rue Saint-Honoré, dans le 1er arrondissement de Paris, par sept personnes : deux Français (Robert Guérin, André Espir), deux Belges (Louis Muhlinghaus, Max Kahn), un

---

[136] J.J. BERTRAND et D. VERHEYDEN, *op. cit.*, pp. 35-41.

Néerlandais (Carl A. Wilhelm Hirschmann), un Suisse (Victor Schneider) et un Danois (Ludvig Sylow). Outre les cinq nations ainsi représentées, deux pays ont fait parvenir des procurations : l'Espagne, par l'intermédiaire du Madrid Football Club (il n'existait pas de fédération espagnole) et la Suède. Dès le début, quelques grands principes intangibles sont adoptés : la reconnaissance réciproque et exclusive des associations membres (art.1), l'interdiction faite aux joueurs et aux clubs de jouer pour plusieurs Fédérations (art.4) et la stricte égalité (un pays = une voix). De plus, perce déjà l'idée d'un championnat international (art.9). Deux jours plus tard, le lundi 23 mai, l'Allemagne annonce par dépêche son adhésion. Et Robert Guérin est élu président de la FIFA. Le baron belge Edouard de Laveleye, président de l'UBSSA (l'Union Belge des Sociétés de Sports Athlétiques), parvient à convaincre les anglais de rejoindre la fédération internationale en avril 1905. Avant même le deuxième congrès, organisé à Paris du 10 au 12 juin, de nouveaux membres ont adhéré : l'Autriche, la Hongrie, l'Italie, de même que les trois autres fédérations britanniques (Ecosse, Pays de Galles, Irlande), qui ont suivi l'exemple de l'Angleterre. En France, par exemple, l'USFSA[137] (l'Union des Sociétés Françaises des Sports Athlétiques) est concurrencée par des associations rivales. En juin 1906, l'Anglais Daniel B.Woolfall devient deuxième président. Très expérimenté, il s'attaque à l'uniformisation des lois du jeu. Si l'idée d'une compétition internationale demeure sous-jacente, c'est toutefois la Fédération anglaise qui organise le tournoi de football des Jeux Olympiques.

[137] J. DEFRANCE, « L'institution sportive ; les institutions sportives », in *les Cahiers français : Sport et société*, n° 320, mai-juin 2004, pp. 11-15, précise qu' « à la fin du XXe siècle, les groupements sont créés à l'initiative d'individualités, en tant qu'associations de droit privé régies, à partir de 1901, par la loi sur les associations. Dans un premier temps, certains sportifs, encore peu nombreux, ont envisagé de se rassembler dans une seule organisation fédérale gérant toutes les disciplines : l'Union des Sociétés Françaises des Sports Athlétiques (1889-1919). La formule permettait de concentrer les forces pour promouvoir les sports, elle rapprochait des pratiques sportives que de nombreux pratiquants abordaient successivement et, enfin, elle laissait espérer qu'un même « esprit » d'amateur, fondé sur le désintéressement et le *fair play*, serait diffusé dans l'ensemble du monde sportif, à l'image des Anglais. Après 1920, l'USFSA est dissoute et laisse la place à des fédérations spécialisées par sport, mais jusque vers 1930, une tentative est faite de les grouper en un ensemble qui prolongerait en quelque sorte le magistère de l'ancienne union. Après l'échec de cette tentative, la phase qui s'engage vers 1930 voit le triomphe du modèle de l'organisation spécialisée (Fédération d'athlétisme, Fédération de football, *etc.*) ».

Les premiers pays non européens à rejoindre la FIFA sont l'Afrique du Sud (1909), l'Argentine et le Chili (1912), ainsi que les Etats-Unis (1913). C'est lors du congrès d'Amsterdam en 1928 que la FIFA décide, à l'instigation de Jules Rimet, mais aussi du secrétaire général de la Fédération française, Henri Delaunay, de programmer un championnat du monde en 1930. Le congrès de 1929 désigne le pays organisateur : ce sera l'Uruguay. Tandis que la FIFA quitte Paris pour s'installer à Zurich, capitale économique de la Suisse, le congrès de 1932 désigne l'Italie mussolinienne pour organiser la deuxième coupe du monde. Au Luxembourg, le 1er juillet 1946, la FIFA fête à la fois la fin de la guerre et les vingt-cinq ans de présidence de Jules Rimet. Sa grande compétition quadriennale prend le nom officiel de « championnat du monde, coupe Jules Rimet ». L'Allemagne et le Japon sont bannis de la FIFA, tandis que les associations britanniques, au contraire, font leur retour.

La quatrième coupe du monde est organisée au Brésil, en 1950. Pour la première fois, l'Angleterre y participe. Parmi, les spectateurs, un Brésilien de trente-quatre ans, Joao Havelange, qui est le grand réformateur de la FIFA et qui a réussi à la transformer en une véritable multinationale[138].

La FIFA est aujourd'hui une Fédération internationale reconnue par le Comité International Olympique (CIO) conformément à l'article 29 de la charte olympique. L'article 30 de la charte précitée définit le rôle des Fédérations internationales donc de la FIFA. En effet, elles doivent :

1-

1.1- établir et mettre en vigueur, en conformité avec l'esprit olympique, les règles relatives à la pratique de leurs sports respectifs et veiller à leur application ;

1.2- assurer le développement de leur sport dans le monde entier ;

---

[138] Voyez *France Football*, n° 3032, mardi 18 mai 2004, pp. XX-XXIV, *la FIFA, un siècle de légende*, HAVELANGE : « tout a débuté en 1974 ». En outre, se reporter aux *Cahiers français : Sport et société*, n° 320 mai-juin 2004, p. 21 « la FIFA est la plus puissante des fédérations internationales ; elle regroupe 207 fédérations nationales et recense plus de 200 millions de joueurs licenciés dans le monde. Son chiffre d'affaires avoisine celui de la prière entreprise mondiale, Wal-Mart ».

1.3- contribuer à la réalisation des buts fixés dans la charte olympique, notamment par la diffusion de l'olympisme et de l'éducation olympique ;

1.4- établir les critères d'admission aux compétitions des Jeux Olympiques en conformité avec la charte olympique et les soumettre à l'approbation du CIO ;

1.5- assumer la responsabilité du contrôle et de la direction techniques de leurs sports aux Jeux Olympiques et aux jeux patronnés par le CIO ;

1.6- fournir une assistance technique pour la mise en œuvre pratique du programme de la solidarité olympique.

2. De plus, les Fédérations internationales peuvent :

2.1- formuler des propositions à l'intention du CIO en ce qui concerne la charte olympique et le mouvement olympique[139] en général, y compris l'organisation et le déroulement des Jeux Olympiques ;

2.2- donner leurs avis sur les candidatures à l'organisation des Jeux Olympiques, notamment sur les moyens techniques des villes candidates ;

2.3- collaborer à la préparation des congrès olympiques ;

2.4- participer, sur demande du CIO, aux activités des commissions du CIO.

De même, l'article 2 des statuts de la FIFA précise qu'elle a pour but :

a) d'améliorer constamment le football et de le diffuser dans le monde en tenant compte de son impact universel, éducatif, culturel et humanitaire et ce, en mettant en œuvre des programmes de jeunesse et de développement ;

b) d'organiser ses propres compétitions internationales ;

c) de fixer des règles et de veiller à les faire respecter ;

---

[139] Le Mouvement olympique comprend le Comité international olympique, les Comités nationaux olympiques et les Fédérations sportives internationales.

d) de contrôler le football sous toutes ses formes par l'adoption de toutes les mesures s'avérant nécessaires ou recommandables afin de prévenir la violation des Statuts, des règlements, des décisions de la FIFA et des Lois du jeu.

e) d'empêcher que des méthodes et pratiques ne mettent en danger l'intégrité du jeu ou ne donnent lieu à des abus dans le sport de Football Association.

Pour Patrick Jack, les Fédérations sportives internationales ont essentiellement des attributions de nature législative, un pouvoir disciplinaire de type juridictionnel et, enfin, celui d'organiser des compétitions[140]. Dans la réalisation de leurs missions, les Fédérations internationales sportives sont des institutions purement privées. Elles disposent *ipso facto* de la nationalité de l'Etat dans lequel elles ont élu siège et se trouvent soumises de plein droit à ses lois et ses juridictions[141]. C'est ainsi que l'affaire opposant l'Olympique de Marseille à l'UEFA a été jugée par le tribunal de Berne[142]. En revanche, la décision de la FIFA ne constitue pas un acte juridique de droit international dont le respect s'imposerait en France[143]. Selon certains auteurs, ce sont donc d'authentiques organisations non gouvernementales, ayant le statut d'associations de droit privé, soumises à la loi du pays de leur siège social[144].

Les ONG peuvent être définies comme des personnes morales créées par un acte relevant du droit interne pour mener une action internationale de caractère non lucratif. Elles diffèrent des organisations internationales (intergouvernementales) en ce qu'elles n'ont pas été créées par un traité et que le plus souvent elles n'ont pas pour membres des Etats. Elles diffèrent des sociétés transnationales en ce qu'elles ne poursuivent pas de but lucratif. Ce sont des associations internationales[145]. La FIFA relève dès lors, sur le plan interne, de

---

[140] P. JACK, « Les structures », in *Sport, Droit et relations internationales*, sous la direction de P. COLLOMB, Economica, 1988, pp. 1-44.
[141] J-M. DUVAL, *Droit public du sport*, P. Un. Aix Marseille, 2002, p. 67.
[142] *Tribunal de Berne, 9 sept. 1993, Affaire O.M contre UEFA.*
[143] *CE, 12 mai 1989, Association Brest-Armorique.*
[144] F. BUY, *L'organisation contractuelle du spectacle sportif*, P. Un. Aix Marseille, 2002, p. 177.
[145] Cl. A. COLLIARD, L. DUBOUIS, *Institutions internationales*, Dalloz 10e éd., 1995, p. 532.

l'article 56 de la Constitution fédérale de la Confédération suisse du 29 mai 1874 qui précise que les citoyens ont le droit de former des associations, pourvu qu'il n'y ait dans le but de ces associations ou dans les moyens qu'elles emploient rien d'illicite ou de dangereux pour l'Etat. Elle reste en outre soumise à l'article 60 du Code civil suisse relatif aux associations. La FIFA est ainsi objet de droit international et sujet de droit suisse.

Dans le cadre des transferts, la FIFA a mis en place un mécanisme de règlement des litiges avec la commission du statut du joueur. Tout d'abord, la Commission du Statut du Joueur et la Chambre du règlement des Litiges sont composées d'un président, d'un vice-président, et les membres sont élus par le comité exécutif de la FIFA. Les 20 membres répartis entre les représentants des joueurs et des clubs sont nommés sur proposition des associations de joueurs, des clubs ou des ligues. Les parties sont membres de la FIFA, les clubs, les joueurs, les entraîneurs ou les agents organisateurs de matches et les agents de joueurs licenciés. Les parties peuvent se faire représenter par procuration écrite. La procédure s'accomplit par voie écrite. Sauf exception, les séances et les délibérations de la Commission du Statut du Joueur (y compris le juge unique de CRL) ont lieu au siège de la FIFA, à Zurich, en Suisse. En outre, les déclarations des parties, les déclarations des témoins, les actes, les rapports, les preuves oculaires et tout autre moyen de preuve pertinent constituent des moyens de preuve que ceux présentés par les parties. Les frais relatifs à la procédure devant la CSJ peuvent atteindre au maximum CHF 25000. Ils pourront être imputés proportionnellement entre les parties. Dans certaines circonstances, les frais peuvent être pris en charge par la FIFA. Si une partie occasionne des frais superflus par son comportement, les frais peuvent lui être imputés indépendamment de l'issue de la procédure. En revanche, les procédures devant la CRL sont gratuites.

L'article 42 du règlement de la FIFA du 1er septembre 2001, relatif au statut et au transfert dc joueurs d'une association nationale à une autre, prévoit que, sans préjudice des droits de tout joueur ou de tout club, de demander réparation devant une cour civile dans des litiges opposant clubs et joueurs ; il convient alors d 'établir un système arbitral et de règlement du litige constitué des éléments suivants :

a) un dispositif de conciliation dans le cadre duquel un médiateur indépendant recherchera avec les parties, rapidement et à des coûts avantageux, une solution confidentielle et informelle aux litiges. Une médiation ne sera pas une condition préalable et ne suspendra pas le règlement du litige conformément aux mécanismes formels décrits sous b) ;

b) Les faits générateurs du litige (par exemple, le fait de savoir si un contrat a été rompu, avec juste cause ou sans juste cause, ou juste cause sportive[146]) seront tranchés par la chambre de résolution des litiges de la commission du statut du joueur de la FIFA ou, si cela est prévu dans une convention collective de travail, par un tribunal d'arbitrage sportif national, composé de membres représentant, en nombre égal, les joueurs et les clubs, ainsi que d'un président indépendant. Cette partie du litige doit faire l'objet d'une décision dans les trente jours suivant la date de soumission de l'affaire par les parties au tribunal de leur choix.

La chambre de règlement des litiges (CRL) tranchera aussi sur toutes les questions liées à la rupture d'un contrat et notamment la question des indemnités financières dans un délai de soixante jours. La chambre de règlement des litiges peut examiner les litiges concernant les indemnités de formation et pourra, à sa discrétion, adapter ces indemnités, si elles sont à l'évidence disproportionnées dans le cas d'espèce. Cette chambre doit rendre sa décision dans les soixante jours après la date à laquelle un cas lui a été soumis par l'une des parties, exception faite des mesures disciplinaires mentionnées à l'article 23. La chambre de règlement des litiges peut, par ailleurs, accorder une compensation financière et/ou imposer des sanctions disciplinaires au club concerné, s'il est établi qu'un joueur a terminé son contrat avec le club, avec juste cause ou juste cause sportive, et que le joueur est sous le coup d'une suspension l'empêchant de jouer dans le championnat national de son nouveau club. La chambre doit rendre sa décision dans les soixante jours après la date à laquelle l'affaire lui a été soumise par le joueur concerné. Les appels seront interjetés auprès d'une chambre spéciale du tribunal arbitral du sport prévue par l'article 63 des statuts de la FIFA. Le tribunal doit rendre sa décision dans les 60 jours ou, notamment pour les

---

[146] Selon l'article 24 du règlement de la FIFA du 1er septembre 2001 sur les transferts de joueurs, la juste cause sportive est la raison sportive valide. En effet, elle sera établie au cas par cas et évaluée sur le bien-fondé de sa cause en prenant en considération toutes les circonstances (blessures, suspensions, position du joueur sur le terrain de jeu, âge du joueur, etc.). La juste cause sportive sera examinée à la fin de la saison de football, et avant expiration de la période d'enregistrement en cours.

cas exceptionnels et particulièrement complexes, dans les 90 jours suivant la date à laquelle il a été saisi d'un cas ayant fait l'objet d'une décision de la chambre de règlement des litiges. La commission du statut du joueur est aussi compétente pour tout litige relatif aux activités des agents sportifs au niveau international. En effet, l'article 21 du règlement de la FIFA du 1er mars 2001, relatif aux agents de joueurs, prévoit que l'organe de surveillance et de décision de la FIFA, pour toute matière ayant trait à l'application du présent règlement, est la commission du statut du joueur. Elle est également tenue de contrôler si les agents sportifs exercent bien leur activité en conformité avec le code de déontologie.

S'agissant de la procédure devant la commission du statut du joueur de la FIFA, le règlement de procédure prévoit les modalités suivantes :

- la commission n'examine aucun litige dont les faits, au moment de la soumission du cas, remontent à plus de deux ans, pour toutes affaires relatives au statut et aux transferts des joueurs. Concernant les agents sportifs, toute plainte relative à leur activité doit être déposée jusqu'à deux ans après que les incidents la motivant se sont produits et, en tous cas, dans les six mois après que l'agent en question a cessé son activité ;

- la procédure devant la commission est uniquement écrite et la réclamation doit être adressée à la commission par l'intermédiaire du secrétaire général de la FIFA ;

- après la décision de la commission du statut du joueur de la FIFA, une partie peut faire appel auprès du tribunal arbitral du sport dans un délai de 20 jours, à compter de la notification.

Le Règlement de la FIFA du 1er juillet 2005 relatif au statut et aux transferts des joueurs a apporté quelques modifications. En effet, l'article 22 précise que la compétence de la FIFA s'étend :

a) aux litiges entre clubs et joueurs en relation au maintien de la stabilité contractuelle s'il y a eu demande de CIT et s'il y a réclamation d'une partie en relation à cette demande de CIT, notamment au sujet de son établissement, de sanctions sportives ou d'indemnisations pour rupture de contrat ;

b) aux litiges relatifs au travail entre un club et un joueur qui présentent des éléments internationaux, à moins qu'au niveau national, un tribunal arbitral indépendant garantissant une procédure équitable et respectant le principe de la représentation égale des joueurs et des clubs ait été établi dans le cadre de l'association et / ou d'un accord de convention collective ;

c) aux litiges relatifs au travail entre un club ou une association et un entraîneur, qui présentent des éléments internationaux, à moins qu'un tribunal arbitral indépendant garantissant une procédure équitable existe au niveau national ;

d) aux litiges relatifs à l'indemnité de formation et au mécanisme de solidarité entre des clubs appartenant à des associations différentes ;

e) aux litiges entre clubs appartenant à des associations différentes ne correspondant pas aux cas prévus aux points a) et d).

En outre, l'article 23 du Règlement précité précise que la commission du statut du joueur – qui siège en présence de trois membres au moins, y compris le président ou le vice-président, sauf si le cas peut être traité par un juge unique – est habilité à trancher tout litige visé à l'article 22, lit. c) et e), ainsi que tout autre litige lié à l'application du présent règlement, à l'exception des litiges visés à l'article 24. Enfin, l'article 24 précise que la chambre de résolution des litiges tranchera tout litige visé à l'article 22, lit. a), b) et d), à l'exception de l'établissement du CIT. La CRL décide en présence de trois membres au moins, y compris le président ou le vice-président, pour autant que le cas ne soit pas de nature à pouvoir être traité par un juge de la CRL. Les membres de la CRL désignent un juge de la CRL pour les clubs et un pour les joueurs parmi les membres. Le juge ainsi désigné peut trancher les cas suivants :

i) tout conflit dont la valeur du litige ne s'élève pas à plus de CHF 100 000 ;

ii) tout conflit lié au calcul de l'indemnité de formation.

1. tout conflit relatif au calcul des contributions de solidarité

Les décisions de la CRL ou du juge de la CRL peuvent faire l'objet d'un recours devant le Tribunal Arbitral du Sport (TAS).

2) Les Fédérations nationales (l'exemple français)

Nous prendrons comme exemple dans cette partie la Fédération française de football (FFF). La Fédération française de football est fondée le 7 avril 1919, par transformation du Comité français inter-fédéral, créé en 1906, et reconnue d'utilité publique par décret en date du 4 décembre 1922. Elle est membre de la FIFA et est régie par la loi du 1er juillet 1901, par les lois et règlements en vigueur, y compris ceux concernant l'organisation du sport. C'est une Fédération unisport.

L'article L.131-2 du Code du sport (l'article 16 de la loi du 16 juillet 1984 modifié par la loi du 1er août 2003), relative à l'organisation et à la promotion des activités physiques et sportives. En effet, cet article prévoit que les Fédérations sportives ont pour objet l'organisation de la pratique d'une ou plusieurs disciplines sportives. Elles sont constituées sous forme d'associations, conformément à la loi du 1er juillet 1901, relative au contrat d'association.

Elles groupent des associations sportives. Les Fédérations peuvent, selon l'article L.131-3 du Code du sport, aussi se grouper en qualité de membres dans des conditions prévues par leurs statuts ;

1-les personnes physiques auxquelles elles délivrent directement des licences ;

2-les organismes à but lucratif dont l'objet est la pratique d'une ou plusieurs de leurs disciplines et qu'elles autorisent à délivrer des licences ;

3-les organismes qui contribuent au développement d'une ou plusieurs de celles-ci.

4- les sociétés sportives

Les Fédérations exercent leur activité en toute indépendance.

Un agrément[147] peut être délivré par le ministre chargé des sports aux Fédérations qui, en vue de participer à l'exécution d'une mission de service public, ont adopté des statuts comportant certaincs dispositions obligatoires et un règlement disciplinaire conforme à un règlement type. Les dispositions obligatoires des statuts et le règlement disciplinaire

---

[147] Le décret n° 2004-22 du 7 janvier 2004 pose les conditions d'octroi de l'agrément ministériel (art.L.131-4 à L.131-21) aux Fédérations sportives afin qu'elles puissent prétendre aux aides de l'Etat et postuler à la délégation prévue les art. L.131-8 à L.131-13 en remplacement de l'habilitation.

type sont définis par décret en Conseil d'Etat, après avis du Comité national olympique et sportif français (CNOSF).

A l'exception des Fédérations sportives scolaires, les Fédérations sont dirigées par une ou plusieurs instances élues par les membres de la Fédération. Les organismes élisent en leur sein des représentants dans les instances dirigeantes, dans les conditions prévues par les statuts de la Fédération. Le nombre des représentants mentionnés, aux 2e de l'article L.131-3 du Code du sport, est au plus égal à 20% du nombre total de membres des instances dirigeantes de la Fédération. Le nombre des représentants des organismes mentionnés, au 3e de l'article L.131-3 du Code du sport , est au plus égal à 10% du nombre total de membres des instances dirigeantes de la Fédération.

L'article 1al.2 des statuts de la Fédération française de football précise qu'elle a pour objet :

- d'organiser, de développer et de contrôler l'enseignement et la pratique du football, sous toutes ses formes, par des joueurs de statuts différents, en France, sur le territoire métropolitain et dans les départements et territoires d'outre-mer ;

-de créer et de maintenir un lien entre ses membres individuels, les clubs affiliés, ses districts, ses ligues régionales, le Conseil national du football amateur et la Ligue de football professionnel ;

-de défendre les intérêts moraux et matériels du football français ;

-d'entretenir toutes relations utiles avec les associations étrangères affiliées à la Fédération internationale de football association, les organismes sportifs nationaux et les pouvoirs publics.

Selon la doctrine, la réforme du 1er août 2003 a opéré une mutation considérable sur le régime statutaire des Fédérations sportives. Satisfaisant sans doute les vœux des dirigeants du mouvement sportif, les nouvelles conditions faites aux Fédérations sportives risquent, *in fine*, d'aboutir à des pratiques assez éloignées des intérêts des sportifs eux-mêmes.

Qu'on en juge :

-abandon de l'obligation pour les Fédérations sportives d'adopter des statuts types pour disposer de l'agrément ministériel ;

-suppression de la représentativité exacte des clubs selon leur nombre d'adhérents, mais faculté laissée aux Fédérations de contraindre les clubs de doter tous leurs adhérents de la licence fédérale ;

-abandon de la formule obligatoire du comité directeur comme organe de contrôle de l'exécutif ;

-et enfin possibilité donnée à des organismes à but lucratif de s'affilier aux fédérations[148].

La Fédération française de football est compétente au niveau national en matière de transfert. Cette compétence est exercée dans le cadre du football professionnel, par délégation, par la commission juridique de la Ligue de football professionnel. La Fédération française de football contrôle, en outre, l'activité des agents sportifs dans le cadre des transferts qu'ils effectuent. En effet, l'article 22 du règlement de la FIFA gouvernant l'activité des agents de joueurs prévoit que l'association nationale concernée est chargée de régler tout litige survenant entre un joueur, un club et/ou un deuxième agent sportif et un agent sportif, enregistrés auprès de la même association nationale (litiges nationaux). Elle doit traiter le cas et prendre une décision. Toute plainte ne relevant pas de l'alinéa 1 doit être soumise à la commission du statut du joueur de la FIFA.

S'agissant du délai de prescription, les plaintes devront être déposées jusqu'à 2 ans plus tard après que les incidents les motivant se sont produits et, en tout cas, dans les six mois maximum après que l'agent a cessé son activité. Pour ce faire, l'article 21 du règlement précité prévoit que chaque association nationale doit désigner un organe de surveillance et de décision en relation avec l'activité des agents sportifs pour lesquels elle a établi une licence. Celui-ci est aussi chargé de contrôler que les agents sportifs exercent bien leur activité en conformité avec le code de déontologie au niveau national. C'est ainsi qu'en France la commission des agents de joueurs[149] a été mise en place

[148] M. VERLY, « La loi du 1er août 2003 : une profonde réforme du régime juridique des fédérations sportives, », in *Gazette du Palais*, dimanche 21 au mardi 23 mars 2004, pp. 2-9.

[149] Pour plus de précisions sur la commission des agents sportifs notamment sa composition, ses réunions, le quorum, les avis, les décisions, la candidature à l'examen

à cette fin. En effet, l'article 5 du règlement des agents sportifs, adopté par le Conseil fédéral de la Fédération française de football, le 6 décembre 2002, précise que, par délégation expresse du Conseil fédéral, la commission des agents de joueurs est amenée à prendre des décisions dans le cadre des procédures relatives à un litige résultant de l'exécution d'un contrat de médiation. Ces décisions sont adoptées au terme d'une procédure contradictoire, elles sont motivées et notifiées aux intéressés.

§ 2 : Les périodes de transfert

Les transferts de sportifs ne peuvent se faire à n'importe quel moment de la saison sportive. Les transferts sont strictement encadrés dans des délais (A) précis dont la Cour européenne a validé l'existence (B) dans le domaine du sport professionnel. Dans le championnat professionnel de football, ils comportent deux périodes ; la fin de saison (1) d'une part et le « mercato » d'hiver (2) d'autre part.

A/ Les délais de transfert

Des délais sont prévus pour effectuer les transferts de footballeurs professionnels : la fin de saison et son complément ; le « mercato » d'hiver.

1) La fin de saison

L'article 133al.1 du règlement administratif de la Ligue de football professionnel prévoit que, pour la saison 2002-2003, la période officielle des mutations, en Ligue 1 et L 2, débute le 15 mai 2002 et prend fin le 31 août 2002 à 24 heures. La période officielle correspond à la fin de la saison. Cette première période de transfert est assez délicate, puisqu'il s'agit pour la cellule de recrutement d'un club professionnel de choisir un groupe compétitif pour la nouvelle saison, en tenant compte des objectifs sportifs et de la situation financière du club. Cela peut se traduire par des recrutements sportifs réussis, mais le plus souvent cela se traduit par des recrutements décevants. En effet, beaucoup de recrutements en fin de saison se font après avoir visionné des cassettes de joueurs ou sur recommandations. En conséquence, le club enregistre souvent de mauvais résultats sportifs. D'où l'idée d'une

---

des agents sportifs et l'examen, voyez les pages 409-427 des statuts et règlements généraux de la Fédération française de football pour la saison 2003-2004.

seconde période de transfert appelée « mercato » d'hiver pour corriger les erreurs de la première période.

2) Le « mercato » d'hiver

L'article 133al.2 du règlement précité prévoit que la période complémentaire de mutations débute le 1er janvier et s'achève le 31 janvier à 24 heures. La période complémentaire correspond à la période hivernale, appelée aussi « mercato » d'hiver. Cette deuxième période de transfert est un marché de correction, qui permet de rectifier les erreurs de recrutement et de casting commises en juin, de remplacer les blessés, d'une part et d'ajustement des faiblesses poste par poste de la première période de transfert, d'autre part. Le recrutement de footballeurs est normalement beaucoup plus facile, car l'encadrement connaît les erreurs et les imperfections de la première sélection du club.
Par ailleurs, les mutations ne peuvent intervenir que lors de l'une des deux périodes annuelles, avec une limite d'une mutation par joueur au cours de la même saison sportive. Il existe cependant deux exceptions à cette règle relative aux délais de transfert :

- d'une part, le retour du joueur dans son club d'origine à l'issue d'une période de mutation temporaire n'est pas pris en compte dans ce quota ;

- d'autre part, un joueur non lié par un contrat de travail avant l'expiration de la période visé par l'article 133al.1 du règlement administratif de la Ligue de football professionnel, peut faire l'objet d'une mutation en dehors de cette période, s'il trouve un club prêt à l'employer.

Le règlement de la FIFA du 1er juillet 2005 relatif au statut et aux transferts de joueurs a apporté un assouplissement. En effet, s'agissant du nombre de transferts, désormais un joueur a le droit d'être transféré deux fois au cours d'une même année à condition que le contrat liant le joueur à son club soit résilié avant le deuxième transfert sur la base d'un consentement mutuel. Le transfert du joueur devra cependant toujours être effectué au cours d'une période de transfert. Les délais de transfert et leur strict encadrement par la FIFA et les fédérations nationales sont dictés par des raisons purement objectives. En effet, ils permettent d'éviter un grand mouvement de sportifs[150] à tous les moments de la saison sportive, susceptible de déstabiliser les clubs. Par conséquent, la réglementation des délais permet d'éviter que l'on fausse la régularité des compétitions sportives. Certains sportifs, notamment dans le domaine du basket, ont voulu dénoncer les délais de transfert auprès de la Cour de justice des communautés européennes, sans succès.

B/ La validation jurisprudentielle du système des délais (l'arrêt dit Lehtonen)

Le basketteur de nationalité finlandaise, Jyri Lehtonen, a intenté un recours auprès de la Cour de justice des communautés européennes pour contester certaines règles relatives aux transferts de joueurs, notamment les règlements relatifs aux délais de son transfert. En effet, au niveau international, le basket est organisé par la FIBA (Fédération Internationale de Basket), dont les règles s'imposent aux Fédérations nationales. Les règles de transfert de la Fédération Royale Belge des Sociétés de Basket-ball (FRBSB) prévoient trois délais de transfert distincts. Ainsi, pour la saison 1995/1996 qui est ici en cause, les joueurs ne peuvent être transférés entre clubs belges qu'avant le début de la saison, c'est-à-dire entre le 15 avril et le 15 mai 1995. Les joueurs de la zone européenne peuvent, en revanche, intégrer un club belge jusqu'au 28 février 1996, et ceux des pays tiers le peuvent jusqu'au 31 mars 1996.

Pendant la saison 1995/1996, le basketteur finlandais Jyri Lehtonen évolue au sein du championnat finlandais jusqu'au terme de celui-ci ; puis, il est engagé par le club belge Castors Canada Dry Namur-Braine (Castors Braine), pour la phase finale du championnat belge 1995/1996. La FIBA refuse d'enregistrer Monsieur Lehtonen, par lettre du 9 avril 1996, au motif que le délai de transfert applicable à son cas expire le 28 février 1996. Par lettre du 30 mars, le club annonce à la Fédération belge qu'il a engagé le joueur, la Fédération finlandaise lui ayant remis au préalable sa lettre de sortie, le 29 mars 1996. Le contrat lui-même – qui, pour la durée de l'engagement, c'est-à-dire les mois d'avril et de mai 1996, prévoit une rémunération de 200 000 francs belges payables

[150] Malgré tout, le règlement est parfois complexe à appliquer dans certains pays comme l'Angleterre où les transferts internationaux ne sont soumis qu'à la saison 2002-2003 et dont les transferts internes demeurent illimités.

en quatre fractions de 50 000 francs belges, ainsi qu'une prime de victoire de 15 000 francs belges chaque fois – est signé le 3 avril 1996. Par lettre du 5 avril 1996, la FRBSB attire l'attention du club Castors Braine sur la nécessité d'une licence délivrée par la FIBA pour la régularité de l'engagement du joueur et indique que des sanctions peuvent être prises à l'encontre du club, si le basketteur Lehtonen est néanmoins aligné. Par lettre du 9 avril 1996, le club Castors Braine aligne le joueur finlandais dans un match de championnat l'opposant au club BELGACOM Quaregnon et Castors Braine remporte le match par 104 à 102 points. Le club perdant conteste le score de ce match et la FRBSB décide que le match était remporté 20 à 0 par forfait par BELGACOM Quaregnon, au motif que le joueur finlandais a été présenté en violation du règlement de la FIBA. Lors du match suivant, le joueur finlandais est à nouveau inscrit sur la feuille de match, mais il n'est finalement pas aligné. Le club est à nouveau sanctionné pour cela par la perte du match. Afin de ne pas s'exposer à de nouvelles sanctions, le club Castors Braine renonce durant les matchs suivants de PLAY-OFF à inscrire et à faire jouer le Finlandais. Ce joueur qui se voit refuser son embauche dans le club belge de Canada Dry Namur Braine, au motif que la période des mutations est échue, décide de saisir la justice, estimant que la réglementation d'une Fédération sportive qui fixe des périodes pour les transferts de joueurs professionnels n'est pas compatible avec la libre circulation des travailleurs dans l'Union européenne.

Ainsi, Jyri Lehtonen et le club Castors Braine saisissent en référé le tribunal de première instance de Bruxelles pour lui demander, en substance, d'annuler le score de 20 à 0 décidé en sa défaveur et au profit de BELGACOM Quaregnon, et d'interdire sous astreinte à la fédération de prendre d'autres sanctions à l'encontre du club s'il devait aligner à nouveau le joueur finlandais. Dans le cadre de cette procédure, Jyri Lehtonen, le club Castors Braine et la FRBSB concluent un accord prévoyant que le club n'aligne plus le Finlandais pour la saison 1995/1996, que la FRBSB suspende les sanctions prononcées jusqu'alors, et que la juridiction saisie interroge la Cour de justice à titre préjudiciel[151].

[151] M. PAUTOT, *Sportifs, transferts et liberté de circulation*, Litec, 2001, p. 73.

Le 13 avril 2000, la Cour de justice, dans l'attendu de son arrêt, dispose que : « l'article 48 du traité CE (devenu article 39 CE après modification) s'oppose à l'application de règles édictées dans un Etat-membre par des associations sportives qui interdisent à un club de basket-ball, lors des matchs du championnat national, d'aligner des joueurs en provenance d'autres Etats-membres qui ont été transférés après une date déterminée lorsque cette date est antérieure à celle qui s'applique aux transferts de joueurs en provenance de certains pays tiers, à moins que des raisons objectives intéressant uniquement le sport en tant que tel ou tenant à des différences existant entre la situation des joueurs provenant d'une fédération appartenant à la zone européenne et celle des joueurs provenant d'une fédération n'appartenant pas à la dite zone, ne justifient pas une telle différence de traitement ».

Pour Monsieur Pautot, cette décision est ambiguë, car elle affirme, d'une part, que l'interdiction de l'engagement du joueur après une date déterminée constitue une entrave à la libre circulation des travailleurs, et d'autre part, que cette entrave peut être justifiée par des motifs non économiques intéressant uniquement le sport. L'apport de l'arrêt de la Cour de justice des communautés européennes est d'admettre certaines restrictions aux libertés fondamentales du traité de Rome sous réserve de justification pour des raisons purement sportives[152]. Nous adhérons à cette position de la Cour de justice des communautés européennes. En effet, il confirme, d'une part, son attachement au respect des libertés fondamentales et individuelles et, d'autre part, il tient compte de la particularité du sport, notamment de la nécessité, pour le mouvement sportif, d'organiser lui-même les règles techniques et non économiques inhérentes au bon fonctionnement et à l'équilibre de la compétition, afin de préserver la glorieuse incertitude du sport. Or, les délais relatifs aux transferts de sportifs sont des règles techniques établies dans ce sens.

CHAPITRE III : LE DEROULEMENT DU TRANSFERT

Dans ce chapitre, nous analyserons les contrats des différents intervenants privés à l'opération de transfert. Il s'agit essentiellement du contrat relatif à l'agent sportif (section 1) avec, d'une part, une définition économique du concept d'agence (§1) et d'autre part, la nécessité du contrat (§2). Nous aborderons ensuite le contrat relatif au

[152] M. PAUTOT, *op.cit.*, p. 74.

footballeur professionnel (section 2) notamment son contrat de travail qui le lie au club (§ 1) et son contrat d'image (§ 2).

SECTION 1 : LE CONTRAT RELATIF A L'AGENT SPORTIF

L'agent sportif, appelé intermédiaire, impresario ou simplement agent, exerce une activité dont la nature juridique reste encore complexe (§2). C'est pourquoi l'étude de la théorie de la relation positive d'agence (§1) nous permettra de mieux comprendre l'activité des agents sportifs.

§ 1 : Le concept d'agence[153] (la définition économique de l'agence)

La relation d'agence est un contrat dans lequel une (ou plusieurs) personne(s) a recours aux services d'une autre pour accomplir, en son nom, une tâche de décision : cette tierce personne est l'agent. La relation d'agence, dans cette représentation, ne concerne que deux personnes ; l'une d'elle, le principal ou mandant (joueur ou club), délègue un droit décisionnel à l'autre, l'agent ou mandataire (l'intermédiaire). Cependant, pour Charreaux, cette conception asymétrique, principal-agent ou mandant-mandataire, de la relation d'agence, caractérise initialement plutôt le domaine de la branche normative de l'agence que celui de la TPA. Par conséquent, ce qui importe ce sont les coûts d'agence plutôt que la relation principal-agent à laquelle ils substituent implicitement la notion générale de relation de coopération. Ce glissement de définition a des conséquences importantes pour la construction de la TPA. Ainsi, la relation d'agence n'est plus nécessairement une relation d'autorité.

Sur le plan normatif, il s'agit de trouver un mécanisme qui permette de maximiser la rente globale issue de la coopération, sachant que chaque acteur cherche à optimiser sa propre fonction d'utilité et à s'approprier la part la plus importante possible de la vente issue de la coopération. Même si, par ailleurs, les acteurs ont des conflits d'intérêts, il est à leur avantage de trouver des solutions leur permettant de bénéficier des gains de coopération. Les parties à une relation de coopération ou à une transaction ne sont pas censées être en situation d'égalité : les phénomènes de « pouvoir » ne sont pas niés. Ainsi la TPA est une théorie des formes organisationnelles, fondée sur l'hypothèse que les

---

153 G. CHARREAUX, *Théorie Positive de l'Agence : positionnement et apports*, Litec, pôle d'économie et gestion, Dijon, décembre 1994.

individus cherchent à profiter au mieux des gains de la coopération, notamment de la production et de l'utilisation de la connaissance spécifique dans le but d'accroître le bien-être commun.

Selon J. P. L. Minquet, la théorie permet d'expliquer certaines évolutions auxquelles est confronté le mouvement sportif, dans la mesure où celle-ci s'intéresse aux relations de coopération entre les individus et possède de ce point de vue un contenu heuristique notable pour l'étude du fonctionnement interne des organisations et de leurs structures hiérarchiques.

Toutefois, cette théorie se préoccupe quasi-exclusivement de la structure formelle et, par là même, reste limitée pour rendre compte de la complexité des phénomènes organisationnels. Par conséquent, cette théorie constitue une étape essentielle, mais non suffisante, pour expliquer la relation tripartite (agents sportifs, clubs et joueurs de football) [154].La théorie évolutionniste de la firme (R.R. Nelson et S.G. Winter 1982), la théorie des institutions (D. North 1990) et surtout (A. Brenton et R. Wintrobe) qui ont développé une théorie des transactions informelles, se présentant comme un prolongement de la théorie de l'agence et offrant une capacité d'explication supérieure au moins sur certains aspects, pourront mieux éclairer la relation tripartite complexe entre agents sportifs, clubs et joueurs. A cette définition économique s'ajoute la problématique du contrat de l'agent sportif appelé aussi contrat de médiation.

§ 2 : La nécessité du contrat

Nous aborderons d'une part, la qualification juridique (A) du contrat de l'agent sportif et d'autre part, son régime juridique (B).

A/ La qualification juridique du contrat

Sur le plan juridique, l'agence est un terme générique désignant une entreprise indépendante agissant le plus souvent en qualité de prestataire de services pour autrui (ainsi l'agent commercial dont le contrat est dit, en pratique, contrat d'agence, ou l'agent de publicité)[155]. Selon l'article L.222-6al.1 du Code du sport (article 15-2 de la loi du 16 juillet 1984

---

[154] J. P. L. MINQUET, *Economie et gestion du sport*, 1997, éd. City et York, p. 228.
[155] *Vocabulaire juridique-Association H. Capitant*, V° Agence.

modifiée par la loi du 6 juillet 2000), est considéré comme agent sportif toute personne exerçant à titre occasionnel ou habituel, contre rémunération, l'activité consistant à mettre en rapport les parties intéressées à la conclusion d'un contrat relatif à l'exercice rémunéré d'une activité sportive. Cette définition est proche du courtage, qui est un contrat par lequel une personne (qui ne passe pas les contrats), appelée courtier, met en relation deux personnes qui désirent contracter, moyennant rémunération. Mais l'agent sportif, puisqu'il accomplit des actes juridiques en vue de transférer par exemple un sportif, agit aussi comme son mandataire.

Pour certains auteurs, par son objet, le contrat d'agent s'apparente donc à un contrat de courtage ou, éventuellement, à un contrat mixte de courtage et de mandat. Il est pour le moins étonnant de constater que l'article L.222-6al.1 (paragraphe III de l'article 15-2 précité) n'a envisagé d'autre qualification que celle, unique, de mandat. La qualification est artificielle et l'on voit poindre le retour d'une controverse déjà connue, à travers la loi n° 70-9 du 2 janvier 1970 réglementant la profession d'agent immobilier. Cette loi vise, en effet, les personnes qui apportent leur « concours » à des opérations immobilières, donc apparemment des courtiers, mais qualifie pourtant le contrat qui lie l'agent à son client de mandat. Et l'on se souvient que, par un étonnant tour de force, la jurisprudence a réussi à concilier les qualifications en découvrant l'existence d'« un mandat d'entremise ». La réitération d'une telle monstruosité juridique n'étant pas souhaitable, il faut espérer que les tribunaux sauront faire fi des qualifications apparentes et consacreront la qualification véritable du contrat d'agence sportive, à savoir un courtage (éventuellement doublé d'un mandat)[156]. Le fait que l'agent joue en même temps le rôle de courtier et de mandataire pose problème sur le plan pratique, notamment lors des transferts de footballeurs. En effet, l'agent représente le joueur, c'est-à-dire qu'il agit au nom et pour le compte de ce dernier ; ce que la loi reconnaît, d'ailleurs. En même temps, l'agent prépare et négocie le transfert du joueur, c'est-à-dire qu'il rapproche les parties contre rémunération, à l'instar de l'agent immobilier[157]. Or, l'agent sportif

[156] F. BUY, *op. cit.*, p. 116.

[157] A ce propos, se référer à la loi dite HOGUET n° 70-9 du 2 janvier 1970, dont l'article 5 qualifie l'agent immobilier de mandataire, alors qu'il apporte en réalité son concours à des opérations immobilières, c'est-à-dire un courtier doublé d'un entrepreneur.

n'est que mandataire ; il ne peut faire du courtage. C'est donc un dédoublement de rôle, qui fait de l'intermédiaire un élément incontournable du système de transfert. Ce rôle grandissant instaure une relation d'autorité[158] entre l'agent et son mandant dans la relation tripartite. En effet, cette situation fait de l'un (l'agent sportif) un « supérieur » et de l'autre (club ou joueur) un « subordonné »[159].

Pour Monsieur Charreaux, il y a relation d'autorité si un acteur abandonne une partie de sa latitude décisionnelle fondée sur le calcul ; l'agent accepte la relation d'autorité parce qu'il pense que c'est son intérêt, y compris en tenant compte d'un éventuel pouvoir coercitif du principal. Par conséquent, ce déséquilibre relationnel en faveur des agents sportifs fait que les moins scrupuleux mettront toujours en avant l'aspect financier du transfert du sportif au détriment de l'aspect sportif, c'est-à-dire la carrière du joueur. Rares sont ceux qui tiennent compte des deux aspects, financier et sportif, dans le « management » des affaires lors de l'exécution de leur mandat[160].

A propos de l'agent sportif, on peut même dire qu'il exerce plusieurs fonctions. Certains auteurs n'hésitent pas à parler de psychologue du joueur, de conseiller fiscal, de conseiller en placement et gestion du patrimoine, de gestionnaire des affaires courantes de son mandant (réservation d'hôtels, de billets d'avion, l'inscription dans les compétitions notamment le tennis et l'athlétisme)[161].

B/ Le régime juridique

L'agent sportif fait en pratique du courtage (1) mais la loi qualifie son activité de mandat (2).

1) Le contrat de courtage

Le courtage est l'opération par laquelle un intermédiaire met en relation deux personnes en vue de la conclusion d'un contrat[162]. Le courtier

[158] G. CHARREAUX, *op. cit.*, p. 12.
[159] Interview de Talal el KARKOURI, ex-joueur du PSG, qui disait : « *les joueurs sont des moutons, on les achète, on les nourrit et, après, on les vend* », in *France-Football*, 6 avril 2004, p. 10.
[160] G. CHARREAUX, *op. cit.*, p. 12.
[161] *Ibid.*
[162] *Vocabulaire juridique, Association H. Capitant*, V° Courtage.

diffère ainsi du mandataire en ce que cet intermédiaire a pour seule mission de rapprocher les parties, et d'essayer de faire en sorte qu'elles parviennent : il n'a pas le pouvoir de conclure les actes juridiques pour la négociation desquels on recourt à ses services[163].

Les transferts de footballeurs nécessitent souvent « un tiers qui rapproche » les différentes parties. Cette activité qui consiste à rapprocher n'est rien d'autre que du courtage. Selon Monsieur Rizzo, l'article L.222-6al.1 du Code du sport (article 15-2 de la loi du 16 juillet 1984 ; rédaction issue de la loi du 13 juillet 1992) ne précise pas la nature de la relation entre agent de joueurs et sportif. En pratique, l'intermédiaire se trouve chargé, le plus souvent, de mettre en relation des personnes désireuses de traiter entre elles, sans conclure lui-même le contrat. Sa mission consiste alors à accomplir des actes matériels, relatifs essentiellement à la préparation et à la négociation d'engagements contractuels de son donneur d'ordre. Il n'effectue pas d'actes juridiques et ne se substitue donc pas à son client pour conclure les conventions auxquelles celui-ci adhère. En définitive, l'agent, ne disposant pas d'un pouvoir de représentation, agit en qualité de courtier[164].

L'agent négocie, d'une part, la rupture du contrat qui liait le joueur à son ancien club et d'autre part, la signature d'un nouveau contrat de travail avec le futur club du joueur. De la sorte, il met en relation un club qui désire s'attacher les services d'un joueur qui souhaite quitter son club et rejoindre un nouveau club, qui correspond mieux à ses aspirations sportives et financières. Ce rôle revêt une utilité indéniable dans la mesure où, pour rompre ou signer un contrat qui lie un club à un joueur, il faut négocier les conditions financières de rupture, de signature, les garanties juridiques, les avantages en nature (logement, déménagement, voyages, primes, conditions d'accueil de la famille du joueur). Ces différentes négociations sont faites par l'agent sportif. Or, cette activité de rapprochement des parties n'est rien d'autre que du courtage.

---

[163] J. HUET, *Les principaux contrats spéciaux*, Traité de droit civil sous la direction de J. GHESTIN, LGDJ 2e éd., 2001, pp. 1067-1228.

[164] F. RIZZO, A propos de l'activité d'intermédiaire du sport, *Dr. et patrimoine*, mars 2001, p. 40.

D'ailleurs, l'impresario ou agent artistique, qui a pour mission d'opérer le placement de l'artiste, agit comme mandataire de ce dernier, mais en qualité d'intermédiaire[165]. Malgré ce rapprochement avec le courtage, la loi a qualifié de mandat les contrats liant les agents de joueurs aux sportifs.

2) Le contrat de mandat

Le mandat est le contrat par lequel celui-ci confère à une personne qui en accepte la charge (le mandataire) le pouvoir et la mission d'accomplir pour elle et en son nom (à titre de représentant) un acte juridique (vente, achat, gestion immobilière, etc.)[166].

Le mandat met en présence un *mandator*, ou mandant, qui confie la gestion d'une affaire à un *mandatarius*, ou mandataire, et a vocation à être lié avec d'autres personnes, les tiers avec lesquels peut être conclu, pour son compte, un contrat. C'est un contrat consensuel et synallagmatique[167].

Pour M. Daniel Mainguy, le contrat de mandat est un contrat portant sur un service en sorte que ce contrat comporte essentiellement une obligation de faire à charge du mandataire : effectuer des actes juridiques. Aussi, le contrat de mandat se distingue-t-il du contrat d'entreprise qui comprend également une obligation de faire mais qui porte sur des actes matériels. En outre, la mission du mandataire s'effectue en toute indépendance. En cela, il s'oppose au contrat de travail. Le tiers qui conclut l'acte juridique avec le mandataire sait qu'il agit avec un représentant et sait qu'il agit en réalité avec le mandant dont il connaît le nom. Il y aurait là un critère essentiel permettant de distinguer le contrat de mandat qui assure ainsi une représentation parfaite, du contrat de commission, forme de représentation imparfaite[168]. Le mandat présente donc deux principaux caractères : il est relatif aux actes juridiques et constitue un mécanisme de représentation[169].

---

[165] Com., 22 mai 1991, *Bull. civ.* IV, n°173 ; *RTD civ.*, 1992.86, note J. MESTRE.

[166] *Vocabulaire juridique*, Association Capitant, V° Mandat.

[167] J. HUET, *op.cit*, pp. 1067-1228.

[168] D. MAINGUY, *Contrats spéciaux*, Dalloz 4e éd., 2004, pp. 463-514.

[169] Ph. MALAURIE, L. AYNES, P.Y. GAUTHIER, *Contrats spéciaux*, Cujas 14e éd., 2001/2002, pp. 319-375.

L'article 1984 du Code civil définit le mandat comme un contrat par lequel une personne (le mandant) donne à une autre (le mandataire) le pouvoir d'accomplir en son nom et pour son compte des actes juridiques.

Le mandataire agit, d'une part, au nom du mandant. Il se distingue du courtage en ce sens que la mission du mandataire est nécessairement d'accomplir des actes juridiques qui peuvent être de nature diverse. Si la conclusion d'un contrat est l'hypothèse la plus fréquente, le mandataire peut être chargé de réaliser des actes juridiques unilatéraux (faire un paiement, formuler une demande en justice, donner un congé). La personne qui ne dispose pas de ce pouvoir d'accomplir des actes juridiques n'est pas un mandataire[170].

Le contrat de l'agent sportif étant un contrat de mandat, cela suppose des obligations de la part du mandataire (l'agent), d'une part et du mandant (le joueur), d'autre part. Le mandataire doit, en effet, deux obligations : exécuter sa mission et rendre des comptes au mandant. Il peut exécuter la mission lui-même ou par un préposé. Cependant, la mission doit être exécutée selon les termes de l'article 1989 du Code civil, qui précise que le mandataire ne peut rien faire au-delà de ce qui est porté dans son mandat : le pouvoir de transiger ne renferme pas celui de compromettre.

Ainsi, excède ses pouvoirs, le mandataire qui établit une promesse de vente différant des conditions de vente énoncées dans le mandat[171], ou encore par rapport au mode de paiement ; un transporteur chargé de livrer des marchandises contre remise d'espèces ou d'un chèque commet une faute dans l'exécution de son mandat en se faisant remettre en paiement une lettre de change acceptée, mais refusée par la banque domiciliatrice, sans qu'il y ait à s'arrêter au fait qu'un chèque n'aurait pas été davantage payé en raison de la clôture du compte du destinataire[172].

Dans le cadre des transferts de footballeurs, l'article 11 du règlement de la FIFA, relatif aux agents de joueurs, précise que sa mission est de

---

170 P.H. ANTONMATTEI et J. RAYNARD, *Droit civil ; contrats spéciaux*, 3e éd., Litec, 2002, pp. 397-429.

171 Civ.1ère, 2 décembre 1992, *Bull.civ.* I, n°298 ; *Defrénois* 1993. 1070, obs.VERMELLE.

172 Com. 19 mars 1985 : *Bull. civ.* IV, n° 103.

gérer les intérêts de tout joueur ou de tout club qui le leur demande. Le mandat doit, en outre, être exécuté avec loyauté selon l'article 1596 du Code civil, qui prévoit que ne peuvent se rendre adjudicataires, sous peine de nullité, ni par eux-mêmes, ni par personnes interposées :

- les tuteurs, des biens de ceux dont ils ont la tutelle ;

- les mandataires, des biens qu'ils sont chargés de vendre ;

- les administrateurs, de ceux des communes ou des établissements publics confiés à leurs soins ;

- les officiers publics, des biens nationaux dont les ventes se font par leur ministère.

Selon la jurisprudence, l'article 1596 du Code civil n'exige pas, pour son application, que le mandataire ait reçu pouvoir d'engager son mandant vis à vis d'un acquéreur ; l'interdiction d'acheter prévue par cette disposition s'applique dès lors que le mandat, fût-il seulement d'entremise, a pour objet la vente d'un bien[173]. L'article 14 du règlement précité de la FIFA évoque de manière indirecte l'obligation de loyauté, puisque l'alinéa (b) prévoit que, dans le cadre d'un même transfert, l'agent ne représente les intérêts que d'une seule partie. Sa responsabilité peut être aussi engagée. En effet, l'article 1991al.1 du Code civil prévoit que le mandataire est tenu d'accomplir le mandat tant qu'il en demeure chargé, et répond des dommages et intérêts qui pourraient résulter de son inexécution. L'article 1992 du Code civil précise que le mandataire répond non seulement du dol, mais encore des fautes qu'il commet dans sa gestion. Néanmoins, la responsabilité relative aux fautes est appliquée moins rigoureusement à celui dont le mandat est gratuit qu'à celui qui reçoit un salaire. Selon la jurisprudence, tout mandataire, salarié ou non, répond, au regard de son mandant, de l'inexécution de l'obligation qu'il a contractée et du préjudice qui en est résulté pour le mandant, l'inexécution de l'obligation faisant présumer la faute du mandataire, hors cas fortuit (en l'espèce, manquants dans les marchandises que le mandataire était chargé de vendre)[174]. En revanche, si le mandataire est, sauf cas fortuit, présumé en faute du seul fait de l'inexécution de son mandat, cette

---

[173] Civ.1ère, 13 avr. 1983 : *Bull. Civ.* I, n°119.

[174] Soc. 30 nov. 1945 : *D.* 1945. 155.

présomption ne saurait être étendue à l'hypothèse d'une mauvaise exécution de ce dernier[175].

Pour la doctrine, ces difficultés relatives à l'intensité de l'obligation ne doivent pas occulter la règle clairement exprimée par l'article 1992 al.2, selon laquelle l'appréciation du comportement fautif du mandataire doit être plus sévère dans le cadre d'un mandat à titre onéreux qu'en présence d'un mandat à titre gratuit. Cette différence d'appréciation doit, à notre sentiment, se retrouver aussi dans l'examen des causes d'exonération[176]. Le mandataire doit, en outre, rendre des comptes au mandant. En effet, l'article 1993 du Code civil prévoit que tout mandataire est tenu de rendre compte de sa gestion et de faire raison au mandant de tout ce qu'il a reçu en vertu de sa procuration, quand bien même ce qu'il aurait reçu n'eût point été dû au mandant. Ainsi, doivent être considérées comme reçues en vertu du mandat et non à l'occasion de l'exercice de ce mandat, les sommes remises au mandataire pour le compte du mandant et dont il a, en son nom, donné décharge. Il est, dès lors, tenu de faire raison de la totalité de celles-ci au mandant, sauf si ce dernier a accepté expressément l'utilisation que le mandataire en a faite[177]. En revanche, la banque qui a reçu, pour le compte d'un client, le paiement d'une créance professionnelle cédée à un tiers n'est pas tenue à restituer envers le cessionnaire[178].

Selon la doctrine, le mandataire doit ainsi rendre compte de sa gestion, mais aussi de sa mission.

- rendre compte de la mission : distincte de l'obligation de conseil, cet aspect de l'obligation de rendre compte conduit, en premier lieu, le mandataire à informer le mandant du déroulement de la mission. Le mandataire est plus précisément tenu d'informer le mandant de toutes difficultés d'exécution de la mission qui rendent nécessaire une intervention du mandant. Mais ce dernier a aussi le droit d'être tenu au courant de l'état d'avancement de la mission. Le mandataire doit, en second lieu, informer le mandant du résultat de la mission, qu'il s'agisse d'un succès ou d'un échec.

---

[175] Civ. 1ère, 18 janvier 1989, *D.* 1989. 302, note LARROUMET.
[176] P-H. ANTONMATTEI et J. RAYNARD, *op.cit.*, p. 411.
[177] Civ. 1ere, 8 juil. 1975 ; *D.* 1976. 315, note GAURY.
[178] Com. 4 juil. 1995 ; *D.* 1995. 488, note D-R. MARTIN et H. SYNVET.

- rendre compte de la gestion : le mandataire doit fournir au mandant un véritable compte de gestion à l'issue de sa mission. Il ne s'agit pas d'un simple compte arithmétique, mais d'un compte autonome soumis au droit commun des comptes. Joue ainsi la règle d'indivisibilité des articles de compte. Le compte du mandataire n'a pas, en revanche, d'effet novatoire. Toute créance qui entre en compte conserve son propre régime. Le compte doit comporter le détail des créances et des dettes. Le mandataire est ainsi tenu d'inscrire au compte tout ce qu'il a reçu au titre du mandat. Il s'agit bien sûr de ce qu'il a encaissé, mais aussi parfois de recettes qu'il n'a pas encaissées. Le mandataire doit également inscrire ce qu'il a reçu, mais qui n'était pas dû au mandant, pour autant qu'il ait reçu ces sommes en sa qualité de mandataire[179].

Rien n'indique dans le règlement précité de la FIFA, une obligation pour l'agent de rendre compte de sa mission et de sa gestion. En effet, l'article 14 alinéa (f) prévoit seulement que l'agent doit fournir, à la demande de l'instance compétente d'une association et/ou de la FIFA, tous les renseignements et documents indispensables. Le mandant, de son côté, a des obligations telles que le remboursement des frais, l'indemnisation des pertes et le paiement d'une rémunération.

L'article 1999 al.1 dispose que le mandant doit rembourser au mandataire les avances et frais que celui-ci a faits pour l'exécution du mandat et lui payer ses salaires lorsqu'il en a été promis. Ainsi, à propos du remboursement des avances, la jurisprudence prévoit que les textes relatifs à la copropriété ne font pas obstacle au fait que le syndic puisse faire des avances de fonds « pour le compte de la copropriété » et en revendiquer le remboursement[180]. L'article 2000 du Code civil prévoit que le mandant doit aussi indemniser des pertes que celui-ci a essuyées à l'occasion de sa gestion, sans imprudence qui lui soit imputable. Selon la jurisprudence, les dispositions de l'article 2000 n'étant pas d'ordre public, il peut y être dérogé par la convention des parties. Ainsi, il peut être convenu d'un forfait excluant tout autre versement[181]. En revanche, les pertes qui auraient pour origine un élément de l'exploitation dont la maîtrise a été conservée par le mandant ne peuvent être

[179] P.H. ANTOMATTEI et J. RAYNARD, *op. cit.* p. 412.
[180] Civ. 3ème, 14 avril 1999 : *Bull. civ.* III, n° 98.
[181] Requête 9 févr. 1938 ; *DH* 1938. 213.

conventionnellement mises à la charge du mandataire[182]. L'article 1986 du Code civil prévoit que le mandat est gratuit, s'il n'y a convention contraire. Ainsi, le mandat est présumé salarié en faveur des personnes qui font profession de s'occuper des affaires d'autrui[183]ou lorsqu'il est exercé par une personne dans le cadre de sa profession habituelle[184]. La rémunération qui peut être forfaitaire ou proportionnelle est généralement déterminée par les parties.

Sur la rémunération des agents sportifs, c'est l'article 12 du règlement précité de la FIFA qui prévoit que l'agent sportif doit être rémunéré exclusivement par son mandant. La rémunération d'un agent sportif, mandaté par un joueur, sera calculée en fonction du salaire de base brut réalisé par le joueur, aux termes du contrat de travail négocié par son agent (soit sans tenir compte de toutes prestations supplémentaires, telles que voiture et logement de fonction, primes de matches, primes de réussite et autres avantages).

L'agent sportif et le joueur s'entendent à l'avance sur le mode de rémunération, à savoir si le joueur rémunèrera son agent par un paiement unique au début de la période couverte par le contrat de travail négocié par l'agent pour le joueur, ou par un décompte annuel à chaque fin d'année contractuelle. Ce droit ne s'arrête qu'à l'expiration du contrat de travail ou dès que le joueur a signé un nouveau contrat de travail, n'ayant pas été négocié avec l'aide de ce même agent. Le montant de la rémunération ne peut excéder 10% du montant du contrat conclu. Si l'agent sportif et le joueur ne parviennent pas à s'entendre sur le montant de la rémunération ou si le contrat de médiation ne contient pas d'informations relatives, l'agent sportif a droit au paiement d'une rémunération à hauteur de 5% du salaire de base brute que le joueur percevra aux termes du contrat de travail négocié pour lui par l'agent sportif.

En dehors des modalités de rémunération de l'agent sportif, rien n'est prévu par le règlement sur les modalités de remboursement des frais et de l'indemnisation des pertes de l'agent sportif.

---

182 Com. 26 oct. 1999 ; *RTD civ.* 2000. 136, obs. GAUTHIER.
183 Com. 22 janv. 1991 ; *Bull. civ. IV,* n°33.
184 *D. Affaires 1998*, n° 127, note LEVENEUR.

L'article 1999 al. 2 du Code civil prévoit, en outre, que s'il n'y a aucune faute imputable au mandataire, le mandant ne peut se dispenser de faire ces remboursements et paiements, alors même que l'affaire n'aurait pas réussi, ni faire réduire le montant des frais et avances sous le prétexte qu'ils pouvaient être moindres. Ainsi, le mandataire a un droit de rétention des objets qui lui ont été confiés pour l'exécution de son mandat, jusqu'au paiement de ce qui lui est dû à raison du mandat[185]. Cependant, constitue un abus de confiance le fait, pour un mandataire, de retenir de mauvaise foi et contre la volonté du mandant, des effets qui ne sont détenus qu'au titre de mandat et qui ne sont restitués que sous la contrainte de poursuites judiciaires[186]. Par rapport aux tiers, la validité du contrat d'engagement pourra être sauvegardée, nonobstant l'absence de pouvoirs, en vertu de la théorie du mandat apparent. Celle-ci permet en effet de protéger le tiers contractant qui a agi sous l'empire d'une croyance légitime, le mandant étant alors engagé sans l'avoir voulu sur le fondement de l'apparence. On perçoit immédiatement le large champ d'application potentiel de cette théorie dans un milieu professionnel, où des personnes crédules côtoient des professionnels des affaires parfois peu scrupuleux.

Enfin, l'article 2003 du Code civil précise que le mandat finit par la révocation, par la renonciation de celui-ci au mandat, par la mort naturelle ou civile, la tutelle des majeurs ou la déconfiture, soit du mandant, soit du mandataire. L'article 2003 n'étant que supplétive, pour la jurisprudence, elle cesse de s'appliquer lorsqu'il apparaît que telle a été la volonté du mandant, cette volonté pouvant s'induire notamment de l'objet du mandat et du but dans lequel il a été donné[187].

A propos de la renonciation du mandataire, si ce dernier peut renoncer au mandat qui lui a été confié pour une cause valable, le mandataire désigné par autorité de justice ne peut mettre fin lui-même à ses fonctions, sans y avoir été expressément autorisé par une décision de l'autorité qui l'a désigné[188].

En outre, le mandat d'intérêt commun étant présumé donné *intuitu personae*, il n'existe aucune raison déterminante d'écarter l'article 2003, alinéa 4, disposant que le mandat finit notamment par la mort du

[185] Civ. 17 janv. 1866, *DP* 1866. 1. 76.
[186] Crim. 17 novembre 1970, *JCP* 1971. II. 16692, note LESTANG.
[187] Paris, 12 déc 1967 ; *D.* 1968. 269.
[188] Civ. 1ere, 10 juin 1986 ; *Bull. civ.* I, n° 161.

mandataire[189]. Enfin, l'article 2004 du Code civil précise que le mandant peut révoquer sa procuration quand bon lui semble, et contraindre, s'il y a lieu, le mandataire à lui remettre, soit l'écrit sous seing privé qui la contient, soit l'original de la procuration, si elle a été délivrée en brevet, soit l'expédition, s'il en a été gardé minute. Ainsi, le mandant est libre de révoquer à tout moment son mandat, sauf à ne pas commettre un abus de droit[190]. En revanche, lorsque le mandat a été donné dans l'intérêt commun du mandant et du mandataire, il ne peut pas être révoqué par la volonté de l'une ou même de la majorité des parties intéressées, mais seulement de leur consentement mutuel, ou pour une cause légitime reconnue en justice, ou enfin suivant les clauses et conditions spécifiées par le contrat[191].

A ce propos, un arrêt relatif à un mandat d'intérêt commun liant un intermédiaire à un joueur professionnel a été rendu par la Cour d'appel d'Aix-en-Provence. En l'espèce, aux termes d'un contrat, en date du 18 juin 1997, Monsieur Souloy, footballeur professionnel, a donné un mandat exclusif d'une durée de deux ans à l'association Proform Conseil, afin de rechercher, d'étudier et de négocier tous accords et conventions liés à l'exercice de son activité professionnelle de footballeur et susceptibles de lui procurer des avantages financiers et des revenus. En contrepartie, il était prévu que l'association percevrait une rémunération du nouveau club employeur, à l'occasion de chaque opération de transfert. Il faut souligner que selon l'article 5 de ce mandat, « la convention ne pourra être résiliée par anticipation qu'en cas de force majeure résultant de l'incapacité effective totale et définitive de l'une ou l'autre des parties à remplir les engagements prévus au contrat, et qu'à l'exception du cas précité, la rupture anticipée du contrat par le mandant sera considérée comme abusive et l'engagera à s'acquitter d'une indemnité compensatrice fixée par le mandataire suivant la durée du contrat restant à courir ». Or, Proform Conseil reproche à Monsieur Souloy une rupture anticipée abusive du mandat et lui réclame, à ce titre, des dommages et intérêts, en faisant valoir que celui-ci s'est engagé au profit du club de Saint-Denis–Saint-Leu pour la saison 1998/1999, sans le concours de l'association et donc au mépris de la clause d'exclusivité stipulée au mandat.

---

189 Com. 20 avr 1967 ; *JCP* 1968. II. 15389.
190 Civ. 1ere, 2 mai 1984 ; *Bull. civ.* I, n°143.
191 Civ. 13 mai 1885 ; *DP* 1885. 1. 350.

Dans un premier temps, la Cour a affirmé la validité du mandat en cause au regard de la loi du 16 juillet 1984 et l'a qualifié de mandat d'intérêt commun. Dans un second temps, au vu des éléments du dossier, elle a constaté le respect par le mandataire (Proform Conseil) de ses engagements contractuels, dans la mesure où il a mis en contact Monsieur Souloy avec le club Union Sportive Roannaise en juillet 1998, puis avec le club de l'Olympique d'Alès en décembre 1998.

En revanche, les juges aixois ont considéré que Monsieur SOULOY, en ignorant les démarches effectuées par son agent et en signant seul un contrat de travail avec le club de Saint-Denis–Saint-Leu, a manqué à ses obligations et notamment à la clause d'exclusivité stipulée à l'article 3 du mandat litigieux, qui lui interdisait de s'engager auprès d'un club sans l'assistance et le concours de l'association Proform Conseil. Aussi, la Cour a estimé que l'association n'ayant perçu aucune rémunération lors du transfert de Monsieur SOULOY vers le club de Saint-Denis Saint-Leu, est fondée à réclamer à ce dernier, conformément à l'article 5 du mandat, une indemnité compensatrice du fait de la rupture anticipée abusive de la relation contractuelle[192].

La Cour, dans ses attendus, condamne le footballeur qui a rompu de façon abusive et anticipée le contrat signé par lui, au motif que le contrat « était un mandat d'intérêt commun dans le cadre duquel l'Association percevait une rémunération pour ses services, une fois le transfert effectué ». Pour M. Fabrice Rizzo, la position de la Cour d'appel d'Aix-en-Provence paraît pertinente, dans la mesure où l'intérêt des deux parties réside dans la réussite sportive de l'athlète, lui permettant de réviser à la hausse les conditions financières de son engagement auprès de son club employeur ou bien de négocier un transfert vers un club susceptible de satisfaire, notamment, ses nouvelles prétentions salariales[193].

En pratique, le choix en faveur de l'une ou de l'autre des qualifications présente de réels intérêts pour les parties. Par exemple, la convention d'intermédiaire étant le plus souvent conclue pour une durée déterminée, les règles gouvernant sa révocation diffèrent sensiblement selon la catégorie juridique à laquelle elle se trouve rattachée. Au regard de cette question, l'intérêt des agents consiste à opter en faveur du

---

[192] F. RIZZO, *Bull. Aix, 2002-2*, note 7, p. 88.
[193] F. RIZZO, *Ibid.*

contrat de courtage, dans la mesure où sa rupture unilatérale par le joueur ou le club apparaît plus difficile à mettre en œuvre que celle d'un mandat[194].

A notre sens, la décision de la Cour d'appel est conforme, non seulement à la loi française, mais aussi au règlement précité de la FIFA gouvernant l'activité des agents de joueurs. En effet, l'agent sportif, dès lors que le contrat qui le lie au joueur est un mandat exclusif, le joueur ne peut ignorer cette clause et se passer des services de son agent. Or, en l'espèce, le joueur n'a pas respecté l'exclusivité relative à la recherche de club en vue d'un transfert. Par conséquent, l'agent sportif a droit à une réparation correspondante à ce qu'il attendait, comme la rémunération du travail qu'il a effectué en vue d'un transfert. Par ailleurs, l'article 12 du règlement précité de la FIFA prévoit que le contrat signé entre un agent sportif et un joueur ne peut avoir une durée supérieure à deux ans, mais peut être renouvelé par écrit avec l'accord exprès des deux parties. Une reconduction tacite est interdite. Donc, le mode d'extinction du contrat d'agent sportif est en général relatif à la durée du contrat.

SECTION 2 : LES CONTRATS RELATIFS AU FOOTBALLEUR PROFESSIONNEL

Il s'agit essentiellement d'étudier deux contrats ; le contrat de travail à durée déterminée du joueur (§1) et son contrat d'image (§2).

§ 1 : Le contrat de travail

L'étude abordera la nature du contrat de travail (A), son exécution (B) et sa fin (C).

A/ La nature du contrat

Le contrat de travail suppose l'existence (1) de certains éléments. Une certaine durée (2) doit en outre être respectée lorsqu'il s'agit du contrat de travail à durée déterminée.

[194] F. RIZZO, Les contrats d'agent sportif (aspects de droit interne), *D.*, 2005, n° 37, pp. 2594-2600.

1) Existence

Le contrat de travail existe lorsque trois éléments sont réunis :

- une prestation de service ;
- une rémunération de cette prestation ;
- un lien de subordination juridique.

Selon la doctrine, il y a contrat de travail quand une personne s'engage à travailler pour le compte et sous la subordination d'une autre moyennant rémunération[195]. Ainsi, lorsqu'un joueur de football dit « promotionnel » recevait en contrepartie de son activité de footballeur une prime au début de chaque saison, ainsi qu'une « indemnité » fixe mensuelle, et qu'il s'était engagé par contrat à se soumettre au règlement et à la discipline du club et à répondre à toutes les convocations, on ne pouvait dénier tout lien de subordination entre le club et ce joueur, quel que soit le statut fédéral attribué à ce dernier et peu importe qu'il exerçât ou non une autre activité[196].

Il y aura, en outre, lien de subordination et par conséquent, existence d'un contrat de travail, dès lors que le sportif perçoit une rémunération mensuelle fixe et des avantages matériels et doit, en contrepartie, consacrer son temps de manière constante et exclusive, en se soumettant, pour cette activité sportive, aux instructions et directives des dirigeants[197]. En revanche, un joueur de basket-ball, bien que percevant mensuellement d'importantes sommes d'argent, n'était pas lié à son club par un contrat de travail, faute d'un lien de subordination suffisamment caractérisé[198]. Il apparaît donc qu'il faut, pour qu'il existe un contrat de travail, trois éléments : deux éléments accessoires, c'est-à-dire la prestation de service et la rémunération de ce service, et un troisième élément indispensable, c'est-à-dire un lien de subordination juridique. Par ailleurs, le contrat de travail du sportif professionnel pose le problème de sa durée.

---

[195] G. COUTURIER, *Droit du travail. Les relations individuelles de travail*, 3° éd., PUF, 1996.

[196] *Soc.14 juin 1979 ;* D. 1980. 96, obs. J.P. KARAQUILLO

[197] *Riom, 31 janvier 1977 ;* D. 1979. IR. 310, obs. F. ALAPHILIPPE et J.P. KARAQUILLO.

[198] Bordeaux, 3 juillet 1979 *; D.* 1980, IR.492, obs. F. ALAPHILIPPE et J.P.KARAQUILLO.

2) La durée

Selon l'article L. 122-1-1, 3° ; le contrat de travail ne peut être conclu pour une durée déterminée que dans les cas suivants :

-emplois à caractère saisonnier ou pour lesquels, dans certains secteurs d'activité définis par décret ou par voie de convention ou d'accord collectif étendu, il est d'usage[199] constant de ne pas recourir au contrat de travail à durée indéterminée, en raison de la nature de l'activité exercée et du caractère par nature temporaire de ces emplois. L'article D.121-2, pris en application de l'article L.121-1-1 du Code du travail précité, précise que les secteurs d'activité dans lesquels des contrats à durée déterminée peuvent être conclus pour les emplois pour lesquels il est d'usage constant de ne pas recourir au contrat à durée indéterminée, en raison de la nature de l'activité exercée et du caractère par nature temporaire de ces emplois sont les suivants : l'enseignement et le sport professionnel.

Le sport professionnel ne figurait pas dans la liste initiale des secteurs d'activité visés par les contrats de travail d'usage. Pour légitimer ce recours, un décret du 22 mars 1983 l'a ajouté sous la pression du mouvement sportif[200]. Ainsi, la chambre sociale de la Cour de cassation précise, dans sa décision du 5 octobre 1999, que « la Cour d'appel, après avoir exactement énoncé que l'article D. 121-2 du Code du travail classait le sport professionnel dans l'un des secteurs d'activité où il est d'usage constant de ne pas recourir à un contrat à durée indéterminée, en raison de la nature temporaire des emplois concernés, a relevé que le rythme de l'activité sportive professionnelle était fondé sur des saisons d'une année ; qu'ayant ainsi fait ressortir que l'emploi de joueur de basket-ball de haut niveau occupé par Monsieur Eito était par nature temporaire, elle a pu décider qu'il n'y avait pas lieu de re-qualifier le contrat de travail à durée déterminée du salarié en un contrat à durée indéterminée ».En outre, le Conseil de Prud'hommes de Pau a réitéré que l'article D.121-2 du Code du travail classe le sport professionnel

---

[199] Sur les contrats d'usage, se reporter aux articles suivants : P. ETIENNOT, F. KESSLER et S. MOUKHA, Les conditions de recours au contrat à durée déterminée, Dr. Soc. 1992, p. 66 ; A. DERUE, F. DOUSSET, Le nouveau régime du recours au CDD d'usage, *Semaine sociale Lamy,* 5 avril 2004, p. 6.

[200] C. LEFRANC-HAMONIAUX, « Réflexions sur la précarité du contrat à durée déterminée face aux pratiques sportives », in *Revue Droit social*, éd. F. Lefèbvre, 2002, p. 5.

parmi les secteurs où il est d'usage constant de ne pas recourir au contrat de travail à durée indéterminée, et d'autre part qu'en l'espèce, il ne faut pas faire de distinction entre les joueurs et les entraîneurs[201].

Pour la doctrine, le contrat de travail à durée déterminée a été une conquête sociale pour les sportifs professionnels, avancée sociale récente dans la plupart des cas.

Le football l'a consenti à ses joueurs professionnels après la dénonciation des «contrats esclavagistes ». Pour le basket, le contrat à durée déterminée devient une innovation qui est désormais officiellement mise en place depuis le début de la saison 1986-1987. La boxe anglaise compte, depuis un an, son premier contrat à durée déterminée, en la personne du triple champion d'Europe, Antoine Montero : contrat conclu avec l'entreprise de travail temporaire RMO. Le succès du contrat à durée déterminée ne doit pas surprendre. Il autorise l'observation des mérites d'un sportif pendant une période grossièrement calquée sur une ou plusieurs saisons. Sa souplesse permet aux parties en cas d'échec (contre-performances, mauvaises prestations) de recouvrer leurs libertés contractuelles respectives.

En cas de réussite, il ne faut pas oublier que le renouvellement des hommes et des méthodes est nécessaire au sport. Il est favorisé également par le recours à la notion de « rendement sportif ». Produire, ici, c'est obtenir des résultats, contribuer à la prospérité de son club par l'afflux des spectateurs, des médias et des sponsors[202]. L'adoption du contrat à durée déterminée dans le domaine du sport professionnel, notamment du football, attire notre adhésion. En effet, dans le cadre des transferts, on imagine mal le retour à un contrat à durée indéterminée, assimilable à un contrat à vie. Or, ce contrat à vie était très critiqué par les footballeurs dans les années 1950 et 1960, dans la mesure où il les privait de toute initiative personnelle pour changer de club.

---

[201] *Soc. 19 février 2003, arrêt n° 476* dans lequel les juges refusent de requalifier en contrat à durée indéterminée le contrat à durée déterminée d'un joueur de football au motif que son emploi relève de l'activité du sport professionnel dans lequel il est d'usage constant de ne pas recourir à un contrat à durée indéterminée ou encore *Soc., 5 octobre 1999, pourvoi n° 97-43. 861*, *D.* 2000, Jur., p.617, « *le recours au contrat de travail à durée déterminée pour pourvoir les emplois des sportifs professionnels* », par J. MOULY.
[202] J-B. PAILLISSIER, *Le droit social du sport,* J. Delmas et Cie, 1988, pp.85-86.

Alors que, jusque là, la jurisprudence posait trois conditions cumulatives pour valider des contrats à durée déterminée d'usage – d'abord le secteur du sport professionnel, ensuite un usage constant et enfin la nature temporaire de l'emploi – avec les arrêts[203] du 26 novembre 2003, la chambre sociale procède à un véritable revirement de jurisprudence. En effet, l'une des affaires opposait la Société d'économie mixte Cannes Volley-ball c/ Glowacz. En l'espèce, M. Glowacz avait été engagé en 1983 par la société AS Cannes Volley club en qualité de joueur professionnel de volley-ball. Le 1er septembre 1991, les parties conclurent un contrat d'une durée de trois années, renouvelé pour deux ans le 31 mai 1994. Au terme de la période de renouvellement, M. Glowacz saisit la juridiction prud'homale pour obtenir la requalification de son contrat en contrat à durée indéterminée et le paiement de diverses sommes.

Pour la Cour d'appel, on retient que l'AS Cannes Volley-ball ne rapporte pas la preuve d'aucun usage constant autorisant le recours au contrat à durée déterminée dans ce sport ; que la durée des contrats successifs étant supérieure à celle de la saison sportive, l'employeur a ainsi pourvu un emploi de façon permanente et non pour la durée de cette saison et que la relation contractuelle doit donc être re-qualifiée à durée indéterminée, de sorte que la rupture du contrat à l'issue de la dernière période est dépourvue de cause réelle et sérieuse. La chambre sociale de la Cour de cassation, dans son attendu, précise qu'il résulte de la combinaison des textes (L.122-1, L.122-1-1, 3, L.122-3-10 et D.121-2 du Code du travail), d'abord, que, dans les secteurs d'activité définis par décret, ou par voie de convention ou d'accord collectif étendu, certains des emplois en relevant peuvent être pourvus par des contrats de travail à durée déterminée, lorsqu'il est d'usage constant de ne pas recourir à un contrat à durée indéterminée, en raison du caractère par nature temporaire de ces emplois ; ensuite, que des contrats à durée déterminée successifs peuvent être conclus avec le même salarié ; enfin, que l'office du juge, saisi d'une demande de requalification d'un contrat à durée déterminée en contrat à durée indéterminée, est seulement de rechercher, par une appréciation souveraine, si, pour l'emploi concerné, et sauf si une convention collective prévoit dans ce cas le recours au contrat à durée indéterminée, il est effectivement d'usage constant de ne

[203] *Soc., 26 nov. 2003*, 4 arrêts, n° 01-42.977, 01-44.263, 01-44.381 et 01-47.035, *RJS* 1/ 04, n° 9.

pas recourir à un tel contrat ; que l'existence de l'usage doit être vérifiée au niveau du secteur d'activité défini par l'article D.121-2 du Code du travail ou par une convention ou un accord collectif étendu. Pour ces motifs, elle casse l'arrêt de la Cour d'appel : « en statuant ainsi, par un motif inopérant, alors qu'il lui appartenait de rechercher si, en ce qui concerne l'emploi de M. Glowacz, il était ou non d'usage constant de ne pas recourir à un contrat à durée indéterminée dans le secteur d'activité du sport professionnel dont relevait l'employeur, la cour d'appel n'a pas donné de base légale à sa décision ».

Selon la doctrine, en clair, le rôle des juges du fond, saisis d'une demande en requalification en contrat à durée indéterminée est désormais cantonné à une double vérification :

1° rechercher si l'on se trouve dans l'un des secteurs d'activité définis par l'article D.121-2 du Code du travail ou par un accord collectif étendu ;

2° vérifier, dans l'affirmative, s'il existe un usage constant de ne pas recourir au contrat à durée indéterminée[204].

B/ L'exécution du contrat

L'exécution du contrat de travail à durée déterminée dans le football professionnel est assez particulière, puisqu'elle impose un certain nombre d'obligations touchant parfois à la vie extraprofessionnelle du footballeur (1), mais aussi au club employeur (2).

1) Les obligations du footballeur

Dans le sport professionnel, des obligations pèsent sur le sportif. Ce qui compte, c'est la préparation physique avant et pendant les matchs, un suivi médical, une diététique de tous les instants.

Les joueurs doivent se plier à une certaine hygiène de vie, en respectant des moments de sieste et de sommeil adéquats tous les jours et les récupérations d'après match. Les sportifs sont donc tenus au respect du règlement intérieur du club, qui est établi en fonction des exigences de

---

[204] F. BUY, P. MOYERSOEN et Ch. RUAULT, Prestation de l'activité sportive sous forme salariée in *Lamy droit du sport,* n° 239-65.

la discipline considérée[205]. Ainsi, le pilote de formule 1, outre son obligation de pilotage en course et aux qualifications, sera notamment tenu de participer aux multiples séances de réglage de la voiture, aux essais de pneumatiques et aux diverses réunions avec les ingénieurs et techniciens[206].

Selon Monsieur Germain, les prestations du sportif sont généralement fixées de manière unilatérale par le club et la Fédération nationale, puis proposées à l'adhésion de l'athlète ; sauf exception, elles ne font donc pas l'objet d'une véritable négociation. La qualification contractuelle de ces prestations est opérée en termes extrêmement larges. Placé comme en exergue, un principe général contraint le joueur à consacrer à son club la totalité de son temps, de sa puissance de travail et de ses aptitudes sportives. De là découlent une foule d'obligations, dont la principale est de participer aux entraînements et aux rencontres. Précisons que celles-ci se succèdent à la cadence d'une ou de plusieurs par semaine, alors que ceux-là peuvent être quotidiens, durer plusieurs heures et se situer à tout moment de la journée. Dans le cours de ces activités, le sportif est tenu de suivre les instructions et directives qui lui sont données par le club, lequel délègue une bonne part de ce pouvoir d'autorité et de surveillance à un entraîneur. Suit alors le cortège des obligations complémentaires : le sportif doit assister à des conférences, réunions et camps de retraite ; subir des visites médicales et se soumettre à des séances de soins ; porter les seuls équipements vestimentaires qui lui sont attribués et accepter qu'ils soient publicitaires, sans réclamer une rétribution en retour ; refuser toute sélection dans une autre équipe et toute intervention dans une manifestation sportive sans le consentement de son club ; s'abstenir d'accorder, sauf autorisation spéciale, des entrevues de presse, de radio et de télévision ; se conduire en public et en privé de manière à ne pas nuire à la réputation du club ou de ses membres ; résider dans la région où le club possède ses installations (50 kilomètres au maximum doivent séparer le siège du club et le domicile du joueur) ; éviter toute activité de loisir réputée dangereuse pour son intégrité physique (monter à cheval, faire du ski, prendre des avions touristiques) ; se soumettre à la discipline nécessaire au maintien de sa forme ; avoir un mode

205 *LEGISPORT, Bulletin d'informations juridiques sportives*, n°38, novembre-décembre 2002, p. 2.
206 F. BUY, *op. cit.*, p. 92-93.

d'existence d'une constante sobriété (par exemple, en s'abstenant de consommer du tabac ou de l'alcool).

Cette énumération montre que la personne même du sportif est largement impliquée dans l'objet du contrat et, avec elle, ce que l'on a coutume d'appeler la vie privée. A cet égard, on cite parfois, comme un cas extrême, l'interdiction faite à l'athlète par certaines conventions d'avoir des rapports sexuels le jour et la veille des compétitions[207]. Au demeurant, François Mandin classe les obligations du sportif professionnel en deux catégories : d'une part, les obligations contractuelles, c'est-à-dire des obligations issues du contrat de travail, principalement la participation aux compétitions et aux entraînements et de façon accessoire, ainsi que les obligations relatives au résultat et à la vie privée du sportif professionnel ; d'autre part, les obligations institutionnelles, c'est-à-dire les obligations techniques relatives au jeu et au déroulement de la compétition et les obligations disciplinaires concernant le comportement et la conduite du joueur[208].

2) Les obligations du club employeur

En dehors des obligations d'ordre général concernant tout club sportif, telles que les obligations sociales[209], médicales[210], de sécurité[211], etc., des obligations particulières envers le joueur professionnel existent. Ainsi, pour la doctrine, la plus importante consiste dans le paiement de la rémunération, qui doit excéder un double minimum que la fédération nationale établit à tant par saison d'une part, et à tant par mois de

---

207 J-C. GERMAIN, *op. cit*, pp. 49-50.

208 F. MANDIN, Les obligations du sportif professionnel, in *les contrats des sportifs ; l'exemple du football professionnel*, *op. cit.*, pp. 164-179 sous la direction de G. SIMON.

209 *LEGISPORT, Bulletin d'informations juridiques sportives ; les obligations sociales des clubs*, n° 40, mars-avril 2003.

210 *LEGISPORT, Bulletin d'informations juridiques sportives ; les obligations médicales*, n° 30, juillet-août 2001.

211 *LEGISPORT, Bulletin d'informations juridiques sportives ; les obligations de sécurité*, n° 31 septembre-octobre 2001.

Voyez aussi *LEGISPORT, Les obligations du groupement sportif*, n°18 juillet-août 1999.

l'autre. De tous les éléments du contrat, le salaire constitue quasiment le seul qui soit réellement débattu entre le club et le joueur, sur la base du talent que ce dernier a manifesté dans son récent passé. La rétribution ainsi convenue se compose d'un fixe mensuel et de primes diverses (de valeur, de classement, par point gagné dans le championnat). Enfin, le club s'engage à accorder au sportif des congés annuels dans l'entre saison, ainsi qu'à lui verser des indemnités en cas de blessure ou de maladie[212].

A notre avis, les obligations réciproques des clubs et des joueurs montrent un net avantage en faveur des clubs sportifs. En dehors de la rémunération et, éventuellement, de la durée du contrat, le joueur professionnel ne dispose d'aucune marge de manœuvre. Le contrat de travail du joueur professionnel ressemblerait plutôt à un contrat d'adhésion, dont le contenu est défini et imposé par les Fédérations et les clubs. Même si le contrat de travail du joueur professionnel est quasiment imposé, cela n'empêche qu'il peut prendre fin.

C/ La fin du contrat de travail

La faute grave (1), la force majeure (2), l'accord des parties (3) et la résiliation unilatérale (4) sont les cas de rupture du contrat de travail à durée déterminée du footballeur professionnel prévu par la loi. A cela s'ajoutent les cas de résiliation unilatérale prévus par le règlement sportif. L'article L.122-3-8 prévoit que, sauf accord des parties, le contrat à durée déterminée ne peut être rompu avant l'échéance du terme qu'en cas de faute grave ou de force majeure. Le contrat de travail peut ainsi prendre fin par la faute grave, la force majeure ou par l'accord des parties. L'article L.122-3-8, al.2 nouveau de la loi de modernisation sociale a ajouté un autre cas de rupture, lorsque le salarié justifie d'une embauche pour une durée indéterminée. La faute grave et la force majeure, notamment, sont strictement appréciées par les juges en droit du travail et particulièrement dans le domaine du football professionnel[213]. Cette rigidité de la rupture anticipée du CDD en droit commun s'explique par le souci de protection du salarié. Le droit

[212] J-C. GERMAIN, *op. cit.*, pp. 50-51.
[213] C. LEFRANC, *Le contrat à durée déterminée du footballeur professionnel*, Thèse, Rennes I, n° 350.

sportif[214], notamment le règlement de la FIFA et la charte du football professionnel, a prévu des cas de rupture anticipée unilatérale, qui sont aussi rigides que le droit commun du travail. Cette rigidité s'explique ici par le souci d'équilibrer les intérêts des parties et de préserver la glorieuse incertitude de la compétition.

1) La faute grave

La faute grave se définit comme celle qui « dénote chez son auteur une incapacité ou une incurie telle qu'il serait dangereux pour l'employeur de le maintenir à son poste », lorsqu'il s'agit d'un contrat à durée déterminée, la faute grave s'analysera en un comportement rendant impossible le maintien du lien contractuel jusqu'au terme fixé par les parties[215]. La jurisprudence retient deux éléments pour qualifier un acte de faute grave :

- le comportement du salarié
- le préjudice causé à l'entreprise

Ainsi, constitue une faute grave justifiant la rupture anticipée par un club du contrat de travail à durée déterminée d'un joueur professionnel de football, le fait pour celui-ci d'avoir contrevenu, par des manquements de différentes natures et parfois répétés, aux obligations du règlement intérieur du club, obligations qu'il avait déclaré accepter au moment de la signature du contrat[216]. En outre, le dopage, constitutif d'un manquement manifeste à l'éthique sportive et en l'espèce à l'obligation contractuelle de loyauté prévue dans le contrat de travail d'un coureur cycliste professionnel, doit être qualifié de faute grave,

---

[214] Le droit sportif notamment le paragraphe 3 du règlement de la FIFA de 2001 est traité dans la deuxième partie de la thèse. La charte prévoit aussi des cas de résiliation unilatérale, selon l'article 265 alinéa 2 « en état de cause, un joueur serait libre de tout engagement dans les deux cas suivants :

- non paiement des salaires passé le délai de 30 jours suivant la date d'envoi de la mise en demeure prévue à l'article 257 ;
- rupture du contrat à l'initiative du club ;

L'alinéa 3 prévoit la non-exécution des contrats par suite de la relégation du club en Championnat National.

[215] G. POULAIN, *Les contrats de travail à durée déterminée*, Pratique sociale sous la direction de B. TEYSSIE, 2e éd. LITEC, 1994, p. 305.

[216] Grenoble, 19 oct. 1993 ; *D.* 1995. Somm. 60, obs. J.P. KARAQUILLO.

mais non, en l'absence de volonté délibérée de nuire à l'employeur, de faute lourde[217].

En revanche, dans l'affaire Rucker c/ Olympique d'Antibes Juan-les-Pins, le Conseil des Prud'hommes a considéré que, si le comportement d'un joueur de basket-ball, qui a admis avoir consommé du cannabis pour son plaisir personnel, est, à n'en pas douter, contraire à l'esprit sportif et à la réglementation en vigueur, il n'en demeure pas moins que le club employeur ne pouvait qualifier un tel comportement de faute grave, dès lors que, pendant plusieurs mois après la connaissance des faits et pendant plusieurs jours après la sanction prononcée par les instances sportives, il a continué à utiliser les services de ce joueur pour disputer plusieurs matchs[218].

Dans l'affaire S.A Prosport - Festina/Willy Voet, rendue le 24 mars 2003, la Cour d'appel rappelle que la détention et l'usage de produits dopants ne constitue ni une faute grave ni une force majeure. En effet, la S.A. Prosport, dont le partenaire principal est la société espagnole Festina-Lotus, emploie une équipe de cyclistes professionnels dénommée Festina : elle a embauché M. Willy Voet le 31 octobre 1997, par contrat à durée déterminée courant du 1er janvier au 31 octobre 1998, en qualité de technicien professionnel des sports cyclistes ; le contrat de travail prévoyait une rémunération annuelle de 168.000 F payable mensuellement. M. Willy Voet expose qu'il a exécuté son contrat de travail en France hors de tout établissement, et que son contrat à durée déterminée n'est pas imputable à l'employeur, qui ne peut ainsi être condamné à payer l'indemnité de rupture de contrat à durée déterminée ; que M. Willy Voet ne justifie pas de l'indemnité complémentaire d'intérêts qu'il réclame ; qu'il n'est pas dû à l'intéressé. Au cours du Tour de France 1998, M. Willy Voet a été arrêté pour détention et usage de produits dopants ; il a été mis en examen et détenu durant 15 jours. Durant le temps de sa détention et après sa remise en liberté provisoire, M. Willy Voet n'a plus reçu de salaire. M. Willy Voet a alors saisi le Conseil des Prud'hommes, afin de voir constater la rupture de son contrat à durée déterminée et condamner la S.A. Prosport

---

[217] Limoges, 4 mai 1998 *; Dr. Soc.*1998. 1003, note J. MOULY.

[218] Conseil de prud'hommes de Grasse, 14 janv. 1994 ; 2e esp., *D.*1995. Somm. 60, obs. J.P. KARAQUILLO.

à lui payer des dommages intérêts et les salaires dus au titre de cette rupture.

Le Conseil des Prud'hommes, par un arrêt en date du 3 septembre 2001, a déclaré l'appel recevable et ordonné la réouverture des débats au fond. Selon la S.A. Prosport, l'intéressé a commis une faute lourde qui a entraîné sa détention, puis sa mise en liberté provisoire sous contrôle judiciaire avec interdiction d'approcher les milieux cyclistes professionnels ; qu'il n'a pu reprendre son activité professionnelle et son contrat de travail a été suspendu jusqu'à son terme ; que l'intéressé n'a fourni aucune prestation de travail durant ce temps et ne peut prétendre à aucune rémunération en contrepartie ; que, par ailleurs, la rupture du contrat à durée déterminée aucune indemnité compensatrice de congés payés, ceux-ci ayant été pris par anticipation ; que les primes de courses ne sont pas dues, dans la mesure où M. Willy Voet n'a pas participé aux courses ; qu'il n'est pas justifié d'un préjudice moral et financier afférent à une rupture anticipée de carrière ; qu'en revanche elle a subi un discrédit du fait du comportement de M. Willy Voet .

M. Willy Voet expose qu'il a exécuté son contrat de travail en France hors de tout établissement, et que son contrat à durée déterminée a été rompu hors des cas prévus par la loi, sa détention n'étant pas constitutive d'un cas de force majeure ni d'une faute grave ; que, en tout état de cause, la S.A. Prosport-Festina n'a pas procédé à son licenciement et ne peut invoquer, *a posteriori*, aucune faute à son encontre ; que la S.A. Prosport-Festina doit donc lui payer le montant des salaires dus jusqu'au terme du contrat à durée déterminée ; qu'en application du contrat il conviendra d'assortir la condamnation du paiement des intérêts de retard ; que la société Festina, en sa qualité de sponsor est garante de toute condamnation prononcée à l'encontre de la S.A. Prosport-Festina ; que les primes versées en fonction des résultats des courses doivent lui être payées ; qu'il a subi, enfin, un préjudice professionnel important du fait des conditions de la rupture de son contrat de travail. En conséquence, il demande la confirmation du jugement entrepris en ce qu'il s'est déclaré compétent, a dit que la loi française était applicable, considéré que la rupture de son contrat à durée déterminée était abusive et a condamné la S.A. Prosport-Festina à lui payer les sommes de 10.671,43 euros à titre de rappel de salaire, 5.335,72 euros au titre des intérêts et 3.048,98 euros au titre de l'article 700 du nouveau Code de procédure civile, y ajoutant condamner la S.A. Prosport-Festina à lui payer les sommes de 1.219,59 euros au titre des primes, 45.73471 euros au titre du préjudice complémentaire, ordonner la remise des bulletins de paie, attestation ASSEDIC. et certificat de travail régularisés et porter à 3.048,98 euros la condamnation au titre de l'article 700 du nouveau Code de procédure civile.

La Cour, dans ses attendus sur la rupture du contrat de travail, précise :- qu'il résulte de l'article 1184 du Code civil que le salarié peut demander la résolution judiciaire du contrat de travail en cas d'inexécution de ses obligations par l'employeur ;
- que selon l'article L. 122-3-8 du Code du travail, le contrat à durée déterminée ne peut être rompu avant l'échéance du terme, sauf accord des parties, qu'en cas de faute grave ou de force majeure ; que la méconnaissance par l'employeur de ces dispositions ouvre droit pour le salarié à des dommages intérêts d'un montant au moins égal aux rémunérations qu'il aurait perçues jusqu'au terme du contrat ;
-qu'à compter du mois d'août 1998, et alors que l'indisponibilité de M. Willy Voet résultant de sa détention provisoire avait pris fin le 25 juillet 1998, la S.A. Prosport s'est bornée, sans explication, à ne plus lui verser ses salaires ; qu'elle n'a, pas plus, engagé de procédure de licenciement à son encontre ;
-que M. Willy Voet a saisi le Conseil de Prud'hommes aux fins de voir constater la rupture de son contrat à durée déterminée du fait de son employeur hors les cas expressément prévus par la loi ;
-que la période non effectuée en raison de la rupture anticipée n'a pas le caractère d'une période de travail effective et n'ouvre pas droit à une indemnité compensatrice de congés payés ;
-que la somme allouée en application de l'article L. 122-3-8 du Code du travail correspond à une réparation forfaitaire et n'a pas une nature salariale ; qu'elle ne peut ouvrir droit à l'application des intérêts pour versement tardif des salaires, prévus à l'article 5-2 du contrat de travail de M. Willy Voet ;
Qu'en conséquence, il convient de confirmer le jugement entrepris, en ce qu'il a condamné la S.A. Prosport à payer à M. Willy Voet la somme de 70.000 F (10.671,43 euros) au titre de l'indemnité de l'article L. 122-3-8 du Code du travail et l'a débouté de sa demande d'indemnité compensatrice de congés payés et d'intérêts contractuels de retard. Par ces motifs, la Cour d'appel de Grenoble confirme le jugement du Conseil de Prud'hommes de Gap du 13 avril 2000 et déboute la S.A. Prosport de ses demandes, aux motifs que la rupture du contrat ne reposait sur aucune faute grave ni cas de force majeure.

Selon Frédéric Buy, d'abord, si le comportement de M. Voet pouvait donc être qualifié de fautif, il ne reste guère que l'absence de gravité de la faute considérée pour expliquer la solution finalement retenue par la Cour de Grenoble. Le silence de l'arrêt n'autorise, une fois encore, que des conjectures, mais l'on peut penser que c'est l'absence de retombées de la faute sur l'entreprise qui a, en réalité, déterminé les juges. Ensuite, la solution s'inscrit dans un courant jurisprudentiel établi, qui n'admet la force majeure que de façon très restrictive et qui considère, en toute hypothèse, que « la situation de l'incarcération du salarié ne constitue pas une force majeure ». Le principe repose sur la considération selon laquelle l'événement en question n'est pas inévitable ou imprévisible pour le salarié[219]. Par ailleurs, s'agissant d'un entraîneur de football qui n'est tenu qu'à une obligation de moyens quant aux résultats sportifs, le club employeur qui ne prouve pas que celui-ci n'a pas mis toute sa connaissance technique et sa compétence au service du club, ne peut reprocher à ce salarié une faute grave de nature à provoquer la rupture immédiate de son contrat de travail à durée déterminée[220].

Selon certains auteurs, la rupture anticipée du contrat à durée déterminée pour faute grave requiert la mise en évidence d'un comportement anormal de la part du salarié. Il s'agit là d'une condition nécessaire : si le comportement du salarié ne peut être incriminé, quel que soit par ailleurs le risque couru par l'entreprise, la rupture anticipée ne pourra pas être justifiée sur le fondement de la faute grave. Mais l'existence d'une faute ne constitue pas un élément suffisant. Une fois établie, et quel que soit son degré de gravité intrinsèque, elle ne sera retenue que si elle est susceptible d'entraîner un préjudice tel qu'il serait dangereux pour l'entreprise de maintenir le salarié dans son emploi[221]. En outre, l'éthique sportive commande de condamner avec la plus extrême rigueur tous les actes de dopage. Appréciée nécessairement « *in concreto* », la faute de dopage ne peut être qualifiée de faute grave qu'en analysant chaque cas particulier :

-s'agit-il d'un fait isolé ou d'une récidive ?

---

[219] F. BUY, L'affaire FESTINA, *Petites Affiches*, 8 septembre 2003, p. 7.
[220] Soc. 29 octobre 1980, *D.* 1982. IR. 90, obs. F. ALAPHILIPPE et J.P. KARAQUILLO.
[221] G. POULAIN, *op. cit.*, p. 306.

-compte tenu de l'ancienneté du sportif, de son rôle de leader au sein de l'équipe, ne faut-il pas faire preuve de plus de sévérité ?

-le fait que l'employeur ait fait preuve d'une certaine complaisance peut-il être de nature à atténuer la gravité de la faute ?

-suffit-il au salarié sportif d'invoquer un traitement médical pour justifier sa bonne foi ? Quoi qu'il en soit, le juge ne doit pas négliger son pouvoir souverain d'appréciation et ne peut pas s'en remettre à un jugement de portée générale[222]. Pourtant, pour Madame Louit-Martinod, dans le cadre d'un contrat à durée limitée, la faute grave est celle qui rend impossible le maintien du salarié dans l'entreprise jusqu'au terme du contrat. Or, le plus souvent, la période restant à courir jusqu'à cette date sera plus longue que celle du préavis de licenciement du salarié engagé en contrat à durée indéterminée. Ainsi, on devrait apprécier la faute grave moins restrictivement dans le cadre d'un contrat de travail à durée limitée. Plutôt que de raisonner par analogie avec la faute grave commise dans le cadre d'un contrat à durée indéterminée, on devrait raisonner par analogie avec la faute « sérieuse », qui n'est pas suffisamment grave pour rompre le contrat de travail immédiatement sans préavis, mais « qui justifie le départ du salarié coupable ». On pourrait ainsi admettre que le contrat à durée déterminée puisse être rompu avant son terme lorsque le salarié commet une faute sérieuse. Cela serait plus en concordance avec la situation des parties liées par un contrat de travail à durée limitée. Ce n'est pourtant pas ce raisonnement qu'a suivi la chambre sociale de la Cour de cassation, qui applique à la faute grave du salarié embauché en contrat de travail à durée limitée les mêmes critères que dans le cadre d'un contrat sans terme[223]. Par ailleurs, dans l'affaire Lacuesta, la Cour a considéré l'état d'ébriété d'un footballeur comme une faute grave justifiant une rupture du contrat de travail. Pour la chambre sociale de la Cour de Cassation, le fait, pour un footballeur professionnel, de passer des soirées dans des bars et discothèques est constitutif d'une faute grave, de nature à justifier la rupture anticipée de son contrat de travail à durée déterminée. En effet, un tel comportement ayant suscité le mécontentement des supporters, a causé un trouble objectif caractérisé au club.

---

[222] *LEGISPORT, Le contrat de travail du sportif*, p. 4.

[223] N. LOUIT-MARTINOT, *L'évolution contemporaine du droit des contrats de travail à durée limitée ; vers un régime juridique harmonisé*, P.U. AIX-MARSEILLE, 2003, p. 205.

En outre, l'intéressé n'a pas poursuivi le traitement médical préventif préconisé par son employeur et n'a pas effectué les déplacements professionnels avec ses coéquipiers[224]. En dehors de la faute grave, le contrat de travail du sportif professionnel peut prendre fin par la force majeure.

2) La force majeure[225]

L'article L.122-3-8 prévoit la fin du contrat de travail par la force majeure. En l'absence de définition légale, la jurisprudence retient classiquement deux conditions cumulatives pour reconnaître la force majeure :

-l'imprévisibilité : est imprévisible l'empêchement à l'appui de la rupture, qui a une origine extérieure aux parties, indépendante de leur volonté ou de toutes fautes commises par elles.
-l'irrésistibilité : est irrésistible l'événement qui entraîne une impossibilité absolue et persistante d'exécuter la prestation attendue. La force majeure est appréciée avec une extrême restriction[226].
Ainsi, l'inaptitude d'un salarié, joueur de football professionnel, consécutive à un accident de travail, ne constitue pas un cas de force majeur justifiant la rupture immédiate du contrat à durée déterminée[227]. En outre, dans l'affaire Parsy et autres c/ Villa et autres, la Fédération française de football a retiré au Football Club de Tours son statut de club professionnel, le 16 juin 1993, à la suite de graves difficultés financières. Le 30 juin 1993, le club a adressé à M. Parsy et à neuf autres joueurs professionnels, un certificat de travail leur indiquant que leur contrat prenait fin à cette date et, par un jugement du 5 novembre 1993, le Tribunal de grande instance de Tours a placé le club en redressement judiciaire. Les joueurs ont alors saisi la juridiction prud'homale pour obtenir le paiement du salaire de juin 1993, une indemnité de congés payés et l'indemnité de l'article L.122-3-8 du Code du travail ; ils sollicitaient également le paiement de l'indemnité spécifique prévue par la charte du football professionnel et des dommages et intérêts pour préjudice moral et atteinte à leur image de

---

[224] Cour de Cassation, Chambre Sociale, 28 juin 1995.
[225] P-H. ANTONMATTEI, *Contribution à l'étude de la force majeure*, Bibl. dr. privé. Thèse, LGDJ, 1992, p. 455.
[226] *LEGISPORT, op.cit., n°38,* p. 4.
[227] Soc. 23 mars 1999, *D.* 1999. 470, note F. LAGARDE.

marque de professionnel du football. La Cour, dans sa décision, rappelle aux juges du fond que la mise en redressement judiciaire d'un club sportif ne constitue pas, en soi, un cas de force majeure légitimant la rupture anticipée des contrats de travail à durée déterminée des joueurs employés par ce club[228].

Pour Monsieur Lagarde, le raisonnement de la Cour de cassation est sans surprise. En effet, les dispositions d'ordre public de l'article L.122-3-8 du Code du travail ayant été édictées dans un souci de protection des intérêts du salarié partie à un contrat de travail à durée déterminée, le juge n'est pas autorisé à en faire une interprétation extensive. Il ne peut ainsi ni ajouter au texte en retenant d'autres motifs de rupture anticipée que ceux qui y sont énoncés, ni dénaturer l'esprit dans lequel il a été élaboré, en retenant une conception large des notions de « faute grave » ou de « force majeure ». Comme en d'autres domaines du droit, cette dernière notion doit s'entendre strictement d'un événement extérieur aux parties que ces dernières ne peuvent ni prévoir, ni éviter, ni maîtriser[229]. En outre, les difficultés financières invoquées par le club employeur, dues au désengagement de plusieurs sponsors, n'étant ni imprévisibles ni insurmontables[230], ne peuvent constituer un cas de force majeur. De même, le fait qu'un club de football ait été l'objet d'un jugement de liquidation des biens ne constitue pas un motif « juridique valable » de résiliation du contrat de travail à durée déterminée d'un entraîneur, les circonstances économiques alléguées ne présentant pas les caractères de la force majeure[231].

Pour certains auteurs, la force majeure est admise de façon restrictive comme cause de rupture du contrat de travail. Toutefois, dès lors qu'elle est l'une des causes autorisées de rupture anticipée, l'employeur va tenter de qualifier de force majeure un fait qui, dans le cadre du contrat à durée indéterminée, constituerait une cause réelle et sérieuse de licenciement. Mais, parce que la force majeure entraîne une rupture immédiate de la relation de travail et en principe sans indemnité, l'appréciation des juges ne sera pas plus souple dans le cadre du contrat de travail à durée limitée. Il ne saurait être question de détourner les règles de la rupture du contrat par la « dilatation » de la notion de force

[228] Soc. 6 mai 1998, *D.* 1998. 611, note F. LAGARDE.
[229] F. LAGARDE, *Ibidem.*
[230] Lyon, 14 déc. 1995 : Juris-Data n° 051844.
[231] Soc. 10 juill. 1991 : pourvoi n° 87-42. 340.

majeure. C'est pourquoi le recours des parties à cette cause de rupture anticipée sera le plus souvent vain[232]. En revanche, le club employeur peut invoquer l'article L.122-32-9 du Code du travail qui prévoit que, si l'employeur justifie qu'il se trouve dans l'impossibilité de proposer un emploi, dans les conditions prévues au premier alinéa de l'article L.122-32-5, au salarié titulaire d'un contrat, ou si le salarié refuse un emploi offert dans ces conditions, l'employeur est en droit de demander la résolution judiciaire du contrat. La juridiction saisie prononce la résolution après vérification des motifs invoqués et fixe le montant de la compensation financière due au salarié. Ainsi, si le club se trouve dans l'impossibilité de proposer un emploi dans les conditions prévues par l'article L.122-32-5, le contrat de travail du joueur ne peut être résilié, en vertu de l'article L.122-32-9 et en l'absence d'accord de ce dernier, de faute grave ou de force majeure, que par la voie judiciaire[233]. En dehors de la faute grave et de la force majeure, l'accord des parties peut mettre fin au contrat de travail du sportif professionnel.

3) L'accord des parties

L'article 122-3-8 prévoit la fin du contrat de travail du sportif professionnel par l'accord des parties. Selon la jurisprudence, l'acte par lequel un joueur professionnel de football et son club conviennent de mettre fin à leurs relations contractuelles, le joueur renonçant à toute réclamation ou poursuite à l'encontre de la société, pour quelque cause que ce soit, était une transaction et non une résiliation conventionnelle.

En effet, aux termes d'un protocole d'accord du 28 mars 1986, M. Desmet a été engagé en qualité de joueur professionnel par la société anonyme d'économie mixte de Lille Olympique Sporting Club (SAEM du Losc), à compter du 1er juillet 1986 et pour quatre saisons, étant convenu qu'à la fin de saison 1988-1989, en cas d'accord des parties, l'intéressé pourrait être transféré à un autre club pour la somme de 1 500 000 F. Le 5 mai 1986 a été établi un contrat de joueur professionnel se référant à la charte du football professionnel et fixant le salaire mensuel de M. Desmet, auquel fut en outre accordé, par avenant du 27 juillet 1987, une prime de 200 000 F « nette de charge et d'impôts ».

---

[232] N. LOUIT-MARTINOD, *op. cit.,* P.U. AIX-MARSEILLE, 2003, p. 144.
[233] Paris, 26 février 1993, *D.*1994. 440, obs. J. MOULY.

Par acte du 23 juin 1989, les parties ont convenu de mettre fin à leurs relations contractuelles et M. Desmet, qui avait été engagé par un autre club, a renoncé à toute réclamation ou poursuite à l'encontre de la société, pour quelque cause que ce soit ; cependant, il a saisi le Conseil de Prud'hommes d'une demande en paiement, d'un rappel de salaires et en remboursement des impôts qu'il avait dû payer sur la somme de 200 000 F. Au fond, il s'agissait de savoir si celui-ci constituait un simple accord de résiliation amiable, auquel cas il n'aurait pas fait obstacle à la prétention du salarié, ou s'il constituait une véritable transaction interdisant toute réclamation de ce dernier. La Cour de cassation dans l'arrêt rapporté approuve les juges du fond d'avoir choisi la seconde solution, en observant que la renonciation du salarié avait pour contrepartie celle de l'employeur à l'indemnité de transfert et qu'étaient ainsi caractérisées des concessions réciproques permettant de retenir la qualification de transaction[234].

Pour la doctrine, les parties, ayant librement choisi de se lier pour une durée limitée, peuvent de la même manière, se délier. Elles le feront par l'accord des volontés. Dès l'instant où les termes de l'accord sont dépourvus d'ambiguïté et que les consentements se sont librement exprimés, en dehors de toute contrainte, cette modalité de rupture peut être acceptée sans réserve[235]. La transaction devrait être souvent prévue dans les contrats de footballeurs professionnels, en vue de faciliter d'éventuels transferts. En effet, elle peut prévoir le versement d'importantes sommes d'argent au profit du club quitté et du joueur à transférer. Cela aurait le mérite d'éviter de nombreux contentieux relatifs aux contrats sportifs.

4) La résiliation unilatérale

Les cas de résiliation unilatérale du contrat de travail à durée déterminée sont prévus par la loi mais aussi par le règlement de la FIFA. La loi n° 2002-73 du 17 janvier 2002, dite loi de modernisation sociale, a prévu un cas de rupture du contrat à durée déterminée. En effet, l'article L.122-3-8 du Code du travail prévoit que le contrat à durée déterminée peut être rompu à l'initiative du salarié, lorsque celui-ci justifie d'une embauche pour une durée indéterminée. Sauf accord des parties, le

[234] Soc. 9 avril 1996, *D.* 1997. 193, note J. MOULY.
[235] G. POULAIN, *op . cit.*, p. 287.

salarié est alors tenu de respecter une période de préavis, dont la durée est calculée à raison d'un jour par semaine, compte tenu de la durée totale du contrat, renouvellements inclus, si celui-ci comporte un terme précis, ou de la durée effectuée, lorsque le contrat ne comporte pas un terme précis et, dans les deux cas, dans une limite maximale de deux semaines. Cette loi ne semble pas avoir d'incidences dans le domaine du sport professionnel.

Par ailleurs, le non renouvellement du contrat de travail d'un footballeur professionnel ne constitue pas une rupture abusive de la part du club dès lors que les conditions contractuellement posées à ce renouvellement telles que l'accès du club à la première division et la participation à 30 matchs n'ont pas été remplies. En revanche, un club, qui entretient le doute à l'égard d'un joueur en lui faisant croire que son contrat serait renouvelé, avait agi avec une légèreté blâmable génératrice d'un préjudice dont elle a souverainement évalué le montant[236].

La FIFA a, en outre, prévu des cas de résiliation unilatérale du contrat de travail à durée déterminée par le joueur. Le règlement de la FIFA prévoit, en dehors du commun accord ou échéance du contrat[237], la rupture du contrat pour deux motifs ; la rupture pour juste cause d'une part, et la rupture de contrat pour juste cause sportive d'autre part. En effet, selon l'article 14 du règlement du 1er juillet 2005, en cas de juste cause, un contrat peut être rompu par l'une ou l'autre des parties sans entraîner de conséquences (ni paiement d'indemnités, ni sanctions sportives). En outre, l'article 15 du règlement du 1er juillet 2005 précise qu'un professionnel accompli, ayant pris part à moins de 10% des matches officiels joués par son club au cours d'une saison, peut rompre son contrat prématurément sans encourir de sanctions sportives (juste cause sportive). Lors de l'évaluation de tels cas, il convient de tenir compte de la situation du joueur. L'existence d'une juste cause sportive sera établie au cas par cas. Alors, aucune sanction sportive ne sera prise, mais des indemnités pourraient être demandées. Un professionnel ne peut rompre son contrat sur la base d'une juste cause sportive que dans les 15 jours suivant le dernier match officiel de la saison du club auprès duquel il est enregistré. En revanche, l'article 16 du règlement du 1er

---

[236] Soc., 13 avr. 2005, in *Lamy droit du sport*, n° 239-465 précité, juin 2005, p. 5.

[237] L'article 13 du règlement du 1er juillet 2005 relatif au statut et aux transferts des joueurs précise qu'un contrat entre joueurs professionnels et clubs peut être rompu à échéance du contrat ou de commun accord.

juillet 2005 précise qu'un contrat ne peut être résilié unilatéralement en cours de saison. Après l'analyse du contrat de travail à durée déterminée du footballeur professionnel, suit celle de son contrat d'image, qui prend de plus en plus d'importance dans l'opération de transfert.

S'agissant de la clause libératoire, certains auteurs[238] pensent que si cette clause peut être qualifiée de clause dédit, elle sera en principe nulle car conférant une faculté de rétractation unilatérale pour une autre cause que la force majeure ou la faute grave, si en revanche, la clause peut être qualifiée de clause pénale, la nullité ne devrait pas être encourue. Ainsi, pour M. Jacotot[239], une analyse au cas par cas des formules utilisées par les parties s'imposera, mais une clause qui prévoira, par exemple, une possibilité de « rachat » du contrat constitue un dédit, prohibé par l'article L.122-3-8 du Code du travail. Il convient également de souligner qu'admettre la qualification de clause pénale emporterait validité de la clause, mais le montant des dommages stipulés en faveur du salarié ne devra pas être inférieur au minimum légal.

§ 2 : Le contrat d'image du sportif professionnel

Le contrat d'image du sportif professionnel occupe une grande place dans l'opération de transfert de footballeurs professionnels. Il s'agit surtout du transfert des footballeurs les plus talentueux. Les clubs professionnels de football, en cherchant à recruter les meilleurs joueurs, espèrent en même temps tirer profit des retombées financières liées à l'exploitation de leur image sportive. Nous analyserons ainsi les grands aspects du droit commun du contrat d'image (A), mais aussi certaines particularités du sport professionnel (B).

A/ Le droit commun

Le droit d'image est un concept assez récent en droit français. Il a été surtout forgé par la jurisprudence dans la seconde moitié du dix-neuvième siècle. Ainsi, dès 1858, dans la célèbre affaire Rachel, le tribunal civil de la Seine condamne la publication d'un portrait de l'artiste sur son lit de mort.

---

[238] F. BUY, *op.cit*, n°134.

[239] La fin du contrat de travail in *Les contrats sportifs*, op.cit., p. 197 sous la direction de G. SIMON.

La doctrine considéra le droit à l'image comme un droit extrapatrimonial[240], hors du commerce ou comme une application assez particulière des règles traditionnelles du droit pénal et de la responsabilité civile[241]. Pour elle, le droit à l'image est un droit patrimonial, un droit subjectif pouvant faire l'objet d'un contrat[242] et donc d'échanges économiques. Selon M. Pascal Ancel, l'idée, évoquée dans certains jugements anciens, que la personne pouvait avoir sur la représentation de ses traits une « propriété » paraissait insoutenable, et l'analyse marxiste de B. Edelman présentant l'homme comme propriétaire de son image était franchement marginale. La majorité des auteurs s'en tenaient à une affirmation de principe de l'indisponibilité des droits de la personnalité, sauf à concéder que ce principe souffrait de nombreuses exceptions. Un tel discours avait l'inconvénient, en les marginalisant, de couvrir d'un voile d'ignorance des pratiques contractuelles pourtant déjà bien établies, et peut-être de les laisser se développer sans contrôle. En peu d'années, l'attitude de la doctrine semble s'être inversée : beaucoup d'auteurs, aujourd'hui, prenant acte du développement extraordinaire de la commercialisation des attributs de la personnalité, proclament la patrimonialisation de ces attributs et plaident en faveur de la reconnaissance d'un droit patrimonial sur le nom, l'image, la voix. L'idée qu'on a sur son image une sorte de droit de propriété – même s'il ne s'agit pas de la propriété des choses– est presque devenue banale[243].

C'est désormais l'article 9 du Code civil qui prévoit que chacun a droit au respect de sa vie privée. La protection de l'image de la personne est assurée dans le cadre de la protection de la vie privée. Par conséquent, la loi protège la vie privée ou l'intimité de la vie privée. Ainsi, toute personne, quelle que soit sa notoriété, a droit au respect de sa vie privée[244]. Pour certains auteurs, entrent dans le champ de la vie privée les renseignements relatifs à la santé, aux amours, à la sexualité et aux

---

[240] NERSON, *Les droits extrapatrimoniaux*, Thèse, Lyon, 1939.

[241] P. ANCEL, *L'indisponibilité des droits de la personnalité : une approche critique de la théorie des droits de la personnalité,* Thèse, Dijon, 1978.

[242] E. BICHON-LEFEUVRE, *Les conventions relatives aux droits de la personnalité*, Thèse, Paris XI, 1997.

C. FILIPPONE, *La contractualisation des droits de la personnalité*, Thèse, Paris I, 2001.

[243] P. ANCEL, « Les droits sur la propriété de l'image du sportif », in *Les contrats des sportifs, l'exemple du footballeur professionnel,* pp. 244-245.

[244] C.A Versailles, 9 juin 1988, *D.* 1990, Somm. 239, obs. D. AMSON.

revenus d'une personne. Cependant, tous les faits de la vie personnelle ou familiale ne relèvent pas nécessairement de la vie privée, puisque certains faits bruts de la vie des gens qui relèvent de l'état des personnes, intéressent la collectivité. La loi prévoit même leur publicité dans certaines circonstances, par exemple, pour les mariages[245].

Cependant, la vie publique des personnes est exclue de leur vie privée. Ainsi, si les souvenirs de la vie privée d'une personne font partie de son patrimoine et ne peuvent être publiés qu'avec son autorisation, il n'en est pas de même des faits de la vie publique d'un personnage ayant atteint la notoriété, qui appartient à l'histoire, faits qui peuvent être narrés sans autorisation spéciale, par un historien ou par un journaliste, sous réserve du droit de réponse de l'intéressé[246]. Par ailleurs, la liberté de communication des informations autorise la publication d'images de personnes impliquées dans un événement, sous la réserve du respect de la dignité de la personne humaine[247].

B/ L'application au sportif professionnel

L'article de référence[248] en la matière est celui de M. Pascal Ancel, *Les droits sur la propriété de l'image du sportif.* Pour l'auteur, dans le domaine du football professionnel, « l'image est devenue une propriété patrimoniale disputée et partagée entre différents acteurs ». Par ailleurs, il constate que le droit à l'image du sportif est souvent en conflit avec le droit à l'information du public, d'une part et avec le droit du club et de l'organisateur des compétitions, d'autre part. En dehors de ces deux cas de figure où l'image du sportif professionnel est une propriété collective, le footballeur professionnel a une propriété individuelle de son image. Ainsi, sur ce dernier point, nous distinguerons l'image individuelle du footballeur professionnel (1) de son image collective (2).

1) L'image individuelle

En tant que personne publique, le footballeur professionnel a la possibilité de s'opposer à la réalisation et à la publication de son image

[245] A. BERTRAND, *Droit à la vie privée et droit à l'image*, Paris, Litec, 1999, p. 222.
[246] C.A Paris 1ere chambre, 30 juin 1961, DROUILLET c/ ALMASY : *D.* 1962. J. 208 cité par A. BERTRAND, *op.cit*, p. 22.
[247] Civ. 1ere, 20 février 2001, *D.* 2001. 1199, note GRIDEL.
[248] P. ANCEL, *op. cit.*, pp. 243-270.

(aspect négatif du droit à l'image) ou de consentir à l'exploitation commerciale de son image (aspect positif du droit à l'image). Pour le premier aspect, l'autorisation du sportif professionnel est indispensable avant toute diffusion de son image. Ainsi, toute personne, fût-elle un sportif mondialement connu, a le droit de s'opposer à la diffusion de son image, hors le cas où elle accorde son autorisation[249]. Si le sportif professionnel est dans un lieu privé, la prise de l'image sans autorisation est constitutive d'un délit pénal, sauf si la photo est prise au sein d'un groupe indéterminé de personnes. En outre, lorsque l'image prise est sortie de son contexte en vue d'une utilisation commerciale, l'autorisation du sportif professionnel est obligatoire. De même, le fait pour un sportif d'être photographié dans un lieu public constitue une atteinte à sa vie privée si les clichés sont publiés sans son autorisation[250].

Le deuxième aspect est ce que l'auteur appelle le droit sur l'image. Ici le footballeur professionnel donne son consentement à l'exploitation commerciale de son image. Comme le remarque M. Hubert Gallais, directeur de Starteam, société d'images, il faut reconnaître que peu de joueurs réussissent à exploiter correctement leur image, comme à en tirer des bénéfices importants. Au sein de Starteam, l'expérience nous a appris que ce qui importait n'était pas d'avoir beaucoup de joueurs sous contrat, mais des acheteurs, des entreprises qui aient la volonté et les moyens d'utiliser la notoriété du sportif[251]. Dès lors que le footballeur professionnel donne son autorisation, elle se traduit en général par des conventions d'abstention en faveur du bénéficiaire.

Selon M. Cottet-Bretonnier, pour répondre au sujet des aspects négatifs et positifs en matière de protection de l'image, il convient d'opérer une distinction entre la vie privée et la vie publique. Concernant sa vie privée, il faut l'accord du sportif professionnel pour une diffusion de son image, y compris dans un but informatif. S'agissant de sa vie publique, c'est-à-dire, pour le footballeur professionnel, essentiellement les entraînements, la compétition (matchs officiels et amicaux), les

---

[249] C.A Orléans, *ch. écon. comm.*, 4 mai 2000. C.A Paris, 27 février 1967, *D.* 1967, p. 450, note FOULON-PIGANIOL. Civ. 1ere , 23 octobre 1990, *Bull.* I, n° 222.

[250] Cass. 2e civ., 10 mars 2004, n° 01-15. 322, sté Hachette Filipacchi associées c/ Barthez.

[251] H. GALLAIS, « La vente de l'image des sportifs », in *Les contrats des sportifs, l'exemple du football professionnel*, pp. 279-281 sous la direction de G. SIMON.

réceptions officielles, les campagnes de promotion du club, les conférences de presse, le sportif donne son consentement tacite à une utilisation de son image lors de ses activités publiques, mais uniquement dans un but informatif[252]. Cette règle comporte deux limites : la première est logique, car il faut une autorisation du sportif pour une utilisation de son image prise lors de son activité publique à des fins commerciales ; la seconde est rare, car il s'agit du cas où c'est un aspect privé de l'activité publique qui ressort lors de la publication[253]. Propriété individuelle du footballeur professionnel, l'image devient parfois une propriété collective.

2) L'image collective

L'image devient une propriété collective lorsqu'elle appartient aussi bien au sportif professionnel qu'aux clubs et aux organisateurs de compétitions sportives. L'article 280 b de la Charte du football professionnel précise que l'image est considérée collective dès lors que l'image de cinq joueurs au moins de l'effectif est exploitée d'une manière rigoureusement identique. L'image du footballeur professionnel devient, en outre, collective lorsqu'elle est destinée à l'information du public[254]. Selon la jurisprudence, la seule réserve est le respect de la dignité[255].

En dehors du cas de l'utilisation de l'image à but informatif du public, pour laquelle aucune autorisation n'est nécessaire, les différents

---

[252] Le droit à l'information vise non seulement les images du spectacle sportif, mais aussi celles des sportifs eux-mêmes. Les articles L.333-6 à L.333-9 du Code du sport (article 18-4 loi du 16 juillet 1984) précisent que « la cession du droit d'exploitation d'une manifestation ou d'une compétition sportive à un service de communication audiovisuelle ne peut faire obstacle à l'information du public par les autres services de communication audiovisuelle et la cession du droit d'exploitation ne peut faire obstacle au libre accès des journalistes et des personnels des entreprises d'information écrite ou audiovisuelle aux enceintes sportives ». Voyez dans ce sens TGI Paris, 1re Ch., 14 oct. 1987, Cl. BEZ c/ Société L'Equipe, *D.* 1988, jur., p. 558, note J. AZEMA, J. GARAGNON et Y. REINHARD.

[253] Ch. COTTET-BRETONNIER, « L'exploitation de l'image du footballeur », in *les contrats des sportifs*, pp. 272-278 sous la direction de G. SIMON.

[254] Civ. 1ere, 6 fév. 1996, *Bull.*, I, n° 70.

[255] Civ . 1ere, 20 fév. 2001, *Bull.*, I, n° 42. Civ. 1ere, 20 déc. 2000, *Bull.*, I, n° 341.

règlements[256] sportifs confèrent souvent aux groupements sportifs et aux organisateurs de spectacles sportifs une propriété de l'image du sportif professionnel. Un auteur souligne que le sport jouit aujourd'hui d'une forte image de marque, et les entreprises ont rapidement compris tout l'intérêt qu'il avait à pouvoir associer leur industrie avec une telle image. De leur côté, les acteurs du sport (clubs, fédérations, sportifs) ont tout aussi rapidement pris conscience de l'intérêt financier qu'ils pouvaient retirer de ce genre d'exploitation[257]. Ainsi, l'exemple du contrat conclu entre le « CSP Limoges » et les joueurs prévoit que, dans le cadre de leur activité professionnelle, les joueurs ne peuvent se livrer à aucune action publicitaire ou promotionnelle, de quelque nature que ce soit, quelle qu'en soit la forme, en dehors des contrats signés par le club. On a de même découvert, dans le contrat passé par un joueur et avec un club suisse, la clause suivante : le joueur autorise le club à utiliser son image à titre individuel, lorsqu'il s'agit de promouvoir, par toute action publique, commerciale ou caritative (le club) ou l'un des sponsors.

L'activité publicitaire personnelle du joueur est admise à titre exceptionnel et dépend de l'autorisation préalable du club[258]. Ainsi, les footballeurs professionnels n'ont quasiment pas de marge de manœuvre dans leur contrat dès lors qu'il s'agit d'exploiter leur image collective. Pour le Professeur Ancel, dès lors que ce n'est plus en tant que personne individuelle, mais en tant que membre d'une équipe que le sportif est représenté, que son image est diffusée, la protection des intérêts extrapatrimoniaux et patrimoniaux réalisée par le droit à l'image n'a plus de raison de jouer, chaque joueur restant libre, par ailleurs, d'exploiter individuellement la valeur particulière de son image personnelle[259].

De plus, il peut se produire des conflits d'intérêts lorsque l'image du sportif est exploitée par son sponsor personnel et le sponsor du club. Le conflit peut aussi exister à raison de la sélection nationale du sportif.

---

[256]L'article 3 du règlement d'application de l'article 45 de la charte olympique, la Règle IV de la charte du sport de haut niveau, l'article 511 de la charte du football professionnel.

[257] F. BUY, *op. cit.*, p. 123.

[258] Gh. JEANNOT-PAGES, *L'image du sportif en droit français*, Thèse, Limoges, 1996, p. 276.

[259] P. ANCEL, *op. cit.*, pp. 268-269.

Selon M. Frank Lacarde, s'agissant d'un joueur évoluant en équipe nationale, il y a lieu de veiller à la compatibilité des obligations promotionnelles consenties respectivement à l'égard du club (au profit de ses sponsors) et, enfin, le cas échéant, à l'égard des sponsors individuels du joueur concerné.

Pour cela, il importe :

- de définir précisément dans chaque contrat l'étendue des droits cédés, et les conditions dans lesquelles ces droits peuvent être exploités ;

- de prévoir dans chaque contrat une procédure d'information réciproque sur les actions promotionnelles envisagées (ce qui peut permettre le cas échéant au sportif de renoncer à l'action promotionnelle individuelle ou collective jugée incompatible avec un engagement préexistant)[260].

Après avoir présenté le transfert de footballeurs professionnels avec les différentes institutions qui participent à son élaboration ainsi que les contrats qui s'y attachent, nous relaterons les contestations consécutives aux lacunes du système de transfert.

[260] FLAGARDE, « L'exploitation de l'image du sportif : consentement et risques juridiques », in *les contrats sportifs*, p. 289 sous la direction de G. SIMON.

TITRE II : LA CONTESTATION DU SYSTEME DE TRANSFERT

Les transferts de footballeurs ont toujours été réglementés par les Fédérations sportives. Cette situation était justifiée par la règle de l'exception sportive. L'organisation internationale du football doit être réglementée par la FIFA et non par les institutions gouvernementales. Cette situation a duré jusqu'aux années soixante-dix. Il faut attendre l'arrêt Bosman pour assister à une véritable contestation des règles relatives aux transferts de footballeurs professionnels. Ainsi, le système de transfert a été contesté en droit européen (Chapitre 1) et continue de l'être par le mouvement sportif (Chapitre 2).

CHAPITRE I : LA CONTESTATION DU SYSTEME EN DROIT COMMUNAUTAIRE

Plusieurs raisons justifient la contestation du système de transfert de footballeurs professionnels en droit communautaire. D'abord, le droit sportif issu des règles de la FIFA ne peut bénéficier d'une prétendue exception sportive ; il n'échappe pas au droit européen. Ensuite, le sportif professionnel est lié à son club par un contrat de travail. A ce titre, il est un salarié soumis au droit social européen.

Enfin, les clubs sont considérés comme des entreprises et les Fédérations des associations d'entreprises. Ce qui justifie leur soumission aux règles de la concurrence. La Commission a ainsi considéré que le système de transfert portait atteinte à la libre circulation des sportifs (Section 1) et qu'il entravait la libre concurrence (Section 2).

SECTION 1 : LA LIBRE CIRCULATION DES SPORTIFS[261] ENTRAVEE PAR LE SYSTEME DE TRANSFERT

Totalement désintéressé du sport et s'occupant uniquement de réguler les échanges économiques pour la mise en place du marché unique européen, le droit communautaire a longtemps ignoré le sport professionnel. Cependant, depuis quelques années, on assiste à une intervention de plus en plus importante des institutions européennes,

---

[261] Voyez en sens J.P. DUBEY, *La libre-circulation des sportifs en Europe*, thèse, Berne, Staempfli, 2004, 631p.

notamment en matière de libre circulation des sportifs professionnels. Le droit communautaire repose ainsi sur de grandes libertés. Il est aussi régi par certains principes[262] :

- le principe d'applicabilité directe ;

- la conséquence de l'applicabilité directe est l'invocabilité.

- le principe de primauté ; l'ordre juridique communautaire prime l'ordre juridique des pays membres, et cela sans qu'il soit possible à un Etat de faire valoir la réserve de réciprocité. La primauté du droit communautaire signifie que celui-ci s'impose à toutes les normes de droit interne, quel que soit leur rang : Constitution, loi, textes administratifs. La primauté joue aussi bien vis-à-vis du droit interne antérieur que du droit national postérieur. Cette primauté, qui englobe l'intégralité des sources du droit communautaire dérivé, s'impose à tous les organes de l'Etat membre.

- le principe de subsidiarité ; selon ce principe, la Communauté européenne n'intervient que dans la mesure où elle est susceptible d'agir mieux que les Etats membres. Plus précisément dans les secteurs qui échappent à la compétence exclusive de l'Union européenne, la Communauté n'interviendra que lorsque l'objectif de l'action envisagée ne pourra être réalisé de manière suffisante par les Etats membres.

Par ailleurs, la Commission européenne a trois types de compétences : une compétence exclusive, une compétence partagée et une compétence pour appuyer, coordonner et compléter l'action des Etats. C'est dans cette troisième compétence que le sport est classé. Pour M. Gérard Rasquin, il peut paraître surprenant que la Communauté s'intéresse au sport, car on pourrait craindre que ses instances battent en brèche l'indépendance des autorités sportives. Il est bon de savoir, en premier lieu, que l'action communautaire ne relève ni d'un caprice ni d'une quelconque volonté de mainmise. En réalité, le sport est face à un défi majeur ; de simple loisir qu'il était, il est maintenant devenu une activité économique de premier plan. En tant que tel, il doit, dans le cadre du marché unique, s'adapter à des mutations aussi profondes que la libre

[262] J.C. ZARKA, *L'essentiel des institutions de l'Union Européenne*, Gualino, 6° éd., 2003, pp. 130-139.

circulation des personnes ou l'application des règles de la concurrence[263]. Pour certains auteurs, il est frappant de constater à quel point le droit de l'Union européenne a eu un impact sur le sport mondial, alors même que cette instance ne dispose d'aucune compétence en matière sportive, à la différence du Conseil de l'Europe[264]. En outre, la problématique des rapports entre le droit communautaire et le sport est constituée par l'interrogation relative à la possibilité d'appliquer à certains aspects des activités sportives un droit, c'est à dire des concepts et des règles conçus dans d'autres perspectives que celles du sport[265].

La libre-circulation des travailleurs (donc des transferts des sportifs professionnels) est reconnue par le Traité de Rome et le droit dérivé (§1). Ce sens du droit positif, dont certains ont pu douter à un moment donné, a été confirmé par la jurisprudence (§2).

§ 1 : La reconnaissance de la libre circulation des travailleurs communautaires

La libre mobilité des sportifs professionnels est reconnue par le traité de Rome (A) et le droit dérivé (B).

A/ Le Traité de Rome

Le traité de Rome du 25 mars 1957 instituant la Communauté européenne pose le principe de la libre circulation des travailleurs. La libre circulation pose le problème de la mobilité[266] qui est une notion mal définie.

L'article 39 (ex. article 48) dispose que :

---

263 G. RASQUIN, « Les incidences du droit communautaire sur le sport », in *Actes des entretiens de l'INSEP (cahiers)* n° 7, mai 1994, p. 84.

264 C. MIEGE, « Sport et droit », in *les Cahiers français n°320* ; sport et société, mai-juin 2004, documentation française, p. 24.

265 J. RIDEAU, « Règles sportives et droit communautaire », in *Sport, Droit et relations internationales* sous la direction de Pierre COLLOMB, Economica, 1988, p. 140.

266 « Trente ans de libre circulation des travailleurs, Travaux de la CEDECE », in *Actes du colloque de Paris du 10 octobre 1997* sous la direction de M. BONNECHERE, Documentation française, pp. 36-42.

« 1. La libre circulation des travailleurs est assurée à l'intérieur de la communauté

2. Elle implique l'abolition de toute discrimination, fondée sur la nationalité, entre les travailleurs des Etats membres, en ce qui concerne l'emploi, la rémunération et les autres conditions de travail.

3. Elle comporte le droit, sous réserve des limitations justifiées par des raisons d'ordre public, de sécurité publique et de santé publique :

a) de répondre à des emplois effectivement offerts,

b) de se déplacer à cet effet librement sur le territoire des Etats membres,

c) de séjourner dans un des Etats membres afin d'y exercer un emploi conformément aux dispositions législatives, réglementaires et administratives régissant l'emploi des travailleurs nationaux,

d) de demeurer, dans des conditions qui feront l'objet de règlements d'application établis par la commission, sur le territoire d'un Etat membre, après y avoir occupé un emploi ».

Le traité de Rome consacre ainsi la mobilité des travailleurs à l'intérieur de l'Union et interdit toute discrimination fondée sur la nationalité. A la suite de ce traité, des directives et règlements ont abordé dans le même sens.

B/ Le droit dérivé communautaire

Un ensemble de textes est venu compléter les articles précités relatifs à la libre circulation des travailleurs salariés et des travailleurs indépendants. En effet, le règlement CEE n° 1612/68 du conseil du 15 octobre 1968 prévoit que :
Article 1 : « tout ressortissant d'un Etat membre, quel que soit le lieu de sa résidence, a le droit d'accéder à une activité salariée et de l'exercer sur le territoire d'un autre Etat membre, conformément aux dispositions législatives, réglementaires et administratives régissant l'emploi des travailleurs nationaux de cet Etat. Il bénéficie notamment sur le territoire d'un autre Etat membre de la même priorité que les ressortissants de cet Etat dans l'accès aux emplois disponibles ».

Article 2 : « tout ressortissant d'un Etat membre et tout employeur exerçant une activité sur le territoire d'un Etat membre peuvent échanger leurs demandes et offres d'emplois, conclure des contrats de travail et les mettre à exécution, conformément aux dispositions législatives, réglementaires et administratives en vigueur, sans qu'il puisse en résulter de discrimination ». Pour certains auteurs, le but de ce règlement est d'éliminer toutes les entraves, qu'elles soient d'ordre législatif, réglementaire ou administratif, à l'accès des ressortissants d'un Etat membre au marché de l'emploi d'un autre Etat membre. Parmi ces entraves, on peut ranger les régimes discriminatoires en matière d'emploi à l'encontre des ressortissants de pays tiers, lorsque ces derniers sont les conjoints d'un ressortissant communautaire. On peut, en effet, facilement imaginer qu'un ressortissant d'un Etat membre hésite à accepter une offre d'emploi dans un autre Etat membre, s'il sait que son conjoint éprouvera d'importantes difficultés à trouver du travail en raison de sa nationalité[267]. Ainsi, dans l'arrêt GUL du 7 mai 1986, la Cour de justice précise que les conjoints des ressortissants communautaires ne doivent pas être victimes de discrimination, notamment en ce qui concerne les conditions de travail[268].

§ 2 : La jurisprudence

La jurisprudence a joué un rôle important dans l'emprise du droit communautaire sur le sport. La voie la plus normale paraît donc être le recours aux juridictions nationales par les victimes de discrimination agissant pour obtenir la protection des droits qu'elles tirent du Traité CEE. Les juges nationaux, avec l'aide de la Cour de Justice des Communautés Européennes, éventuellement consultée par la voie des questions préjudicielles, seront donc en mesure de condamner les violations commises par les organisations sportives[269]. Nous traiterons différents arrêts relatifs à l'affirmation par le juge communautaire des principes de libre circulation et donc de non discrimination en raison de la nationalité dans le domaine du sport professionnel.

---

[267] L. NYSSEN et X. DENOEL, « La situation des ressortissants de pays tiers suite à l'arrêt BOSMAN », in *la revue du Marché Unique Européen* 1/1996, p. 127.

[268] Arrêt GUL, 7 mai 1986, Affaire 131/85, *recueil,* p. 1583.

[269] J. RIDEAU, *op. cit.*, p.152.

A/ L'arrêt dit Walrave[270] : l'interdiction des discriminations en raison de la nationalité du sportif.

L'arrêt a été rendu dans les circonstances de faits suivants. Il concerne deux entraîneurs de nationalité néerlandaise, Messieurs Bruno Walrave et Longinus Koch, qui participent à des courses cyclistes de demi-fond, dites *stayers*, sur des motos. Pour ce faire, ces deux entraîneurs concluent des contrats, soit avec le coureur dit *stayer*, soit avec les clubs cyclistes.

Lors des championnats du monde organisés par l'Union cycliste internationale, les deux entraîneurs voient leur participation empêchée par une disposition de l'UCI, selon laquelle l'entraîneur et le coureur doivent être de la même nationalité. Considérant que cette disposition de l'UCI était contraire au traité de Rome, les deux entraîneurs assignent l'Union royale cycliste néerlandaise et la Fédération espagnole de cycliste, organisatrice du championnat du monde de 1973, devant le tribunal d'arrondissement d'Utrecht. Le tribunal d'Utrecht saisit à son tour la Cour de justice d'une question préjudicielle à savoir si la règle d'une Fédération internationale sportive comportant la disposition suivante : « dès l'année 1973, l'entraîneur doit être de la nationalité du coureur » est compatible avec les articles 7, 48, 59 du traité de Rome ?

La Cour de justice rend un arrêt le 12 décembre 1974 en faveur de Messieurs Bruno Walrave et Longinus Koch et condamne l'UCI. En effet, la Cour de justice estime que :

- compte tenu des objectifs de la Communauté, l'exercice des sports ne relève du droit communautaire que dans la mesure où il constitue une activité économique au sens de l'article 2 du traité ;

- l'interdiction de discrimination fondée sur la nationalité, édictée par les articles 7, 48 et 59 du traité, ne concerne pas la composition d'équipes sportives, en particulier sous forme d'équipes nationales, la formation de ces équipes étant une question intéressant uniquement le sport, et, en tant que telle, étrangère à l'activité économique ;

[270] CJCE, 12 décembre 1974, Affaire C-36/74.

- l'interdiction de discrimination fondée sur la nationalité s'impose non seulement à l'action des autorités publiques, mais s'étend également aux règlements d'une autre nature visant à régler de façon collective, le travail salarié et les prestations de services ;

- la règle de non-discrimination s'impose pour l'appréciation de tous rapports juridiques, dans toute la mesure où ces rapports, en raison soit du lieu où ils sont établis, soit du lieu où ils produisent leurs effets, peuvent être localisés sur le territoire de la Communauté ;
- l'article 59, alinéa 1, engendre, en tout cas dans la mesure où il vise à l'élimination de toute discrimination fondée sur la nationalité, dès la fin de la période de transition, dans le chef des justiciables, des droits que les juridictions nationales sont tenues de sauvegarder.

Cette décision a retenu l'attention des auteurs. Pour M. Joël Rideau, cette jurisprudence constitue un apport incontestable à la libre circulation des sportifs par la condamnation claire des clauses dites « des étrangers ». On a remarqué qu'elle mettait en œuvre une conception dite horizontale de l'effet direct, en soumettant au respect des règles communautaires des réglementations privées. L'effet direct est, en effet, généralement vertical, puisqu'il vise des droits que les juridictions nationales sont chargées de sauvegarder à l'encontre des Etats. La nouveauté de cet effet horizontal est incontestable dans le domaine de la libre circulation, mais la notion apparaît très clairement dans le traité même puisque, dans le droit de la concurrence, les articles 85 et 86 ont, par nature, un effet direct horizontal, étant appelés à jouer dans le cadre des relations entre entreprises[271].

Pour d'autres auteurs, dans la mesure où le sport constitue une activité économique, il relève du droit communautaire. La Cour affirme de même que le sport ne relève du droit communautaire que dans la mesure où il constitue une activité économique. La bonne interprétation de l'arrêt de la Cour consiste à considérer que le sport est soumis aux règles du droit communautaire, pour le moins ou, en tout cas, dans la mesure où il constitue une activité économique. Sur ce point, aucune discussion n'est possible : les règles du droit communautaire, la libre circulation des travailleurs en particulier, s'appliquent dès lors que le sport est exercé contre rémunération, qu'il s'agisse d'ailleurs de travail

---

[271] J. RIDEAU, *op. cit.*, p.147.

salarié ou de prestation de services[272]. Toutefois, l'arrêt fixe une limite à l'application du droit communautaire, la Cour estimant que la composition d'équipes nationales n'est pas concernée puisqu'elle est étrangère à l'activité économique.

Elle précise que l'interdiction de toute discrimination nationale s'impose aux organismes de droit privé responsables de régler de façon collective le travail salarié et les prestations de services. Appartiennent à cette catégorie de réglementation, les dispositions prises par les fédérations sportives quant à l'organisation des rencontres ou compétitions sportives[273].

Nous adhérons à la position des auteurs précités. En effet, si le sport constitue une activité économique, les règles communautaires relatives à la libre circulation doivent s'y appliquer. Par contre, s'il s'agit d'une activité non économique, il faudra tenir compte de la spécificité sportive. Or, en l'espèce il s'agit d'une activité économique. Par conséquent, l'application des règles communautaires se trouve justifiée. La CJCE a repris les mêmes principes dans l'arrêt dit Dona.

B/ L'arrêt dit Dona[274] : l'interdiction des discriminations en raison de la nationalité des sportifs

M. Mario Mantero, président de l'Association du Football Club de Rovigo, demande à M. Gaetano Dona de lui trouver un joueur de football pour son équipe. Monsieur Dona, pour accomplir cette mission, fait publier une annonce dans un journal sportif belge. Cependant, Monsieur Mantero refuse non seulement les offres venues de l'étranger, mais encore de payer à Monsieur Dona les frais de l'annonce. Pour justifier son refus, Monsieur Mantero évoque le règlement de la Fédération italienne de football qui prévoit que seuls les joueurs affiliés à la Fédération sont autorisés à participer aux matchs, dans la mesure où, en principe, l'affiliation à la fédération est réservée aux joueurs de nationalité italienne. Monsieur Dona saisit alors le juge conciliateur de Rovigo qui, à son tour, saisit la Cour de justice d'une question préjudicielle à savoir si le règlement d'une Fédération sportive nationale qui réserve aux seuls ressortissants nationaux de participer en tant que

---

[272] G. RASQUIN, *op.cit*, pp. 12-13.
[273] M. PAUTOT, *Sportifs, transferts et liberté de circulation*, Litec, 2001, pp. 52-54.
[274] CJCE, 14 juillet 1976, Affaire C-13/76.

joueurs à des rencontres est-il compatible avec les articles 7, 48 à 51 du traité ?

La Cour de justice, dans son arrêt du 14 juillet 1976, juge ainsi que :

- est incompatible avec les articles 7 et, selon les cas, 48 à 51 ou 59 à 66 du traité, une réglementation ou pratique nationale, même édictée par une organisation sportive, réservant aux seuls ressortissants de l'Etat membre concerné le droit de participer, en tant que joueurs professionnels ou semi-professionnels, à des rencontres de football, à moins qu'il ne s'agisse d'une réglementation ou pratique excluant les joueurs étrangers de la participation à certaines rencontres pour des motifs non économiques, tenant au caractère et au cadre spécifique de ces rencontres et intéressant donc uniquement le sport en tant que tel.
- les articles 48, d'une part, et 59, alinéa 1, et 60, alinéa 3, d'autre part, du traité – les deux dernières dispositions en tout cas, dans la mesure où elles visent à l'élimination de toutes discriminations à l'encontre du prestataire en raison de sa nationalité ou de la circonstance qu'il réside dans un Etat membre autre que celui où la prestation doit être fournie – ont un effet direct dans les ordres juridiques des Etats membres et confèrent aux particuliers des droits que les juridictions nationales doivent sauvegarder.

Malgré cette jurisprudence bien établie de la CJCE, qui rend illégaux les quotas de joueurs communautaires, ceux-ci ont quand même été maintenus par les Fédérations nationales et européennes jusqu'au prononcé de l'arrêt dit Bosman[275].

Nous adhérons à cette position qui consiste à interdire toute discrimination en raison de la nationalité du sportif, sauf si les décisions des Fédérations sportives sont motivées par des raisons non économiques. Cependant, il a fallu attendre l'arrêt dit Bosman pour assister à l'interdiction des indemnités de transfert de joueurs en fin de contrat et aux clauses de nationalité.

---

275 M. PAUTOT, *op.cit.*, pp. 54 –56.

C/ L'arrêt dit Bosman[276] : l'interdiction des clauses de nationalité et des indemnités de transfert de joueurs en fin de contrat

Avant l'affaire Bosman, les transferts internationaux et la limitation des joueurs étrangers dans les clubs professionnels de football étaient réglementés par la FIFA et l'UEFA selon les modalités suivantes : les clubs étaient « propriétaires » de leurs joueurs, même lorsque ces derniers arrivaient en fin de contrat. Dès lors, le départ vers un autre club était subordonné au versement d'une prime déterminée de façon unilatérale par le club vendeur. Cette règle visait à équilibrer les rapports de force entre petits et grands clubs, les petits clubs ayant la possibilité de conserver leurs joueurs aussi longtemps qu'ils le désirent ; des clauses de nationalité étaient prévues, limitant le nombre de joueurs étrangers dont les noms pouvaient figurer, pour chaque match, sur la feuille d'arbitre. Ces clauses étaient d'application à divers degrés, à la fois dans les compétitions nationales et internationales de clubs de football. Pour ces différentes compétitions pouvaient figurer sur la feuille d'arbitre un maximum de 3 joueurs étrangers plus 2 joueurs assimilés (étrangers ayant joué dans le pays en question ; pendant une période de cinq ans, dont trois dans les équipes d'âges). Même si certaines fédérations nationales appliquaient des règles plus souples pour les compétitions nationales, la plupart observaient la règle « 3 + 2 ». Dans cette perspective, en limitant les salaires, empêchant la mobilité du joueur, les clubs augmentent leurs profits ; des clubs de régions plus marginales peuvent aussi se maintenir dans des divisions de la ligue à des niveaux plus élevés que ne le leur permettrait pas leur pertinence financière dans un environnement complètement dérégulé, c'est-à-dire organisé par le seul et pur jeu de l'offre, soit une organisation purement financière[277].

---

[276] Voyez les textes législatifs, documents et conclusions de l'avocat général M.Carl Otto LENZ dans *l'uffaire dite BOSMAN* publiés dans la *Revue MARCHE UNIQUE européen*, 1-1996 CJ, pp. 243-361.
Voyez aussi R. BLANPAIN, *L'affaire BOSMAN*, Leuven : éd. Peeters, 1996, p. 407 et *Droit du sport professionnel, l'Officiel juridique du sport*, n°17 du 30 juin 1996, p. 10. Ou encore le dossier du journal L'équipe, il y'a dix ans l'arrêt Bosman révolutionnait le sport pro., jeudi 15 déc. 2005, pp. 10-11.

[277] R. SIMMONS et D. FORREST, « Une perspective économique post-BOSMAN sur le marché des footballeurs européens », in *Sport et Union européenne*, éd. Université de Bruxelles, 2000, p. 93.

L'affaire concerne M. Jean Marc Bosman, de nationalité belge. Il s'est affilié, dès son plus jeune âge, à la Fédération belge de football et a d'abord commencé à jouer dans l'équipe junior au Standard de Liège, un club belge de première division. En 1986, il a signé son premier contrat de travail dans ce club et est ainsi devenu joueur professionnel. En mai 1988, moyennant une somme de transfert de 3 000.000 francs belges, il est passé du Standard de Liège à une équipe rivale locale, le Royal club liégeois SA qui, jusqu'en 1995, jouait en première division belge. Le contrat avec le RC Liège, qui a expiré le 30 juin 1990, garantissait à M. Bosman une rémunération de base de 75 000 francs belges bruts. Compte tenu des primes et autres suppléments, M. Bosman percevait une rémunération mensuelle moyenne de l'ordre de 120.000 francs belges. En avril 1990, le RC Liège a proposé à M. Bosman un nouveau contrat pour unc saison, en réduisant la rémunération de base à 30.000 francs belges, soit le montant minimal imposé par le règlement de l'URBSFA. M. Bosman ayant refusé de signer ce contrat, il a été inscrit sur la liste de transfert. Conformément aux règles applicables de la fédération, la somme de transfert a été fixée à 11.743.000 francs belges en cas de transfert imposé. Aucun club n'ayant manifesté son intérêt pour un transfert imposé, M. Bosman est finalement entré en contact avec un club français, la SA d'économie mixte sportive de l'Union Sportive du littoral de Dunkerque qui jouait en deuxième division française. Ce club a engagé M. Bosman par contrat signé le 30 juin 1990, qui garantissait une rémunération de base mensuelle de plus de 90.000 francs belges. Dès le 27 juillet 1990, l'US Dunkerque avait arrêté avec le RC Liège les modalités du transfert temporaire du joueur. Il était convenu que le RC Liège cèderait le joueur pour une saison à l'US Dunkerque contre paiement d'une indemnité de 1.200.000 francs belges, exigible dès réception du certificat de transfert de l'URBSFA. L'US Dunkerque se verrait accorder, dans le même temps, une option irrévocable sur le transfert définitif du joueur, pour un montant de 4.800.000 francs belges supplémentaires. Les deux contrats – celui entre M. Bosman et l'US Dunkerque et celui entre le RC Liège et l'US Dunkerque – étaient toutefois assortis d'une condition résolutoire qui les rendrait caducs si la Fédération belge ne transmettait pas le certificat de transfert à la fédération française avant le 2 août inclus. Nourrissant des doutes sur la solvabilité de l'US Dunkerque, le RC Liège s'est abstenu de demander à l'URBSFA d'émettre le certificat de transfert, de sorte que les deux contrats sont devenus caducs. De surcroît, le RC

Liège a suspendu M. BOSMAN dès le 31 juillet 1990, l'empêchant ainsi tout d'abord de jouer durant la nouvelle saison.

M. Bosman saisit alors le tribunal de première instance de Liège le 8 août 1990. Le 9 avril 1992, M. Bosman introduit de nouvelles demandes devant le Tribunal de première instance de Liège, par lesquelles il a non seulement modifié l'action initiale dirigée contre le RC Liège, mais en outre formé une action distincte contre l'URBSFA et développé les demandes engagées contre l'UEFA. Désormais, l'action consistait à interdire au RC Liège, à l'URBSFA et à l'UEFA, de faire obstacle à sa liberté de contracter avec un nouvel employeur, à condamner ces parties solidairement ou *in solidum* à lui payer 11.368.350 francs belges, au chef du préjudice souffert depuis le 1er août 1990, 11.743.000 francs belges en réparation du dommage subi depuis le début de sa carrière jusqu'au 9 novembre 1990, du fait de l'application du régime des transferts et 1 franc provisionnel pour le coût des procédures.

De surcroît, M. Bosman demandait que les règlements relatifs aux transferts et les clauses de nationalité de l'URBSFA et de l'UEFA lui soient déclarés inapplicables. Enfin, M. Bosman proposait de saisir la cour à titre préjudiciel. La Cour d'appel de Liège, le suivant dans cette dernière demande, pose à la cour les questions préjudicielles suivantes : Les articles 48, 85 et 86 du traité de Rome du 25 mars 1957 doivent-ils être interprétés en ce sens qu'ils interdisent :

- qu'un club de football puisse exiger et percevoir le paiement d'une somme d'argent à l'occasion de l'engagement d'un de ses joueurs arrivé au terme de son contrat, par un nouveau club employeur ;

- que les associations ou Fédérations sportives nationales et internationales puissent prévoir dans leurs réglementations respectives des dispositions limitant l'accès des joueurs étrangers ressortissants de la Communauté européenne aux compétitions qu'elles organisent ?

La CJCE juge ainsi que :

- l'article 48 du traité CEE s'oppose à l'application de règles édictées par des associations sportives, selon lesquelles un joueur professionnel de football ressortissant d'un Etat membre, à l'expiration du contrat qui le lie à un club ne peut être employé par un club d'un autre Etat membre que si ce dernier a versé au club d'origine une indemnité de transfert, de formation ou de promotion.

- l'article 48 du traité CEE s'oppose à l'application des règles édictées par des associations sportives selon lesquelles, lors des matchs des compétitions qu'elles organisent, les clubs de football ne peuvent aligner qu'un nombre limité de joueurs professionnels ressortissants d'autres Etats membres.

- l'effet direct de l'article 48 du traité CEE ne peut être invoqué à l'appui de revendications relatives à une indemnité de transfert, de formation ou de promotion qui, à la date du présent arrêt, est déjà payée ou est encore due en exécution d'une obligation née avant cette date, exception faite pour les justiciables qui ont, avant cette date, engagé une action en justice ou soulevé une réclamation équivalente selon le droit national applicable.

Selon certains auteurs, l'arrêt Bosman a créé un véritable séisme au sein du mouvement sportif international. En premier lieu, le fait qu'une organisation intergouvernementale puisse imposer à une organisation sportive internationale une modification substantielle de ses règlements, en vertu du droit qui la régit, était largement inédit et constituait une remise en cause spectaculaire du principe d'autonomie, si souvent invoqué par le mouvement sportif. En outre, ce choc a débordé largement le territoire communautaire, car le principe d'universalité des règles sportives a obligé l'UEFA à modifier ses dispositions par l'ensemble des cinquante-quatre Fédérations nationales qu'elle regroupe. Par contrecoup, la FIFA a dû, elle aussi, amender ses règlements.

Enfin, on a réalisé rapidement que le bénéfice des dispositions fondamentales du traité instaurant la libre circulation, et prohibant toute discrimination dans les conditions de travail, ne se limitait pas aux seuls ressortissants communautaires, mais s'étendait à tous les ressortissants des Etats avec lesquels l'Union européenne a conclu un accord de coopération ou d'association[278], soit une centaine de pays si l'on inclut

---

[278] Voyez à ce propos *l'affaire dite BALOG* qui a été soumise en 1998 à la Cour européenne de justice pour qu'elle se prononce sur la conformité des indemnités exigées, en fin de contrat, pour le transfert d'un footballeur non ressortissant de l'un 18 Etats membres de l'Espace économique européen. En effet, le hongrois Tibor BALOG désirait quitter le club de football belge de Charleroi à la fin de son contrat. Son club a exigé pour son transfert la somme de 5 millions de francs belges. Aucun club n'étant disposé à payer ce montant, M. BALOG n'a pu trouver d'employeur et a porté plainte devant le tribunal de Charleroi, qui a posé une question à la CJCE une

ceux de la zone Afrique Caraïbe Pacifique[279]. On voit donc poindre la menace de deux dérives :

- la première est une dérive financière[280] et mercantile : les clubs français étant moins riches que leurs proches voisins, risquent d'être inspirés dans une logique de compensation permanente, les incitant à vendre les meilleurs joueurs, plutôt que de chercher à les conserver.
- la seconde dérive concernerait les risques de tension survenant entre les joueurs et dirigeants. La charte apportait une garantie à tous. En l'absence de règles claires, tous les coups seront permis. Le joueur arguera qu'il est transféré comme autrefois sans avoir été consulté. Le club prétendra qu'il est lésé dans les transactions.

Cet arrêt vise à réfuter les arguments développés par les autorités sportives sur leur nécessaire autonomie, sur l'application du principe de subsidiarité ou sur la nécessité de compenser les frais de formation des jeunes joueurs professionnels. En pratique, l'arrêt Bosman a obligé les Fédérations à s'incliner devant la règle communautaire[281]. Les intérêts semblent diverger. Les clubs souhaitent allonger la durée[282] des contrats

---

question préjudicielle. *« Cette affaire a été éteinte le 29 mars 2001, suite à l'accord conclu par la FIFA, le jour même où l'avocat général s'apprêtait à rendre ses conclusions. L'accord prévoit que chaque joueur évoluant dans un championnat communautaire quelle que soit sa nationalité, bénéficiera des effets de l'arrêt BOSMAN et pourra notamment retrouver sa liberté à l'issue de chaque contrat pour autant que les obligations concernant les indemnités soient remplies. Cet accord est ainsi conforme à la circulaire 611 adoptée par la FIFA le 1er avril 1999 qui spécifie que pour les transferts en fin de contrat dans l'EEE, plus aucune indemnité ne doit être versée et ce, indépendamment de la nationalité »* tiré de R. SIMMONS et D. FORREST, précités.

[279] C. MIEGE, *op. cit.*, pp. 24-25.

[280] L'exemple d'un échantillon représentatif de la *Premier League* anglaise, la masse globale des salaires a augmenté, entre 1994-1995 et 1997-1998, de 9,2 millions à 19 millions de livres pour l'équipe de Blackburn Rovers, de 7,4 millions à 13, 8 millions de livres pour Everton, de 5,7 millions à 11,8 millions de livres pour Sheffield Wednesday et de 13 millions à 26,9 millions de livres pour Manchester United. Voyez R. SIMMONS et D. FORREST, précité.

[281] C. MIEGE, Sport et droit européen, in *Lamy droit du sport*, 2005, n° 172-130.

[282] Dans un échantillon de 935 joueurs transférés dans les ligues européennes entre septembre 1998 et septembre 1999, 121 joueurs ont signé des contrats de moins d'un an, 204 ont signé des contrats d'une durée variant entre un et deux ans, 266 ont signé des contrats variant entre deux et trois ans, 215 ont signé des contrats variant entre trois et quatre ans, 100 ont signé des contrats entre quatre et cinq ans et 29 des contrats de plus de cinq ans. Ces contrats sont souvent associés à une clause optionnelle d'extension, voyez R. SIMMONS et D. FORREST, précité.

pour négocier un futur départ avant terme qui donnera lieu à une indemnisation. Les joueurs, de leur côté, préfèrent partir à terme pour prélever une part plus importante de la transaction à titre de « prime à la signature », tout en faisant figurer dans les futurs contrats des clauses contraignant le club à effectuer le transfert au-delà d'un seuil de proposition donné.

Pour l'UNFP, les dirigeants du football international l'affirmaient haut et fort : le football allait périr. Et pourtant, qu'affirme cet arrêt que tout le monde connaît aujourd'hui ? Simplement le fait qu'un joueur peut être libre après avoir exécuté la totalité du contrat de travail qui le lie à un club. Cela revient à affirmer un principe encore une fois fondamental, et qui n'a rien d'extraordinaire dans tout autre milieu que celui du football. Aujourd'hui, plus personne ne conteste cette décision, et au lieu de mourir comme ses plus éminents dirigeants l'avaient prévu, le football professionnel assiste à une flambée sans précédent des transferts, des droits TV et des salaires[283]. Désormais la circulation se fait à l'échelle européenne[284], symbole de la création d'un marché du travail, mais également symbole de la création d'un espace européen qui, à bien des égards, a remplacé le cadre national. De nombreux fans de football deviennent supporters de clubs étrangers, car des joueurs de leur équipe nationale, les vedettes qu'ils affectionnent le plus, y figurent.

En 2001, en Angleterre, sur 590 joueurs professionnels de *Premier League* , 205 ne sont pas anglais. A la même année, sur les 268 joueurs ayant participé à la 20e journée du championnat espagnol, 172 étaient espagnols. En Allemagne, les 141 des 243 joueurs ayant participé à la 17e journée étaient allemands. Sur les 240 joueurs utilisés pour la 20e journée de D1 française, 196 étaient des nationaux. Si on prend l'exemple de la 15e journée du championnat italien, on retrouve 168 italiens sur 247[285].

---

[283] Le système de transfert dans le collimateur de l'Europe, article tiré de www.unfp.fr.

[284] Ce phénomène s'est étendu à d'autres sports puis que la Fédération internationale de basket-ball, a accepté d'appliquer les principes dégagés dans l'arrêt BOSMAN depuis la saison 2000-2001au niveau mondial pour les joueurs participant au sein de leur club à des compétitions internationales.

[285] P. BONIFACE, *La terre est ronde comme un ballon, géopolitique du football*, Seuil, mai 2002, pp. 83-84. Ou encore l'Etude sur l'impact géographique de l'arrêt BOSMAN et l'augmentation exponentielle du nombre de joueurs non nationaux dans les championnats européens de R. POLI et L. RAVENEL, *Les migrations des*

A notre avis, avec l'arrêt dit Bosman, on annonçait la fin du système des transferts (indemnités) et le début d'une réelle liberté pour les joueurs. Or, force est de constater que ni l'un ni l'autre ne sont devenus réalités. En effet, d'une part, les indemnités de fin de contrat sont certes annulées, mais cette situation est devenue rare avec l'allongement de la durée des contrats sportifs ; d'autre part, les joueurs ne sont pas plus libres qu'avant 1995. En effet, il faut toujours l'avis du club formateur pour les jeunes joueurs. Pour les autres, il faut quelques années de contrat et une tranche d'âge pour résilier son contrat librement sans l'accord de son club.

Aux Etats-Unis, un arrêt semblable a été rendu dans l'affaire Mackey[286]. La jurisprudence a pu considérer en matière de transferts de joueurs, qu'une règle fixée par la *National Football League* (NFL) imposant à une équipe faisant l'acquisition d'un joueur libre de tout contrat de payer une compensation à son ancien club, limitait la concurrence sur le marché des services de joueurs. Cette règle vaut, effet, pour les clubs professionnels qui étaient dissuadés d'engager des joueurs « libres » de tout contrat, mais qui avaient auparavant été sous contrat avec une autre équipe.

La Ligue tenta de faire valoir que la règle en cause était le résultat d'une négociation collective entre la NFL et les associations de joueurs, et était ainsi protégée par la *Labour Law Exemption*[287]. Mais la Cour

---

footballeurs en Europe : lorsque les réseaux perpétuent les territoires tirée de www.cies.ch.

[286] J. Ch. RODA, Sport et droit américain, in *Lamy Droit du Sport*, n° 184, Mackey v. NFL, 543 F 2d. 606 8th Cir. 1976.

[287] « Dans le domaine du sport, de nombreux accords collectifs régissant les relations entre joueurs, clubs et autorités sportives sont susceptibles d'être exemptés par le jeu de la *Labour Law Exemption* c'est à dire une exemption légale de l'application du droit antitrust pour certains types de comportements relatifs au droit du travail. Cette exemption s'applique si :

- le syndicat agit dans son intérêt et celui des travailleurs ;
- le syndicat emploie des moyens raisonnablement restrictifs et nécessaires à l'accomplissement de ses objectifs ;
- il existe une relation spécifique entre employés et employeurs (par opposition, par exemple, avec une négociation entre employeurs et cocontractant indépendant) ;
- le syndicat agit en tant que représentant des travailleurs. Historiquement, les accords entre clubs, ligues et joueurs concernant le recrutement ne bénéficiaient d'aucune exemption particulière. Mais les joueurs s'étant organisés en syndicat pour négocier avec les ligues et les clubs, les questions relatives au recrutement et aux

suprême décida que la règle litigieuse ne bénéficiait pas d'une telle protection. Même si la Cour suprême précisa qu'un tel type de réglementation devait s'analyser généralement au travers du prisme de la règle de raison, elle décida néanmoins que la pratique en cause était plus restrictive que nécessaire et donc déraisonnable. La décision Mackey a ainsi pu permettre aux joueurs de la NFL, lors des *Collective Bargaining Agreement* de 1977 et 1982, d'avoir un plus grand poids dans les négociations pour insister et obtenir une plus grande liberté de mouvement. L'accord en vigueur pour la NFL, le *Collective Bargaining Agreement* de 1993 prévoit qu'un joueur dont le contrat expire après quatre années passées au sein de la NFL est considéré comme un joueur libre (*unrestricted free agent*). Ce statut lui permet de négocier librement et de signer avec l'équipe de son choix. N'importe quelle équipe peut, de la même manière, engager de tels joueurs sans encourir la moindre sanction de la part de la ligue. L'accord prévoit toutefois une possibilité pour les clubs de conserver leur joueur le plus précieux. Chaque club peut ainsi désigner un joueur « libre » et lui attribuer un statut particulier, celui de « *franchise player* » permettant à une équipe de conserver son meilleur joueur. En contrepartie de cette restriction, le joueur bénéficie d'un salaire égal à la moyenne des cinq joueurs les mieux payés de la NFL, ou alors de recevoir 120 % de son salaire précédent.

Cela évoque les conventions collectives en matière de sport, telle que la Charte du football professionnel en France. Mais un tel mécanisme, même s'il constitue une avancée en matière de transfert de joueurs professionnels, n'en demeure pas moins une entrave à la mobilité des meilleurs joueurs. Or, ce sont les transferts des meilleurs sportifs professionnels qui présentent plus d'enjeux financiers et de difficultés d'appréhension. Par conséquent, ce que cherchent ces derniers c'est d'être transférés dans le club de leur choix. Après avoir défini les grands principes applicables aux sportifs professionnels communautaires, la CJCE les a étendu aux sportifs professionnels ayant signés des accords avec la CEE.

---

conditions d'emploi furent alors couvertes par la *Labour Law Exemption »,* Voyez en ce sens le Lamy droit sport, *ibidem.*

D/ L'arrêt dit Kolpak[288] : extension du principe de non discrimination aux sportifs professionnels ressortissants des pays ayant signé des accords d'association

L'arrêt de la CJCE rendu le 8 mai 2003 opposait le *Deutscher Handballbund* contre Marios Kolpak. Le handballeur de nationalité slovaque avait conclu, en mars 1997, un contrat de travail à durée déterminée expirant le 30 juin 2000, puis, en février 2000, un nouveau contrat à durée déterminée expirant le 30 juin 2003, en vue d'occuper le poste de gardien de but dans l'équipe allemande de handball du TSV Östringen handball, club allemand de deuxième division. Il perçoit un salaire mensuel. Il réside en Allemagne et détient un titre de séjour en règle.

La Fédération allemande de handball, qui organise des matches de championnat et de coupe au niveau fédéral, lui a délivré, sur le fondement de l'article 15 de la *SpO*, une licence de joueur marquée de la lettre « A » en raison de sa nationalité slovaque. Sont marquées de la lettre « A », apposée à la suite du numéro matricule,

a) les licences délivrées aux joueurs n'ayant pas la nationalité d'un Etat membre,

b) les licences délivrées aux joueurs n'ayant pas la nationalité d'un Etat tiers associé dont les ressortissants se sont vu reconnaître l'égalité de traitement visée à l'article 48, paragraphe 1, du traité CE.

Dans les équipes faisant partie de la *Bundesliga* (Ligue nationale) et des *Regionalligen* (ligues régionales), peuvent être, lors de chaque rencontre de championnat ou de coupe, au maximum deux joueurs titulaires d'une licence « A ». M. Kolpak, qui avait sollicité la délivrance d'une licence de joueur non assortie de la mention propre aux ressortissants des pays tiers, a introduit devant le *Landgericht* Dortmund (Allemagne) une action en justice dans le cadre de laquelle il a contesté cette décision du DHB. Il a fait valoir que la République slovaque fait partie des pays tiers, dont les ressortissants peuvent prétendre participer sans aucune restriction aux compétitions, dans les mêmes conditions que les joueurs

[288] CJCE, 8 mai 2003, Affaire C-438/00 ; Droit du sport professionnel, *L'officiel juridique du sport*, n° 42, 3 juin 2003, pp. 31-40. Ou encore l'arrêt KOLPAK : la CJCE renforce le principe de non-discrimination en raison de la nationalité in *dictionnaire droit du sport*, Bull. 89, mai 2003, pp. 7336-7337.

allemands et les joueurs communautaires. Il invoquait pour cela l'interdiction de discrimination découlant des dispositions combinées du traité CE et de l'article 38 paragraphe 1, premier tiret de l'accord d'association CEE/ Slovaquie. Les travailleurs de nationalité slovaque légalement employés sur le territoire d'un Etat membre ne doivent faire l'objet d'aucune discrimination fondée sur la nationalité, en ce qui concerne les conditions de travail, de rémunération ou de licenciement, par rapport aux ressortissants dudit Etat membre. L'article 42 de l'accord d'association CEE/ Slovaquie précise que les possibilités d'accès à l'emploi accordées par les Etats membres aux travailleurs de la République slovaque en vertu d'accords bilatéraux doivent être préservées et, si possible, améliorées. Le *Landgericht* a considéré que M. Kollpak ressortissant slovaque ne devait pas être traité sur le même pied qu'un joueur ayant la nationalité d'un pays tiers.

Le DHB fait appel de ce jugement devant *l'Oberlandesgericht Hamm.* La juridiction de renvoi considère que le renvoi opéré à l'article 48 du traité CE par l'article 15, paragraphe 1, sous b, de la *SpO* doit être entendu en ce sens que cette dernière disposition ne s'applique qu'aux joueurs bénéficiant d'une parfaite égalité de traitement par rapport aux ressortissants communautaires sous l'angle de la libre circulation des travailleurs. Dès lors, la juridiction de renvoi se demande si la disposition de l'article 15, paragraphe 1, sous b, de la *SpO* est contraire à l'article 38 de l'accord d'association CEE/ Slovaquie.

La Cour de justice des communautés européennes juge que l'article 38, paragraphe 1, premier tiret, de l'accord d'association CEE/ Slovaquie s'oppose à l'application à un sportif professionnel de nationalité slovaque, régulièrement employé par un club établi dans un Etat membre, d'une règle édictée par une fédération sportive du même Etat, selon laquelle les clubs ne sont autorisés à aligner, lors des matches de championnat ou de coupe, qu'un nombre limité de joueurs originaires de pays tiers qui ne sont pas partie à l'accord sur l'EEE. Il faut dire que la Cour de justice n'est pas la première juridiction à avoir défini la portée du principe de non discrimination inscrit dans les accords d'association. En effet, en France, le Conseil d'Etat[289] avait rendu un arrêt le 30 décembre 2002 confirmant l'arrêt de la Cour d'appel de

[289] CE, 30 décembre 2002, n° 219646, Rec. Lebon.

Nancy rendu le 3 février 2000 [290]. Mlle Lilia Malaja est une basketteuse professionnelle de nationalité polonaise. Elle signe un contrat de travail avec le Racing Club de Strasbourg pour la saison 1998-1999, alors que le club disposait déjà de son quota de joueuses étrangères, c'est-à-dire quatre joueuses hors Union Européenne. En effet, les dispositions réglementaires de la Fédération française de basket-ball limitent à deux le nombre de joueurs hors UE/EEE autorisés à jouer. En réponse d'une demande de son club de considérer la joueuse comme communautaire en application de l'article 37 de l'accord européen d'association signé entre l'Union européenne et la Pologne le 16 décembre 1991, la Fédération française refuse. C'est ainsi que le club saisit d'abord la conférence des conciliateurs du Comité national olympique sportif français et ensuite le Tribunal administratif de Strasbourg, en vue d'obtenir gain de cause. Après un appel consécutif au rejet de la demande de la joueuse par le tribunal administratif de Strasbourg, la Cour administrative d'appel de Nancy donne raison à Mademoiselle Malaja et annule le jugement du Tribunal administratif de Strasbourg. Elle considère ainsi que :

- Mademoiselle Malaja, qui bénéficiait d'un contrat dont la validité au regard des dispositions du Code du travail n'est pas contestée, et était titulaire d'un titre de séjour régulier, devait dès lors être regardée comme légalement employée en France à la date de la décision attaquée ; que, par suite, la Fédération française de basket-ball ne pouvait, sans méconnaître le principe de non discrimination édicté par l'article 37 de l'accord précité, refuser d'autoriser la requérante à participer aux rencontres de la ligue féminine en tant que joueuse étrangère ressortissante d'un pays de l'espace économique européen au sens et pour l'application de l'article 8 du règlement de la ligue féminine susmentionné ;

- Il résulte de tout ce qui précède, et sans qu'il soit besoin de statuer sur les autres moyens de ses conclusions à fin d'annulation, que Mademoiselle Malaja est fondée à soutenir que c'est à tort que, par le jugement attaqué, le tribunal administratif de Strasbourg a rejeté sa demande tendant à l'annulation de la décision de la Fédération française de basket-ball du 29 août 1998 confirmée le 7 octobre 1998.

---

[290] CAA, Nancy (première chambre), 3 février 2000, n° 99NC00282. Ou encore, arrêt MALAJA : conséquences des accords d'association sur la coopération équipes sportives in *dictionnaire droit du sport*, Bull. 86, fév. 2003, pp. 7395-7398.

C'est ainsi que le Conseil d'Etat[291] précise dans son arrêt du 30 décembre 2002 que Mademoiselle Malaja était bénéficiaire d'un titre de séjour régulier en qualité de travailleur salarié et à ce titre, elle devait être regardé comme « légalement employée ». Par conséquent, la Cour administrative d'appel de Nancy n'a pas commis d'erreur de droit.

L'arrêt Malaja est une révolution dans le paysage sportif européen, il ouvre sans restriction l'espace communautaire aux sportifs originaires d'Etats signataires d'accords européens[292]. L'arrêt Malaja a permis l'extension du principe de non discrimination aux sportifs ressortissants de pays tiers ayant signés des accords avec la CEE. Par conséquent, on assiste à une augmentation du nombre de sportifs professionnels hors CEE dans les différents championnats de football européens. Une étude[293] présentée par les mêmes auteurs souligne que les joueurs issus des pays couverts par l'arrêt Malaja et les accords de Cotonou et qui justifient d'au moins une sélection nationale – disposition imposée par les instances du football – sont passés dans le championnat de France de 17% (92 joueurs) à 22% (112 joueurs) entre les saisons 2002-2003 et 2003-2004. Dans le même temps, les joueurs français de L1 et de L2 sont moins représentés : il n'y en a plus que 63% contre 68% la saison dernière.

Une autre étude, effectuée par le magazine *Afrique/Football*, affirme qu'il existe 677 joueurs africains de ligue 1 en Europe. Ainsi, les Nigérians, parmi les 37 pays recensés, sont toujours largement les plus nombreux avec 105 footballeurs d'un club de ligue 1 en Europe.

---

[291] Les juridictions nationales ont rendu sur ce point des décisions contradictoires. Ainsi, à l'opposé de la décision de l'arrêt dit MALAJA du conseil d'Etat français, « le tribunal régional de Francfort en Allemagne a décidé dans l'affaire opposant le club TTC Grenzau à la fédération allemande de tennis de table que le principe de non discrimination ne pouvait être appliqué à un joueur polonais qui contestait l'interdiction, fondée sur la nationalité polonaise, qui lui était faite de jouer au courant d'une compétition ». En revanche, dans l'affaire dite KARPIN (joueur d'origine russe), l'affaire dite Vitoria Sheron MILLS (joueur d'origine turque), les tribunaux espagnols ont affirmé que, concernant les accords de coopération, les professionnels non communautaires devaient être assimilés aux joueurs communautaires ; voyez l'article de S. DOREMUS, « Le sportif étranger à l'Union européenne », in *Revue des affaires européennes*, 2001-2002/ 3, *l'Europe et le sport*, pp. 332-337.

[292]Voyez www.legisport.com de S./ M. PAUTOT, docteurs en droit et spécialistes en droit du sport ; ils ont défendu notamment Mademoiselle MALAJA.

[293] MALAJA-accord de Cotonou, le changement est déjà sensible, *Le Parisien*, 23 octobre 2003, p. 20.

Viennent ensuite, dans l'ordre, les Camerounais (77 joueurs), les Ghanéens (59 joueurs), les Sénégalais (53 joueurs), les Marocains (49), les Ivoiriens (45) et les Sud-Africains (37), ainsi, qu'un peu plus loin, les Guinéens et les Algériens (28), les Congolais de la RDC (24) et les Angolais (22). La Libye et l'Ile Maurice, ont, cette saison, pour la première fois de leur histoire, un joueur qui évolue dans un club de l'élite en Europe[294]. Selon Philippe Piat, 5% de joueurs hors CEE en plus dans le championnat de France c'est beaucoup, surtout que l'arrêt est récent, il n'a que dix mois et encore moins pour Cotonou. Ce n'est qu'au bout de trois ou quatre ans qu'on a vu les effets de l'arrêt Bosman. Le problème posé n'est pas tant en L1 qu'en L2, où les clubs cherchent à constituer l'équipe la moins chère possible. A valeur égale, un joueur issu de pays ayant signé des accords est bien souvent meilleur marché qu'un Français. Sinon, comment expliquer l'arrivée cette saison dans le championnat de France de deux joueurs du Bénin, deux du Burkina et d'un Angolais, trois pays qui n'étaient pas représentés l'année dernière[295] ? En outre, cet arrêt a des conséquences sur la formation, en précisant qu'il ne faut néanmoins pas oublier que les clubs ont énormément investi dans les centres de formation et qu'il leur sera donc difficile, du jour au lendemain, de tirer un trait sur les investissements effectués. Il existe donc, pour lui, une espèce de contradiction entre la volonté, à peine voilée parfois, de mettre un terme au travail de formation, et le retour sur investissement[296].

En revanche, pour Philippe Diallo, on observe exactement ce qu'on avait imaginé : il n'y a pas eu de bouleversement dans les clubs. Ainsi, il n'y a pas eu de ruée vers l'Est. On est dans le cadre d'une ouverture maîtrisée. Ce sont des nouveaux territoires : il faut avoir des contacts humains, des réseaux sur place, c'est un investissement financier[297]. Après avoir précisé la portée du principe de non-discrimination inscrit dans les accords d'association conclus entre la CEE et des pays tiers (Slovaquie) dans l'arrêt Kolpak, le même principe a été appliqué

[294] Liste complète des 677 footballeurs professionnels africains évoluant en Europe, in *magazine Afrique/Football*, n°38, octobre/ novembre 2003, pp. 27-33.

[295] Ph. PIAT, président de l'union nationale des footballeurs professionnels, *Le Parisien*, 23 octobre 2003, p. 20.

[296] Interview de Ph. PIAT sur l'arrêt dit MALAJA, www.unfp.fr.

[297] Ph. DIALLO, président de l'union des clubs professionnels de football, *Le Parisien*, 23 octobre 2003, p. 20.

récemment aux accords de partenariat conclus entre la CEE et d'autres pays tiers (Russie) dans l'arrêt Simutenkov.

E/ L'arrêt dit Simutenkov[298] : extension du principe de non discrimination des sportifs professionnels aux ressortissants des pays tiers signataires des accords de partenariat

L'arrêt Simutenkov rendu récemment par la CJCE est venu confirmer et étendre la portée du principe de non discrimination que la CEE a signé dans des accords établis avec certains pays tiers. En l'espèce, M. Igor Simutenkov est un ressortissant russe qui demeurait en Espagne, où il était titulaire d'un titre de séjour et d'un permis de travail. A la suite de son engagement par le club Deportivo Tenerife, il détenait une licence fédérale en qualité de joueur professionnel non communautaire. Au cours du mois de janvier 2001, Monsieur Simutenkov a demandé à la RFEF, sur le fondement de l'accord de partenariat CEE/ Russie, la délivrance d'une licence identique à celle des ressortissants communautaires. Par décision du 19 janvier 2001, la RFEF a rejeté cette demande en application de son règlement général et de l'accord du 28 mai 1999.

L'accord du 28 mai 1999 a précisé que le nombre de joueurs qui ne sont pas ressortissants des Etats membres pouvant être alignés simultanément en première division est limité à trois pour les saisons 2000/2001 à 2004 et, en ce qui concerne la deuxième division, le nombre est fixé à trois pour les saisons 2000/2001, 2001/2002 et réduit à deux pour les trois saisons suivantes. Ce quota de joueurs non communautaires est contesté par Monsieur Simutenkov qu'il estime contraire à l'article 23, paragraphe 1, de l'accord de partenariat CEE/ Russie. En effet, cet accord précise que sous réserve des lois, des conditions et des procédures applicables dans chaque Etat membre, la Communauté et ses Etats membres assurent que les ressortissants russes légalement employés sur le territoire d'un Etat membre ne font l'objet

---

[298] CJCE, 12 avril 2005, aff. C-265/03, Igor SIMUTENKOV c/ Ministerio de Educacion y Cultura et Real Federacion Espanola de Futbol, Dict.perm.droit du sport, *Bull.*112, p. 6819. Ou affaire SIMUTENKOV : le principe de non-discrimination s'applique aux joueurs russes, Bull. 112, avril 2005, pp. 6819-6821 et Sportifs étrangers : vers une extension des arrêts BOSMAN et KOLPAK aux joueurs russes ? In *dictionnaire permanent droit du sport*, Bull. 110, fév. 2005, p. 6872.

d'aucune discrimination fondée sur la nationalité, en ce qui concerne les conditions de travail, de rémunération ou de licenciement, par rapport aux ressortissants dudit Etat membre. En outre, l'article 27 précise que le conseil de coopération fait des recommandations pour la mise en œuvre des articles 23 et 26 du présent accord. Quant à l'article 48, il énonce qu'aucune disposition du présent accord ne fait obstacle à l'application, par les parties, de leurs lois et de leurs réglementations concernant l'admission et le séjour, l'emploi, les conditions de travail, l'établissement de personnes physiques et la prestation de services, à condition que n'en soient pas réduits à néant ou compromis les avantages que retire l'une des parties d'une disposition spécifique du présent accord.

C'est ainsi qu'une question préjudicielle a été posée à la Cour ; à savoir si l'article 23 de l'accord de partenariat CEE/ Russie s'oppose à l'application par une fédération sportive à un sportif professionnel de nationalité russe, régulièrement employé par un club espagnol, tel que celui en cause dans le recours en principal, d'une règle selon laquelle les clubs ne sont autorisés à aligner, dans les compétitions organisées à l'échelle nationale, qu'un nombre limité de joueurs originaires d'Etats tiers qui ne sont pas parties à l'accord sur l'Espace économique européen ?

La CJCE précise que l'article 23, paragraphe 1, de l'accord de partenariat CEE/ Russie s'oppose à l'application à un sportif professionnel de nationalité russe, régulièrement employé par un club établi dans un Etat membre, d'une règle édictée par une fédération sportive du même Etat, selon laquelle les clubs ne sont autorisés à aligner, dans les compétitions organisées à l'échelle nationale, qu'un nombre limité de joueurs originaires d'Etats tiers qui ne sont pas parties à l'accord sur l'EEE.

Selon la doctrine, ces arrêts confirment la volonté des autorités communautaires d'imposer sa politique aux fédérations sportives et ce en matière de libre circulation et de non discrimination. Ainsi, pour certains, il a parfois été défendu l'idée selon laquelle la jurisprudence « Kolpak » ne pouvait être étendue, dans son principe, aux ressortissants de pays ayant conclu avec l'UE, non pas un accord d'association mais de partenariat au motif que l'existence d'une différence de finalité entre ces deux types d'accord. Le premier constituerait l'antichambre contractuelle à une adhésion en qualité de membre de l'UE, alors que le second n'aurait qu'une portée restreinte en raison de l'absence de vocation des pays concernés à intégrer l'UE. L'arrêt « Simutenkov » souligne l'absence de pertinence juridique d'une telle idée. La Cour confirme la relative indifférence de l'intitulé de l'accord (association, coopération, partenariat). La portée des obligations souscrites par les parties dépend, en réalité, de la précision, de la clarté et du caractère péremptoire de leurs termes et non pas de la qualification juridique conférée à l'accord en cause. Dans cette perspective, il résulte d'une analyse casuistique de l'ensemble des accords conclu par l'UE avec les pays tiers que certains imposent une obligation de résultat en matière de non discrimination dans les conditions de travail alors que d'autres ne créent qu'une simple obligation de moyens. On peut alors s'interroger sur la possibilité de transposer la solution retenue par la Cour de justice des Communautés européennes dans l'arrêt « Simutenkov » à l'accord de coopération « Cotonou » conclu entre l'UE et les pays de la zone Afrique Caraïbe Pacifique (ACP)[299].

A notre avis, le principe de libre circulation et, donc, celui de non discrimination, devrait être étendu à tous les sportifs professionnels ressortissants de pays tiers ayant signé indifféremment des accords de coopération, d'association ou de partenariat. Tel n'est pas le cas aujourd'hui. En effet, on assiste toujours à la persistance des quotas dans certaines disciplines sportives en France, comme le basket et le football, au mépris des grands principes du droit communautaire. Les sportifs professionnels victimes de ces discriminations sont en général issus des pays signataires des accords de partenariat, d'association ou de coopération entre la CEE et les pays tiers. Comme nous l'avons évoqué ci-dessus, après la libre circulation des travailleurs, le système de transfert des footballeurs professionnels entrait aussi en contradiction avec le principe de libre concurrence.

[299] L'arrêt dit SIMUTENKOV : la Cour de justice des communautés européennes étend le principe de non discrimination des sportifs aux accords de partenariat établis entre l'Union européenne et des pays tiers, in *Lamy droit du sport* n° 27, 12 octobre 2005, pp. 1-3.

SECTION 2 : LA LIBRE CONCURRENCE ENTRAVEE PAR LE SYSTEME DE TRANSFERT

Aux Etats-Unis[300], le sport professionnel se fonde sur l'incompatibilité des règles de la compétition sportive avec celles de la concurrence économique. Il a pu en résulter la mise en place de mécanismes régulateurs. Au contraire en Europe, les règles de concurrence sont applicables au football professionnel, notamment les articles 81 et 82 du traité. La notion d'entreprise englobe toute entité exerçant des activités de nature économique, indépendamment de son statut et de son mode de fonctionnement[301]. En définitive, tous les clubs sportifs professionnels doivent être qualifiés d'entreprises[302]. Cependant, on ne peut régler le problème des transferts par les textes (§1) des articles 81 et 82 du traité en s'attachant aux conséquences. Dès lors, l'application des règles de la concurrence semble être inopportune (§2), dans la mesure où ce n'est pas l'affaire dite Bosman qui est la cause du dérèglement du système, mais la conséquence de l'application de règles anciennes.

§ 1. Les textes

Ce sont essentiellement les articles 81 (A) et 82 (B) du traité.

A/ L'article 81

L'article 81 du traité relatif à la concurrence prévoit que :

1. Sont incompatibles avec le marché commun et interdits tous accords entre entreprises, toutes décisions d'associations d'entreprises et toutes pratiques concertées, qui sont susceptibles d'affecter le commerce entre Etats membres et qui ont pour objet ou pour effet

---

[300] Voyez à ce propos, F. SOUTY, *La politique de concurrence aux Etats-Unis,* PUF, collection « que sais-je ? », 1995. Elle repose essentiellement sur deux textes ; le *Sherman Act* de 1890 qui traite des ententes et de l'abus de position dominante et le *Clayton Act* de 1914 qui traite des pratiques déloyales et du contrôle des concentrations. Ayant plus d'un siècle d'existence, la jurisprudence américaine en matière de sport professionnel peut servir d'inspiration aux solutions éventuelles du droit européen.

[301] CJCE, arrêt dit HÖFNER et ELSER, 23 avril 1991, *Rec.* p. I-1979.

[302] F. RIZZO, Les conditions d'application du droit de la concurrence au spectacle sportif, in *Lamy droit du sport*, n° 178-35.

d'empêcher, de restreindre ou de fausser le jeu de la concurrence à l'intérieur du marché commun, et notamment ceux qui consistent à :

a) fixer de façon directe ou indirecte les prix d'achat ou de vente ou d'autres conditions de transaction,

b) limiter ou contrôler la production, les débouchés, le développement technique ou les investissements,

c) répartir les marchés ou les sources d'approvisionnement,

d) appliquer, à l'égard de partenaires commerciaux, des conditions inégales à des prestations équivalentes en leur infligeant de ce fait un désavantage dans la concurrence,

e) subordonner la conclusion de contrats à l'acceptation, par les partenaires, de prestations supplémentaires qui, par leur nature ou selon les usages commerciaux, n'ont pas de lien avec l'objet de ces contrats.

2. Les accords ou décisions interdits en vertu du présent article sont nuls de plein droit.

3. Toutefois, les dispositions du paragraphe 1 peuvent être déclarées inapplicables :

-à tout accord ou catégorie d'accords entre entreprises ;

-à toute décision ou catégorie de décisions d'associations d'entreprises et

-à toute pratique concertée ou catégorie de pratiques concertées qui contribuent à améliorer la production ou la distribution des produits ou à promouvoir le progrès technique ou économique, tout en réservant aux utilisateurs une partie équitable du profit qui en résulte, et sans :

a) imposer aux entreprises intéressées des restrictions qui ne sont pas indispensables pour atteindre ces objectifs,

b) donner à des entreprises la possibilité, pour une partie substantielle des produits en cause, d'éliminer la concurrence.

Donc, pour qu'il y ait violation de l'article 81 du traité CE, certaines conditions doivent être remplies : une ou plusieurs entreprises, un accord entre entreprises, une décision d'association d'entreprises ou une pratique concertée, une affectation du commerce entre Etats membres et une restriction de la concurrence à l'intérieur du Marché commun[303]. D'abord, la notion d'accord est le fait de se lier à une autre entreprise pour organiser son comportement économique sur le marché. Il peut être écrit ou oral. S'il est écrit, ce peut être un contrat, un avenant au contrat, comme de simples conditions générales de vente. Un tel engagement peut résulter d'un contrat de distribution sélective ou, autre exemple, d'un accord interprofessionnel[304]. Ensuite, une décision d'une association d'entreprises existe, que l'association soit une personne morale ou non, poursuivant un but lucratif ou non. Il y a entente qu'il s'agisse d'une décision prise au sein et par une association d'entreprises, ou qu'il y ait décision prise en commun par deux associations d'entreprises, ou plus. La géométrie est multiple et variée. La décision peut être constituée par l'acte fondateur de l'association, les statuts, ses règles internes, ou par des décisions prises en application de ces règles, et qui, à ce titre, lient les membres, de même que par des recommandations exprimées par celle-ci, si les membres les suivent[305]. Enfin, la pratique concertée vise une forme de coordination entre entreprises qui, sans avoir été poussée jusqu'à la réalisation d'une convention proprement dite, substitue sciemment une coopération pratique entre elles aux risques de la concurrence, coopération aboutissant à des conditions qui ne correspondent pas aux conditions normales du marché, compte tenu de la nature des produits, de l'importance et du nombre des entreprises ainsi que du volume et du caractère dudit marché[306].

A la lecture de l'article 81 §3, il y a des bonnes et des mauvaises ententes, donc des situations d'entente où l'article 81 §1 pourrait être déclaré inapplicable[307]. Pour appliquer le droit communautaire de la concurrence, les pratiques sportives sont classées en catégories :

---

[303] M. THILL, L'arrêt BOSMAN in *Revue du Marché Unique Européen 1/ 1996* p. 148 et pp.89-117.

[304] A. TERCINET, *Droit européen de la concurrence, opportunités et menaces,* Montchrestien, février 2000, p. 397.

[305] A. TERCINET, précité.

[306] Affaire dite SUIKER UNIE, CJCE, 16 décembre 1975, *Rec.* 1976, p. 1663. Ou encore Affaire dite Impérial Chemical Industries Ltd c. Commission, 14 juillet 1972, *Rec.* 1972, p. 619.

[307] C. GRYNFOGEL, *Droit communautaire de la concurrence*, LGDJ, 1997, p. 125.

1. Les pratiques qui échappent en principe à l'application de l'article 81, paragraphe 1, du Traité CE, car il s'agit de règles inhérentes au sport et/ou nécessaires à son organisation, telles que :

- les « règles du jeu »,

- les clauses de nationalité dans les compétitions entre équipes représentatives de pays (équipes nationales),

- les quotas nationaux de participation relatifs au nombre d'équipes ou d'athlètes par pays dans les compétitions européennes et internationales,

- les règles concernant la sélection des athlètes sur la base de critères objectifs et non discriminatoires, les règles destinées à assurer l'organisation du sport sur une base territoriale (nationale, régionale ou locale) lorsqu'elles n'empêchent pas de façon injustifiée la création d'autres types d'organisation d'un sport,

- les règles nécessaires pour garantir l'incertitude des résultats, lorsque des moyens moins restrictifs n'existent pas,

- une exclusivité relative aux droits de radiodiffusion qui ne vaut que pour une seule compétition ou une saison d'un championnat donné ; la création, sous réserve d'examen, d'un « pool de solidarité » visant à redistribuer de façon objective une partie des recettes des évènements sportifs entre clubs, notamment pour promouvoir la formation des jeunes joueurs ;

2. Les pratiques qui sont restrictives de la concurrence, mais qui peuvent être exemptées, notamment celles qui ne portent pas atteinte à la liberté de circulation des sportifs à l'intérieur de l'Union européenne et dont l'objectif est d'assurer de façon proportionnée le maintien d'un équilibre entre les clubs, en préservant une certaine égalité de chances et l'incertitude des résultats, et aussi d'encourager le recrutement et la formation des jeunes joueurs. Il s'agit en particulier :

- d'un système de transferts ou de contrats types, basés sur des indemnités calculées de façon objective, en rapport avec les coûts de formation ou fondés sur des indemnités négociées au préalable entre le joueur et son club,

- d'une exclusivité relative à des droits de transmission sportive, limitée dans sa durée, sa portée ainsi que dans ses effets. Il est toutefois difficile de déterminer une durée idéale pour les contrats d'exclusivité, chaque accord ayant ses caractéristiques propres. La Commission doit donc examiner chaque cas au regard des critères de l'article 81-3 du Traité CE, susceptibles de justifier une exemption ;

3. Les pratiques qui sont en principe interdites, dans la mesure où elles affectent sensiblement le commerce entre les Etats, et notamment :

- les accords de parrainage (*sponsoring*) lorsqu'ils ferment un marché, en écartant sans raison objective d'autres fournisseurs,

- les systèmes de transferts internationaux fondés sur des indemnités calculées de façon arbitraire, sans rapport avec les coûts de formation indépendamment de la nationalité du joueur et du fait que le transfert a lieu sous contrat ou en fin de contrat,

- toute exclusivité en matière de cession de droits de radiodiffusion relatifs à des évènements sportifs qui, en raison de sa durée et/ou de sa portée, conduirait à fermer le marché.

Confrontées à l'article 81 du traité, plusieurs dispositions relatives aux transferts de footballeurs professionnels issues des règles antérieures à 2001 semblent contraires au droit communautaire de la concurrence. D'abord, la circulaire n° 616 du 4 juin 1997 de la FIFA rendait impossible pour le joueur professionnel de résilier unilatéralement son contrat de travail. Ensuite, il était également reproché aux trois formes de mutations internationales d'être contraires aux dispositions communautaires. Il s'agit de trois types de transferts : celui d'un pays tiers à l'intérieur de l'EEE jusqu'au 1er avril 1999, celui d'un joueur, sous contrat, en provenance d'un pays tiers vers un Etat de l'EEE et vice versa et celui d'un joueur à l'intérieur de l'EEE au cours de son contrat.

Enfin, l'obligation imposée par le règlement de la FIFA aux associations nationales de mettre en œuvre des systèmes nationaux de transfert d'une part, le contrat type joueur/ club établi par l'UEFA et dont la mise en œuvre relève de la responsabilité de la FIFA d'autre part et l'interdiction faite aux Fédérations nationales, aux Ligues, aux clubs et aux joueurs de saisir les juridictions de droit commun en cas de litige relatif à une opération de transfert. Les transferts de joueurs professionnels semblent aussi contraires à l'article 82 du traité qui interdit les pratiques abusives.

B/ L'article 82

Les Fédérations sportives étant des associations d'entreprises[308] et les clubs[309] des entreprises, leur comportement doit être conforme à l'esprit de l'article 82 du traité. « Est incompatible avec le marché commun et interdit, dans la mesure où le commerce entre Etats membres est susceptible d'en être affecté, le fait pour une ou plusieurs entreprises d'exploiter de façon abusive une position dominante sur le marché commun ou dans une partie substantielle de celui-ci. Ces pratiques abusives peuvent notamment consister à :

a) imposer de façon directe ou indirecte des prix d'achat ou de vente ou d'autres conditions de transaction non équitables,

b) limiter la production, les débouchés ou le développement technique au préjudice des consommateurs,

c) appliquer à l'égard de partenaires commerciaux des conditions inégales à des prestations équivalentes, en leur infligeant de ce fait un désavantage dans la concurrence,

d) subordonner la conclusion de contrats à l'acceptation, par les partenaires, de prestations supplémentaires qui, par leur nature ou selon les usages commerciaux, n'ont pas de lien avec l'objet de ces contrats ».

Il faut dire que c'est la CJCE, dans l'affaire United-Brands[310], qui a précisé la notion de position dominante. En effet, c'est une position de puissance économique détenue par une entreprise, qui lui donne le pouvoir de faire obstacle au maintien d'une concurrence effective sur le marché en cause, en lui fournissant la possibilité de comportements indépendants dans une mesure appréciable vis-à-vis de ses concurrents, de ses clients et, finalement, des consommateurs. La prohibition de l'article 82 ne vise pas la situation de domination en elle-même, mais l'exploitation abusive de celle-ci[311]. Deux définitions de l'abus sont possibles : l'une qui consiste en un « comportement intentionnellement anormal au regard du régime de la concurrence effective ». L'autre

---

[308] Déc. n° 92/521/ CEE de la Commission, 27 oct . 1992, *JOCE* 12 nov. n° L 326, p. 31.

[309] CJCE, 15 déc. 1995, aff. C- 415/93, *Rec. CJCE*, p. 5040.

[310] CJCE, 14 février 1978, aff. 27/76, Unitde Brands Compagny et United Brands continental BV c/ Commission, *Rec.* p. 207.

[311] C. GRYNFOGEL, *op.cit.*, 1997, p. 43.

définition possible met cet article aux services de l'ensemble des politiques européennes[312].

Les conditions d'application de l'article 82 du Traité sont au nombre de quatre. Il faut tout d'abord situer le marché économique en question. Celui-ci doit être défini dans ses deux dimensions, à savoir sa dimension géographique et sa dimension matérielle, c'est-à-dire tous les produits (ou services) qui présentent un degré suffisant d'interchangeabilité qui sont inclus dans ce marché. Ensuite, il convient de déterminer si l'entreprise visée est bel et bien détentrice d'une véritable position dominante sur ce marché économique. Il faudra alors évaluer si elle abuse de cette position favorable. Et enfin, il emportera d'apprécier si le commerce entre Etats membres est susceptible d'en être affecté[313].

Après avoir cité ces deux articles relatifs à la concurrence, la question est de savoir si leur application est nécessaire pour réformer le système de transfert ? La Cour de justice des Communautés européennes[314] n'a pas jugé opportun d'appliquer les articles 81 et 82 du traité de Rome pour résoudre la problématique des transferts. D'ailleurs, la grande majorité de la doctrine en la matière va dans le même sens que la CJCE.

§ 2 : L'inopportunité de l'application de ces textes

La CJCE n'a pas jugé opportun d'appliquer les règles de concurrence dans l'arrêt Bosman (A). Ce que semble approuver une grande partie de la doctrine (B).

A/ La position de la CJCE

La CJCE a jugé inopportun d'appliquer les articles 81 et 82 du traité aux transferts de footballeurs professionnels, estimant que l'article 48 était suffisant pour régler le problème Bosman. En effet, selon l'attendu de la Cour de justice « les deux types de règles visées par les questions préjudicielles étant contraires à l'article 48, il n'y a pas lieu de se prononcer sur l'interprétation des articles 81 et 82 du Traité ».

Pourtant, selon l'avocat général M. Lenz, « il est aussi parfaitement clair que les règles que nous avons à examiner ici ont pour effet de

---

312 A. TERCINET, précité.

313 M. THILL, *op.cit*, p. 150.

314 Voyez CJCE, 15 déc. 1995, précité.

restreindre la concurrence au sens de l'article 85, paragraphe 1. Cela vaut également pour les règles de transfert. Ainsi que l'a exposé la Commission, ces règles substituent au régime normal de l'offre et de la demande un mécanisme uniforme qui aboutit à conserver la situation concurrentielle existante et à priver les clubs de la possibilité d'exploiter les occasions d'engager des joueurs, qui s'offriraient à eux dans des conditions normales de concurrence. S'il ne fallait pas payer de somme de transfert, un joueur pourrait librement changer de club au terme de son contrat et rechercher le club qui lui offre les meilleures conditions. Dans ces circonstances, le club ne pourrait dès lors exiger de somme de transfert qu'au cas où cela aurait été préalablement stipulé dans le contrat passé avec le joueur. Au contraire, le régime actuel de transfert aboutit à maintenir principalement le joueur dans les liens de son ancien club même après l'expiration de son contrat. Comme un transfert ne peut intervenir que moyennant paiement d'une somme de transfert, ce régime a tendance à maintenir la situation concurrentielle existante. Les règles de transfert restreignent donc elles aussi la concurrence ».

Pour lui, sans les règles de transfert, les joueurs pourraient se transférer librement vers les clubs offrant les meilleures conditions[315]. La doctrine majoritaire considère, comme la CJCE, que les règles communautaires de la concurrence ne doivent pas ou ne peuvent pas s'appliquer dans ce domaine.

B/ La doctrine

Selon M. Nicolas Parisis[316], de nombreux doutes subsistent quant à l'applicabilité des règles communautaires de droit de la concurrence au sport professionnel. La bataille entre clubs, dans laquelle les joueurs constituent incontestablement les armes principales, n'est pas une compétition économique.

Un championnat de football ne peut, en effet, être assimilé à un marché dans lequel des services seraient offerts et demandés. Il est totalement erroné de confondre compétition sportive (pratique des clubs ou instances sportives, donc application des règles du sport) et compétition économique (application des règles de concurrence aux activités

---

[315] D. O'KEEFFE et P. OSBORNE, « L'application des règles de concurrence à l'activité sportive », in *Revue du Marché Unique Européen* 1/1996, pp . 17-44.
[316] M. THILL, *op.cit*, pp. 103-112.

économiques connexes au sport, vente de tickets, vente des droits de radiodiffusion, sponsoring, articles du sport). Donc, il convient de distinguer les règles et comportements relatifs à l'organisation des compétitions de ceux qui régissent les activités économiques du sport. Seuls ces derniers pourraient avoir des effets sensibles sur certains marchés économiques et être soumis aux règles communautaires. En outre, M. Alexandre Husting pense qu'il est vrai que, pour résoudre les transferts, notamment l'affaire Bosman, le recours aux règles de la concurrence n'était pas obligatoire[317]. Pour d'autres, cette timidité tient sans doute au sentiment que la spécificité sportive doit être prise en compte et que l'irruption du droit ne doit pas bouleverser les équilibres fragiles du sport [318]. Elle tient aussi aux difficultés d'appréhension des entités et des situations sportives par les instruments juridiques du droit de la concurrence. Enfin, pour que soient appliquées systématiquement au sport européen les règles de concurrence du Traité, fortement inspirées de la législation anti-trust américaine, il faudrait que puisse être constatée une évolution identique à celle suivie par le sport américain, tant sur le plan de la commercialisation que dans la structure même du mouvement sportif ; or, il n'en est rien[319].

A notre sens, appliquer le droit communautaire aux transferts de sportifs professionnels sans identifier la véritable cause du dérèglement du système ne résoudrait pas le problème. Or, c'est ce qui s'est passé dans l'affaire Bosman. En effet, on a résolu le problème des indemnités de transfert, lorsqu'il s'agit de joueurs en fin de contrat et les clauses de nationalité, qui ne sont que les conséquences, non la cause du dérèglement des transferts. De toute façon, cette liberté du joueur en fin de contrat ne résout pas le problème, puisqu'elle n'est que provisoire ; dès son transfert, le nouveau club retrouve tous les droits de l'ancien club. Alors que ce que demande un joueur professionnel, c'est en réalité une double liberté : celle de pouvoir contracter librement sur un marché, d'être libre de circuler, mais aussi celle d'être réellement capable de choisir sa carrière. Par conséquent, l'arrêt de la Cour, en sanctionnant les restrictions à la mobilité des joueurs en fin de contrat, n'a résolu que les conséquences du problème et non pas la cause. Nous pensons que la véritable cause est, d'une part, la non prise en compte du talent et de la

---

[317] A. HUSTING, *L'Union Européenne et le sport : l'impact de la construction européenne sur l'activité sportive,* Juris service, 1998, p. 148.
[318] J. RIDEAU, *op. cit.*, p. 154.
[319] Ch. GARRIGUES, *op. cit.*, p. 409.

révélation du joueur professionnel comme une valeur incorporelle. Et d'autre part, l'appréhension du joueur comme un salarié ordinaire. Or, il est vrai que ce dernier est un salarié, mais, en même temps, il a une valeur incorporelle qu'il faut aussi prendre en compte. Donc, la seule prise en compte de ce double aspect (salarié et valeur incorporelle) permettra de comprendre et de résoudre les transferts de joueurs professionnels.

CHAPITRE II : LA CONTESTATION DU SYSTEME AU SEIN DU MOUVEMENT SPORTIF

Le mouvement sportif a contesté le système de transfert par le syndicat qui défend les intérêts des joueurs professionnels au niveau international (Section 1), mais aussi par les représentants des clubs professionnels de football (Section 2) qui pensent que le système reste à parfaire.

SECTION 1 : LES SYNDICATS DE JOUEURS PROFESSIONNELS

Pour la FIFPRO, la polarisation économique du football européen et l'observation de l'inégale répartition des flux de transfert seraient la preuve même de l'incapacité totale du système de transfert à atteindre ses objectifs, c'est-à-dire la protection et le développement de la formation et l'équilibre de la compétition. Le système de transfert fonctionnerait à l'encontre d'une partie du secteur par l'existence, pour les petits clubs, de coûts d'opportunités à vendre leurs meilleurs joueurs ou, pour les grands clubs, de ne pas investir dans la formation professionnelle (joueurs étrangers).

Les principales conclusions du rapport remis par le syndicat en 2001 étaient les suivantes : « Les autorités du football ont soumis de vastes données démontrant le besoin de la conservation du système de transfert quand, en réalité, c'est une preuve sans équivoque des échecs du système de transfert. (…). Transférer les revenus des honoraires reste une part relativement modeste du chiffre d'affaire (…) ; les autorités du football ne font pas de concession dans leurs données pour les énormes incompétences qui existent dans le système de transfert comme un moyen de redistribution de fortune (…) ; les autorités du football ont manqué de montrer un rapport occasionnel entre le système de transfert et les programmes d'entraînement et de développement (…) ; les autorités du football ne déclarent pas si il y' a moins de moyens ou plus d'efficacité en redistribuant la fortune dans le football (...). De plus, la conséquence économique du système de transfert est d'aggraver la polarisation économique dans le jeu (...). Pour ces raisons, la continuation du système de transfert (même sous une forme modifiée) ne peut être justifiée ».

SECTION 2 : LES CLUBS PROFESSIONNELS

Les clubs professionnels de football ont une position plus nuancée. En effet, selon Philippe Diallo, directeur de l'Union des clubs professionnels de football en France, le règlement de la FIFA sur les transferts a stabilisé les contrats, imposé une indemnité de formation au niveau international et mis en place une chambre de règlement des litiges. En revanche, par opposition au précédent règlement, qui était plutôt général, pour prendre en compte les lois nationales, le nouveau pose des règles plus détaillées et précises. Par conséquent, il y a une inadéquation avec les législations nationales d'où des difficultés d'application. En outre, même si l'opération de transfert est validée, elle n'est pas sécurisante. Ainsi, il faut des éléments juridiques pour sécuriser et garantir les transferts de sportifs professionnels. A défaut, les plaintes pourraient se développer contre les Fédérations et les clubs.

PARTIE II

LE TRANSFERT, UNE OPÉRATION À RÉFORMER

L'étude de la première partie de cette thèse sur les transferts de footballeurs professionnels présente plusieurs caractéristiques. Dans un premier temps, ils peuvent s'exprimer aux niveaux national et international. Le transfert national comme le transfert international peut se faire sous forme de prêt ou de transfert définitif. Cependant, le transfert international est beaucoup plus complexe. Il fait intervenir beaucoup plus d'acteurs et montre davantage la différence de traitement entre les sportifs communautaires et non communautaires. Dans un second temps, les transferts de footballeurs professionnels, tels qu'ils sont issus des règlements fédéraux antérieurs à l'arrêt Bosman, notamment la rétention du sportif, étaient difficilement justifiables par rapport aux relations associative et de travail. Dès lors, les transferts ne cessent d'être contestés. D'une part, les transferts sont contestés en droit européen, dans la mesure où ils entravent aux principes fondamentaux de libre concurrence et de libre circulation. D'autre part, le mouvement sportif a montré les limites des transferts dans la mesure où ils ne permettent ni la protection de la formation ni l'équilibre de la compétition. Ainsi, l'opération de transfert doit être réformée. Pour ce faire, il faut exposer les aspects lacunaires du système (Titre 1), afin d'arriver à concevoir une profonde réforme (Titre 2).

TITRE I : LES ASPECTS LACUNAIRES DU SYSTEME DE TRANSFERT

Les transferts de joueurs ne sont pas l'apanage du sport professionnel européen. Les transferts sont aussi utilisés dans les championnats professionnels nord-américains. On doit ici les présenter, en guise de préliminaire, car les différences ouvrent l'esprit à une réflexion renouvelée du système européen. La différence majeure tient à ce que, en Amérique du Nord, le système de transfert est « libre », alors qu'en Europe, les transferts sont plus restrictifs. Aux Etats-Unis, les transferts sont appelés sous le nom de clause de réserve, c'est-à-dire les droits exclusifs que détient un club professionnel à l'endroit d'un athlète sous contrat, rendant virtuellement impossible toute forme d'accord entre l'athlète et une autre formation professionnelle[320]. Le pouvoir de vendre certains joueurs sur le marché au club le plus offrant et la liberté de changer de club passa aux mains des propriétaires des clubs en 1876[321]. Ces derniers réussirent à imposer, en 1880, la clause de réserve[322], qui permettait à un club de décider de façon unilatérale de conserver un joueur pour la saison suivante, mettant ainsi fin à la libre mobilité des joueurs d'un club à un autre. Ce système de transfert du sport professionnel américain repose sur quelques principes régulateurs[323]. D'abord, il existe une allocation des ressources financières entre les clubs, ensuite, nous avons une action sur l'allocation des talents avec le *draft*[324] et le *salary cap*[325] et, enfin, est consacré le principe du fonctionnement du championnat professionnel en circuit fermé.

---

320 Ch. GARRIGUES, *op. cit.*, p. 405.

321 J-F. BOURG et J-J. GOUGUET, *Economie du sport*, La Découverte, 2001, p. 62.

322 J-F. BOURG et J-J. GOUGUET, *Analyse économique du sport*, PUF, 1998, p. 171. Selon les auteurs *« pendant très longtemps, la clause de réserve de propriété aux Etats-Unis (de 1879 à 1975 en base-ball) et le système des transferts ou du « contrat à vie » en Europe (jusqu'en 1973 pour le football français, jusqu'en 1995 date de l'arrêt BOSMAN pour les sports professionnels dans l'Union Européenne) attribuaient des droits exclusifs aux clubs sur leurs joueurs, lesquels ne pouvaient négocier qu'avec leur club après la signature de leur premier contrat »*.

323 D. PRIMAULT, Quelle régulation pour les sports collectifs professionnels ?, in *Problèmes économiques*, n°2.744, 16 janvier 2002, pp. 5-7.

324 ***Le draft*** consiste en une règle de choix des jeunes joueurs issus du championnat universitaire, des high schools ou de ligues mineures ou étrangères. Un classement des joueurs selon leur valeur sportive est établi par des experts et chaque club choisit ses joueurs dans l'ordre inverse de son classement au championnat. Il est possible ainsi

Il n'existe pas de corrélation entre les différentes restrictions et les objectifs des transferts (équilibre des compétitions et la formation). En effet, avec ou sans système de transfert, les meilleurs joueurs resteront toujours dans les clubs les plus riches et le passage du système de clause de réserve au système de *free agency*, c'est-à-dire les agents libres (joueurs libres en fin de contrat), n'a pas empêché une distribution inégale des talents entre les équipes. En revanche, le *salary cap* augmentera la rentabilité du sport dans l'ensemble, en réduisant le niveau des offres de salaires aux joueurs. Ce système pourrait être instauré avec succès dans les divisions inférieures de la Ligue nationale. Il pourrait être présenté aux syndicats de joueurs comme une manière de préserver des emplois, dans un environnement où il est de plus en plus improbable que le marché puisse soutenir le nombre actuel de clubs professionnels. Mais les accords de partage des bénéfices en Europe risquent d'échouer pour la même raison que les accords de cartel tendent vers l'instabilité dans toutes entreprises. Cette politique réduirait les salaires, mais il y aurait des perdants.

Les clubs de football européens sont bien plus divers que leurs homologues américains et les perdants, les clubs à plus haut revenu, pourraient simplement former une ligue alternative[326]. Ainsi, à notre avis, le système de régulation nord-américain ne permet pas résoudre efficacement les transferts de sportifs professionnels. Par exemple, dans le hockey (NHL), il n'y a pas un marché des transferts à proprement parler, mais suivant le cours de la carrière du joueur, trois types de marchandage sont observés. D'abord, la *draft* est appliquée jusqu'à

---

pour le dernier du championnat de recruter le meilleur nouveau joueur, ce qui est supposé améliorer l'équilibre compétitif. Le joueur recruté ne peut refuser le choix de son nouveau club. Cependant, une équipe peut par négociation échanger son tour dans la draft contre le transfert d'un joueur sous contrat. Cette définition est tirée de l'ouvrage de J-F. BOURG et J-J. GOUGUET, *op.cit*, p. 64.

[325] ***Le salary cap*** est un plafonnement de la masse salariale globale des joueurs de la ligue. Une négociation collective entre joueurs et propriétaires établit le pourcentage des revenus de la ligue qui doit revenir aux joueurs. En divisant ce montant global par le nombre d'équipes, on obtient le montant budgétaire maximum que chaque club peut consacrer à sa masse salariale. C'est sur cette base que les contrats individuels seront négociés entre propriétaires et agents. Ce système permet d'éviter que les clubs les plus riches puissent acquérir les meilleurs jeunes joueurs sur le marché. Le système du salary cap n'existe que dans le NBA ; le Hockey et le Base-ball ne le pratiquent pas. Définition également tirée de J-F. BOURG et J-J. GOUGUET, *op.cit*, p. 64.

[326] SIMMONS et FORREST, précités.

l'âge de 25 ans. Ensuite, de 25 à 28 ans, les clubs procèdent à un marchandage des tours dans la *draft*, c'est-à-dire à un échange de joueurs. Enfin, de 28 à 30 ans, le joueur devient un *free agent*, c'est-à-dire qu'il bénéficie exclusivement du droit sur son talent. Le joueur n'est réellement libre dans le cadre du hockey qu'après 28 ans. Par conséquent, la *draft* remet en cause la liberté et la mobilité des jeunes joueurs, ainsi que des professionnels avertis, notamment dans le cas de joueurs draftés et ballottés dans les Ligues mineures de hockey. Donc, les modèles de *free agents* aux USA, ou encore ceux de joueurs libres en fin de contrat en Europe, ne permettent pas de réguler efficacement les transferts de sportifs professionnels. En effet, seul un système assurant la prise en compte du talent et de la révélation du sportif salarié comme une valeur incorporelle pourrait résoudre le véritable problème des transferts qui se pose tant en Europe que Outre-Atlantique. Pour y parvenir, il faut analyser d'abord, les aspects lacunaires du système de transfert européen issu des règlements de la FIFA liés à un enchevêtrement de contrats (Chapitre 1) et, ensuite, l'inefficacité du système due au contrôle de l'activité des agents sportifs (Chapitre 2).

CHAPITRE I : L'INEFFICACITE DU SYSTEME DE TRANSFERT LIEE A UN ENCHEVETREMENT DE CONTRATS

Le système de transfert français (et européen) issu des règlements de la FIFA est inefficace à cause de l'existence d'un ensemble de contrats enchevêtrés.

Cette complexité est plus ou moins grande selon que l'on est un initié ou pas. Ceux qui ont l'habitude ou le savoir peuvent s'en accommoder. Ainsi des joueurs en fin de carrière, des dirigeants de clubs, qui sont des hommes d'affaires habitués à passer des contrats, ou encore le juriste. Pour les autres, et notamment pour les jeunes joueurs dont les droits sont particulièrement à protéger, le système de transfert est incompréhensible. Cela tient à tous les contrats en présence. Il s'agit, d'abord, du contrat de travail et des indemnités de transfert (Section 1), ensuite, des contrats de mandat, de courtage et des indemnités de transfert (Section 2) et, enfin, du contrat d'image, des indemnités et du contrat de travail (Section 3).

SECTION 1 : L'ENCHEVETREMENT DU CONTRAT DE TRAVAIL ET DES INDEMNITES DE TRANSFERT

Le schéma classique en matière de transfert de footballeurs professionnels souligne trois rapports de droits. En effet, le premier montre que les footballeurs professionnels sont d'abord liés à leur club (vendeur) par un contrat de travail à durée déterminée en cours d'exécution. Ensuite, en cas d'accord entre le club vendeur et le second club (acheteur), le contrat de travail initial est rompu selon telle modalité avant son terme et un nouveau contrat de travail est signé entre le joueur professionnel et le club acheteur. Ce contrat correspond au travail que devra fournir le joueur à son nouveau club. Enfin, une seconde étape lie les deux clubs.

En effet, le club acheteur paiera des indemnités au club vendeur. Ces indemnités correspondent au travail de détection, de formation ou de promotion du club vendeur. Il s'agit donc de deux choses bien distinctes. Or, l'une ne peut se faire sans l'autre. L'amalgame consiste dans le fait que le joueur et le club acquéreur ne peuvent conclure un contrat de travail tant que le club acquéreur ne paie pas les indemnités dues au club quitté. Le club quitté ne reçoit des indemnités que si le joueur signe un contrat de travail. Les deux contrats étant enchevêtrés peuvent donner lieu à de nombreux abus.

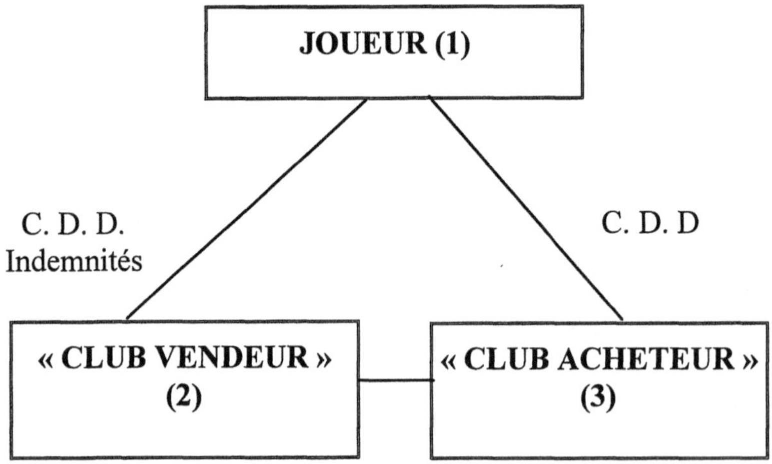

SECTION 2 : L'ENCHEVETREMENT DES CONTRATS DE MANDAT, DE COURTAGE ET LES INDEMNITES DE TRANSFERT

L'agent sportif intervient ici en contactant le club acheteur ou l'agent du club acheteur intervient en contactant celui du joueur pour un éventuel transfert. Dans les deux cas, l'agent sportif démarche et négocie avec les clubs ou les joueurs. Or, selon l'article L.222-6al.1 du Code du sport (article 15-2 de la loi du 16 juillet 1984), l'agent doit représenter le joueur ou le club en tant que mandataire. Par conséquent, l'agent, en procédant ainsi, fait à la fois du courtage et de la représentation. En outre, l'agent sportif est souvent rémunéré à la fois sur les indemnités de transfert et sur le contrat de travail. Cette double activité et cette double rémunération de l'agent sportif ne sont que la conséquence de l'enchevêtrement des contrats de mandat, de courtage et des différentes indemnités.

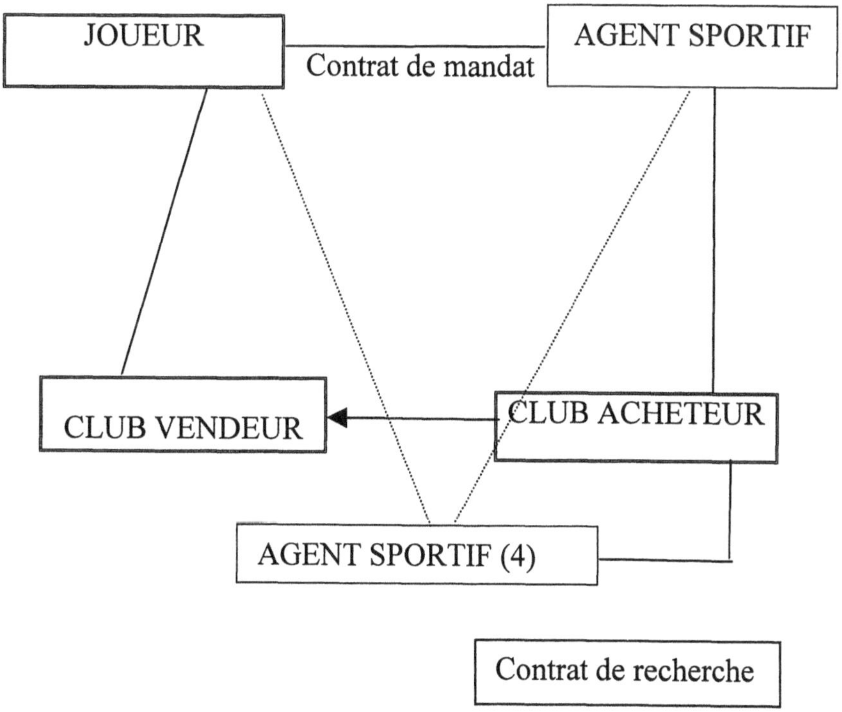

SECTION 3 : L'ENCHEVETREMENT DU CONTRAT D'IMAGE, DES INDEMNITES ET DU CONTRAT DU TRAVAIL

Aujourd'hui, concernant les contrats d'image, plusieurs situations peuvent se présenter dès lors que les droits d'image ne sont pas l'image d'une propriété sportive mais l'image publicitaire :

- le club peut très bien être dépourvu de la valeur de l'image qu'il contribue à révéler. Lors du transfert de Ronaldinho, qui est représenté par le schéma n°3, du PSG au FC Barcelone, le club parisien a dû rembourser une créance de 15 millions d'euros à la société d'image SPORTFIVE qui détient les droits.
- le club peut céder à nouveau les droits sans talent ; sur le transfert de Figo du FC Barcelone au Réal Madrid (62 millions d'euros), le club catalan a revendu les droits Internet à Telefonica pour 35 millions d'euros.
- le club peut exploiter indifféremment l'image du club et l'image du joueur ; avec le transfert de Zidane au Réal Madrid, le club a pu revoir à la hausse la marge rétrocédée par Adidas au club (environ 25%).

Ces exemples montrent la réalité. Les clubs ne transfèrent pas un droit de représentation sur l'image sportive concédé par le joueur, mais cèdent un droit de négocier l'image d'un talent sportif, ce qui pose des problèmes, notamment celui du contrôle du sportif sur son image, des conflits de sponsors du joueur et du club et d'autonomie dans le recrutement des clubs.

Ainsi, le contrat d'image et le contrat de travail sont souvent enchevêtrés lors des transferts de footballeurs professionnels. Si tel joueur est transféré, le montant du transfert devrait souvent prendre en compte la valeur du contrat de travail et les coûts liés au travail de détection, de formation ou de promotion. Mais aujourd'hui, et notamment pour les joueurs les plus prometteurs, les droits d'image occupent une part importante du montant des transferts, base principale de la formation du prix et souvent sans rapport le talent équivalent.

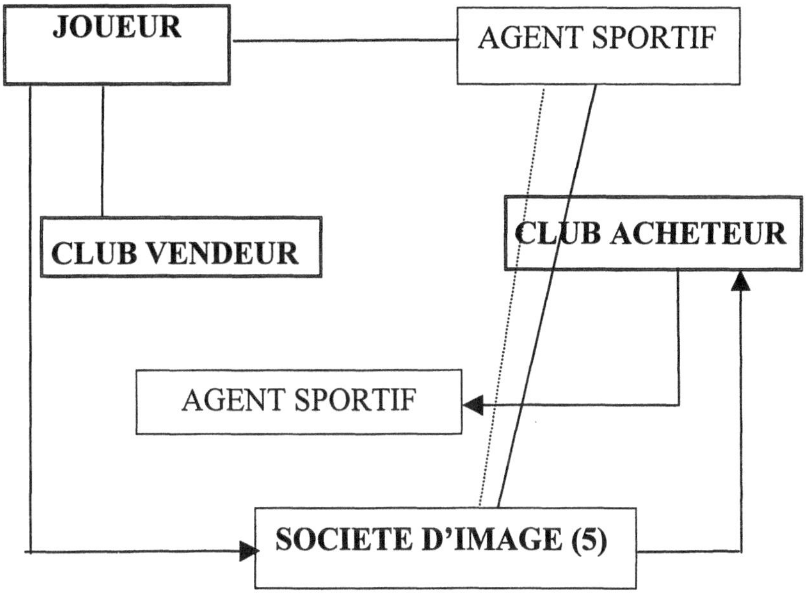

CHAPITRE II : L'INEFFICACITE DU SYSTEME LIEE AU CONTROLE DES INTERMEDIAIRES

La reconnaissance légale de la profession d'agent sportif est une exception à l'article 312-7 du Code du travail relatif aux opérations de placements payants, dont le monopole est confié à l'ANPE[327]. L'exercice de la profession est soumis à des contraintes et des sanctions afin que s'instaure une transparence dans la relation tripartite complexe entre l'agent, le joueur et le club. Nous verrons que, malgré l'intervention du législateur et le durcissement du contrôle, des dérives[328] sont de plus en plus constatées. La relation tripartite et le rôle

[327] Voir P.COLLOMB et J.M. RAINAUD, Commentaire de la loi du 13 juillet 1992 modifiant la loi du 16 juillet 1984, Chron. SPORT, *AJDA, 1992,* pp. 799-815.

[328] Se reporter aux articles suivants : « PSG, la grande triche », in *Aujourd'hui en France,* 29 septembre 2005, pp. 12-13. « Agents de joueurs ; LAMOUR et le fisc mènent l'enquête », in *le Parisien,* 11 septembre 2004, p. 18.
« La justice veut mettre de l'ordre »,in *L'Equipe,* 1 mars 2005, p. 6. Voyez aussi en annexe les 8 propositions relatives à la situation des agents sportifs du groupe de travail placé sous l'égide de la LFP. Ces propositions visent à mieux contrôler l'activité des agents sportifs.

de l'agent sportif dans les transferts de footballeurs sont assez révélateurs de cette situation. Les insuffisances liées au contrôle de l'activité des agents sportifs posent beaucoup de problèmes au bon déroulement de l'opération de transfert. L'analyse de la réglementation relative à l'activité d'intermédiaire sportif (Section1) nous permettra de mieux appréhender son évitement (Section 2).

SECTION 1 : LA REGLEMENTATION RELATIVE A L'ACTIVITE D'INTERMEDIAIRE

Les articles L.222-7 à L.222-11 du Code du sport visent davantage à protéger l'activité de l'agent sportif que le sportif lui-même. Ainsi, un certain nombre de conditions doivent être remplies au préalable (§1) par toute personne physique désirant exercer l'activité d'agent sportif. A défaut, des sanctions (§2) sont prévues contre tout manquement au règlement.

§ 1 : Le préalable à l'exercice de la profession [329]

Pour exercer la profession, il faut réussir l'examen d'agent sportif et remplir les conditions légales pour obtenir la licence (A). La Fédération nationale doit, ensuite, autoriser l'exercice de l'activité par l'octroi de la licence (B). Il faut accomplir, enfin, certaines formalités (C) comme la signature du code de déontologie (1) et la souscription à une police d'assurance responsabilité civile (2).

A/ La licence

La licence est un agrément ouvrant droit, pour son bénéficiaire, à la pratique d'un sport ou d'une activité, moyennant affiliation à un club ou

[329] Voyez le *décret n° 2002-649 du 29 avril 2002 modifié par le décret n° 2004-371du 27 avril 2004 pris pour application de l'article 15-2 de la loi du 16 juillet 1984 et relatif à la licence d'agent de joueurs précise les modalités d'attribution et de délivrance, les conditions du renouvellement et les modalités du retrait de la licence.*
Voyez aussi *l'arrêté du Ministre des sports du 16 juillet 2002 relatif à l'agent de joueurs qui précise les conditions d'exercice de la profession et l'arrêté du Ministre des sports du 24 décembre 2002 fixant les conditions d'homologation du programme et des épreuves de l'examen relatif à la licence d'agent sportif modifié par l'arrêté du Ministre des sports du 21 février 2003.*

à une association[330]. Selon l'article L.222-6 du Code du sport (article 15-2,I, de la loi du 16 juillet 1984 modifiée par la loi du 6 juillet 2000), toute personne exerçant à titre occasionnel ou habituel, contre rémunération, l'activité consistant à mettre en rapport les parties intéressées à la conclusion d'un contrat relatif à l'exercice rémunéré d'une activité sportive, doit être titulaire de la licence d'agent sportif. Le décret n° 2002-649 du 29 avril 2002 pris pour l'application de l'article 15-2 de la loi du 16 juillet 1984 fixé les conditions relatives à la délivrance de la licence d'agent sportif et l'arrêté du 16 juillet 2002 a précisé les conditions de dossier à remplir. Ces conditions diffèrent selon que la demande émane d'une personne physique ou d'une personne morale. S'il s'agit d'une personne physique, la demande doit présenter la forme d'une lettre simple, mentionnant les nom, prénom, date et lieu de naissance, nationalité, numéro de téléphone du candidat et précisant la discipline sportive pour laquelle la licence est sollicitée, ainsi que les conditions d'exercice de l'activité à laquelle il est prétendu. Cette lettre doit être accompagnée :

- d'un justificatif de domicile (avis d'imposition, quittance EDF, facture de téléphone) ;

- d'un *curriculum vitae* indiquant, notamment, les fonctions exercées par le candidat en matière d'activités physiques et sportives ;

- d'une déclaration sur l'honneur du candidat par laquelle il reconnaît être en conformité avec les incompatibilités et incapacités visées à l'article L.222-7 du Code du sport (article 15-2 de la loi du 16 juillet 1984), qu'il s'engage, par la même déclaration à respecter.

S'il s'agit d'une personne morale, la demande doit contenir les éléments et les pièces suivantes :

- la forme juridique de la société et la désignation de la (ou des) personne (s) habilitée (s) à agir pour le compte de la société pour exercer l'activité d'agent sportif et donc à être candidate (s) à l'examen ;

- pour chaque candidat à l'examen désigné par la personne morale, l'ensemble des pièces exigées de toute personne physique candidate à la licence ;

- les statuts de la personne morale ;

[330] *Vocabulaire juridique, Association H. Capitant* V° Licence.

- le cas échéant, l'inscription de la société au registre du commerce ;

- l'adresse et le numéro de téléphone du siège social et des succursales ;

- le nom, prénom, date et lieu de naissance, qualités et adresse personnelle, selon les cas, des dirigeants, dirigeants sociaux, du ou des gérants de la société, des associés.

L'arrêté du Ministre des sports du 24 décembre 2002, modifié par l'arrêté du Ministre des sports du 21 février 2003, fixe les conditions d'homologation du programme des épreuves de l'examen relatif à la licence d'agent sportif. En effet, le programme des épreuves se compose d'une épreuve générale et d'une épreuve spécifique. L'épreuve générale porte sur un ensemble de connaissances juridiques et l'épreuve spécifique, sur la réglementation des activités physiques et sportives et sur les règlements sportifs dans la discipline concernée. Le programme et les épreuves de l'examen relatif à la licence sont homologués[331] à la demande de la Fédération au délégué à l'emploi et aux formations du ministre des sports.

Cette exigence de licence est reprise par le règlement de la FIFA du 1er mars 2001 gouvernant l'activité des agents de joueurs qui, dans son article 1er, énonce que les joueurs et les clubs sont autorisés à faire appel aux services d'un agent sportif dans le cadre de négociations qu'ils mènent avec d'autres joueurs ou clubs. Ainsi, enfreint la législation relative à la profession d'agent sportif toute personne exerçant l'activité sans l'obtention de la licence. La commission des agents[332] constate, de plus en plus, que des personnes se présentant comme des recruteurs de clubs interviennent auprès des joueurs et sont intéressées à l'éventuelle conclusion d'un contrat. Il faut dire que l'activité n'est rien d'autre que celle d'un agent sportif, dès lors que le recruteur joue le rôle d'intermédiaire entre le joueur et le club contre rémunération. Ce

---

[331] Voyez l'arrêté du Ministre des sports du 24 février 2003 portant homologation du programme des épreuves de l'examen relatif à la licence d'agent sportif de la Fédération française de football.

[332] Il existe une commission des agents de joueurs nommée par le conseil fédéral. Elle est composée par les représentants des différentes familles du football. Pour plus de précisions, voyez les articles 1à 5 des règlements fédéraux notamment la partie concernant les agents sportifs.

phénomène est devenu très important par l'existence auprès de tous les clubs professionnels d'une cellule de recrutement, dont le personnel se substitue au rôle de l'agent sportif sans que leur comportement illégal soit sanctionné.

B/ L'autorisation préalable de la Fédération

L'autorisation est un acte par lequel une autorité administrative permet à un bénéficiaire d'exercer une activité ou de jouir de droits dont l'exercice ou la jouissance sont subordonnés à son obtention[333]. Le décret n°93-88 du 15 janvier 1993 avait précisé que toute personne désirant exercer l'activité d'agent sportif doit effectuer une déclaration préalable auprès du ministre chargé du sport. La loi du 6 juillet 2000 a substitué au contrôle *a posteriori* de l'accès à la profession d'agent de joueurs un contrôle *a priori*. En effet, la loi soumet l'exercice de l'activité d'intermédiaire à la soumission à l'autorisation préalable de la Fédération nationale concernée sous la forme d'une licence professionnelle.

Selon la doctrine, lorsque est en cause une liberté publique et la liberté d'entreprendre en est une[334] – l'exercice de celle-ci ne devrait pas, en principe, être subordonnée à l'autorisation préalable administrative. Toutefois, parce que la liberté n'est pas une liberté constitutionnelle de premier rang, la loi peut subordonner, sans la remettre en cause, l'exercice cette liberté à la délivrance d'une autorisation administrative préalable[335]. Par conséquent, dès lors qu'elle est prévue par la loi, l'absence d'une autorisation préalable interdit la personne de toute activité relative à cette profession et frappe de nullité les actes qu'elle aura accomplis.

Ainsi, la première chambre civile de la Cour de cassation, dans un arrêt du 18 juillet 2000[336], constate la nullité du contrat d'agent sportif

---

[333] *Vocabulaire juridique, Association H. Capitant*, V° Autorisation.
[334] Article 7 du Code de commerce issu de la loi du 2-17 mars 1791.
[335] « Les modalités de la réglementation des activités économiques privées », in *Lamy droit public des affaires*, pp. 358-374 sous la direction de L. RAPP et Ph. TERNEYRE
[336] Cass. 1ere civ., 18 juillet 2000, *D.* 2000, I.R., p. 250 et l'article de D. MAINGUY/ P.MOUSSERON, Match autour d'un transfert de joueur de football, *droit et patrimoine*, n° 99, déc. 2001, pp.114-115.

litigieux pour des raisons d'ordre public. En 1996, le club de football tunisien « Avenir sportif La Marsa » (La Marsa) a demandé à Monsieur Bismuth de négocier avec l'Olympique de Marseille (O.M) le transfert d'un joueur à destination du club olympien. La Marsa a confirmé par écrit son accord, pour une transaction d'un montant de 4,7 millions de francs, dont 1,2 millions de francs devaient être versés à Monsieur Bismuth, à titre de commission. Le 18 juillet 1996, Monsieur Bismuth a retourné le projet de convention adressé par le club tunisien signé. Le 1er août 1996, l'O.M et le joueur ont conclu un contrat de travail. Par la suite, La Marsa, invoquant le fait que Monsieur Bismuth ne dispose ni de la qualité d'agent agréé par la Fédération internationale de football association, ni d'une accréditation délivrée par l'O.M, a refusé de payer la somme due à cet intermédiaire. Assigné par Monsieur Bismuth, La Marsa a été condamnée par jugement du 28 mai 1996 du tribunal de commerce de Marseille à verser le montant de la commission initialement prévue. Ce jugement a été réformé par la Cour d'appel d'Aix-en-Provence, dans un arrêt du 28 mai 1998, et le pourvoi formé par Monsieur Bismuth se trouve rejeté par la décision du 18 juillet 2000 de la première chambre civile de la Cour de cassation.

La haute juridiction rejette les moyens du pourvoi au terme d'un raisonnement conduit en deux temps. En premier lieu, conformément à l'article 4 de la convention de Rome du 19 juin 1980, relative à la loi applicable aux obligations contractuelles, la Cour de cassation affirme qu'en l'absence de choix par les parties, le contrat se trouve régi par la loi du pays avec lequel il présente les liens les plus étroits, c'est-à-dire la loi de l'Etat où se situe, lors de la conclusion de l'acte, la résidence habituelle du débiteur de la prestation caractéristique. Elle en déduit logiquement la soumission du contrat conclu entre La Marsa et Monsieur Bismuth aux dispositions de la loi française du 16 juillet 1984, puisque ce dernier, débiteur de l'obligation de faire négocier le transfert du joueur, caractéristique de la convention d'intermédiaire, se trouve, au moment de sa conclusion, domicilié en France. En second lieu, elle constate que Monsieur Bismuth ne remplit pas les conditions posées par l'article 15-2 de la loi du 16 juillet 1984 (actuel article L.222-6 du Code du sport) pour l'exercice de la profession d'agent sportif (dans sa rédaction issue de la loi n° 92-652 du 13 juillet 1992), dans la mesure où il n'a pas satisfait à l'obligation de déclaration préalable de ses activités d'intermédiaire auprès des autorités administratives compétentes. En définitive, M. Bismuth relevant des dispositions de la loi du 16 juillet 1984, le défaut de déclaration préalable de ses activités d'agent aux autorités administratives compétentes expose le contrat litigieux à la nullité d'ordre public édictée par ce texte et en déduit l'impossibilité pour l'intermédiaire d'obtenir le règlement de sa commission[337]. En revanche, en l'absence de toute disposition législative ou internationale l'y autorisant, l'autorité administrative ne saurait subordonner, sauf à commettre une illégalité, l'exercice d'une profession ou d'une activité industrielle et commerciale à l'obtention d'une autorisation ou d'une habilitation de sa part[338].

Ainsi, pour la doctrine, ce pouvoir discrétionnaire connaît des limites. Outre la nécessité de la mesure et la prohibition des interdictions générales et absolues, les autorités de police ne peuvent édicter certains types de réglementations instaurant des régimes d'autorisation ou de déclaration préalable à l'exercice d'une activité (que seule la loi peut établir) [339]. Il faut, par ailleurs, que l'agent sportif exerce une profession compatible, si ce n'est pas sa seule activité professionnelle. En effet, la loi précise que nul ne peut obtenir ou détenir une licence d'agent sportif : s'il exerce, directement ou indirectement, en droit ou en fait, à titre bénévole ou rémunéré, des fonctions de direction ou d'encadrement sportif, soit dans une association ou une société employant des sportifs contre rémunération ou organisant des manifestations sportives, soit dans une Fédération sportive ou à un organe qu'elle a constitué ou s'il a été amené à exercer l'une des fonctions dans l'année écoulée.

A ces incompatibilités, s'ajoutent des exclusions. Ainsi, « ne peut exercer la profession d'agent sportif toute personne ayant fait l'objet d'une condamnation pénale figurant au bulletin n° 2 du casier judiciaire pour crime ou pour l'un des délits prévus :

- aux sections 3 et 4 du chapitre II du titre II du livre II du code pénal c'est à dire les articles 222-22 à 222-33-1 relatifs aux agressions sexuelles et les articles 222-34 à 222-43-1 relatifs au trafic de stupéfiants.

[337] F. RIZZO, « A propos de l'activité d'intermédiaire du sport », in *Droit et Patrimoine*, n° 91, 2001, pp. 40-45.
[338] Voyez CE, 15 février 1901, *Rec.* 1901, p. 177.
[339] Ph. FOILLARD, *Droit administratif*, Paradigme, 2003/2004, pp. 265-278.

- à la section 2 du chapitre V du titre II du livre II du même code c'est à dire les articles 225-5 à 225-12 relatifs au proxénétisme.

- au chapitre II du titre 1er du livre III du même code c'est à dire les articles 312-1 à 312-9 sur l'extorsion etc.

L'interdiction est étendue à toutes les personnes qui travaillent de près ou de loin avec l'intermédiaire. En effet, il peut s'agir des préposés d'un agent sportif ainsi que, lorsque la licence a été délivrée à une personne morale, ses dirigeants et, s'il s'agit d'une société en nom collectif, d'une société en commandite simple ou d'une société à responsabilité limitée, ses associés. Selon M. Karaquillo, en mettant en place autant de contraintes, le législateur avait pour objectifs de protéger efficacement les sportifs, les groupements sportifs et autres collectivités contre les pratiques de tout intermédiaire rétribué, quel qu'il soit, susceptible de leur nuire, alors surtout qu'une intervention malencontreuse peut avoir des conséquences patrimoniales désastreuses pour le joueur ou les clubs[340].

C/ Les modalités d'exercice de la profession

Pour exercer la profession d'agent sportif, il faut adhérer au code de déontologie (1) et souscrire à une police d'assurance responsabilité civile (2).

1) L'adhésion au code de déontologie

L'agent sportif doit signer le code de déontologie. La déontologie est l'ensemble des devoirs inhérents à l'exercice d'une activité professionnelle libérale et le plus souvent définis par un ordre professionnel[341]. En effet, le code de déontologie pose un ensemble de principes relatifs à la moralité, à la bonne foi, à la sincérité et à la transparence de la comptabilité des activités des agents sportifs. Ainsi, l'agent sportif est tenu d'exercer son activité avec conscience professionnelle et d'adopter une attitude digne de la fonction qu'il

---

[340] J-P. KARAQUILLO, La réglementation de l'activité d'intermédiaire du sport ; une réglementation en transition, *op. cit*, p. 107.

[341] *Vocabulaire juridique*, *Association H. Capitant*, V° Déontologie.

exerce[342]. Il s'engage à toujours agir avec sincérité, transparence et objectivité vis-à-vis de son mandant mais aussi des parties négociatrices et de tiers[343]. Par conséquent, l'agent sportif est appelé à adopter un certain comportement dans ses relations avec le joueur, le club et un autre agent mais aussi à éviter toute pratique qui mettrait en doute son activité.

2) La souscription à une police d'assurance responsabilité civile professionnelle

L'agent sportif doit souscrire à une police d'assurance responsabilité civile professionnelle pour couvrir d'éventuelles condamnations de paiement en dommages et intérêts. L'article 17 du décret n° 2002-649 du 29 avril 2002 prévoit que l'agent sportif doit pouvoir justifier d'une assurance responsabilité civile professionnelle à tout moment. L'article 6 du règlement de la FIFA relative à l'activité des agents de joueurs conditionne, en outre, l'exercice de la profession à la souscription à une police d'assurance responsabilité civile professionnelle auprès d'une compagnie d'assurances du pays dans lequel il a réussi l'examen. A l'intérieur de l'Union européenne et de l'Espace économique européen, la souscription peut se faire auprès d'une compagnie de n'importe quel pays membre. Au cas où l'agent ne serait pas en mesure de contracter une couverture d'assurance responsabilité civile professionnelle, il peut, à la place, selon l'article 7 du règlement, soumettre une garantie bancaire de 100 000 francs suisses.

Cette garantie, il faut le souligner, est très élevée et constitue un frein pour la grande majorité des personnes désirant devenir agents sportifs. Aussi devrait-on davantage insister sur les capacités intellectuelles des candidats, pour mieux conseiller le joueur, que sur leurs capacités financières. Cette garantie ne doit pas, cependant, être considérée comme l'indemnité maximale susceptible d'être versée à une partie lésée. La FIFA a prévu, par ailleurs, des sanctions au cas où un agent sportif manquerait à ses obligations.

---

342 Titre I du code de déontologie issu du règlement du 1er mars 2001 gouvernant l'activité des agents de joueurs de la FIFA.

343 Titre II du code de déontologie du règlement précité.

§ 2 : Les sanctions

Les sanctions peuvent être de nature pénale (A), civile (B), administrative (C) et disciplinaire (D). Les sanctions disciplinaires sont certes également administratives, mais il convient de les traiter isolément tant leur régime juridique est spécial.

A/ Les sanctions pénales

Les sanctions pénales passent par des incriminations qui visent à faire respecter la règle relative au contrôle de l'activité des agents sportifs. L'article L.222-11 du Code du sport (article 15-2,IV, de la loi du 16 juillet 1984, modifiée par la loi du 6 juillet 2000) punit, d'un an d'emprisonnement et de 15000 euros d'amende, le fait d'exercer l'activité d'agent sportif sans avoir obtenu la licence.

B/ Les sanctions civiles

Un ensemble de dispositifs, assorti de nullité, est prévu pour protéger l'activité d'agent sportif. L'article L.222-10 du Code du sport (article 15-2 alinéa 6 de la loi du 16 juillet 1984 modifiée par la loi du 6 juillet 2000) prévoit que le défaut de déclaration préalable, le non-respect de l'interdiction d'exercer, ou le cumul d'honoraires attentent à la validité du contrat entre l'agent sportif et le joueur, le groupement sportif ou la collectivité considérés.

Selon M. Karaquillo, la transgression de ces obligations légales implique une nullité absolue ou, si l'on préfère, une nullité de plein droit. Tout intéressé, le cocontractant de l'intermédiaire sûrement, vraisemblablement les instances fédérales auxquelles est lié celui-là, peut réclamer l'anéantissement rétroactif du contrat ; le juge a certainement le pouvoir de l'invoquer ; de même, il est admissible que le ministère public puisse agir par voie d'action[344]. Le juge peut, par ailleurs, réduire la rémunération de l'agent sportif dès lors qu'elle présente un caractère disproportionné[345], et cette règle est d'ordre

---

[344] J-P. KARAQUILLO, *op .cit.*, p. 114.

[345] Cass. Requêtes, 11 mars 1824, *Jur. Gén.*, V° Mandat, n° 75.
Civ. 1ere, 18 juillet 2000, n° 1348, *D.* 2000 I.R p. 250. Pour un commentaire de l'arrêt du 18 juillet 2000, voyez l'article précité de F. RIZZO.

public[346]. Pour certains auteurs, la rémunération ne peut être réduite que si elle a été stipulée avant l'accomplissement de la mission[347].

C/ Les sanctions administratives

La loi du 13 juillet 1992 a constitué une avancée en matière de contrôle et conféré au ministre chargé des sports un pouvoir de contrôle et de sanction, au cas où un agent sportif ne respecterait pas ses obligations. Selon M. Karaquillo toute atteinte, aussi minime soit-elle, aux intérêts matériels et moraux d'un sportif ou d'un groupement sportif, atteste de la part de son auteur des déviances qui commandent son retrait de licence ; en effet, cette licence, mal maîtrisée, gangrènerait dangereusement les organisations sportives[348]. C'est ainsi que le ministre chargé des sports peut interdire à un agent sportif d'exercer, à titre définitif ou temporaire, tout ou partie de ses fonctions. Cependant, ce pouvoir du ministre chargé des sports est limité, dans la mesure où ce dernier ne peut interdire à un agent sportif d'exercer son activité qu'en respectant le principe du contradictoire, sauf dans le cas de la situation d'urgence[349]. Aujourd'hui, les sanctions sont plutôt disciplinaires et sont appliquées par la Fédération en raison de la licence qu'elle confère aux agents sportifs.

D/ Les sanctions disciplinaires

Au niveau national, le Conseil fédéral[350] de la Fédération française de football a prévu une procédure disciplinaire en cas de non-respect par l'agent sportif des règles de déontologie qu'il s'est engagé à respecter lors de la délivrance de la licence. Les sanctions sont prises par le Conseil fédéral, qui adopte la décision d'attribuer la licence sur proposition de la commission[351] des agents de joueurs.

---

[346] Civ. 3eme, 20 février 1973, *Bull.*, n° 145.

[347] Ph. MALAURIE et L. AYNES, *Les contrats spéciaux*, Defrenois, 2004.

[348] J-P. KARAQUILLO, *op.cit.*, p. 115.

[349] J. MOURGEON, *La répression administrative*, LGDJ, 1967, p. 331.

[350] Sur sa composition, ses attributions et élections, voyez les statuts et règlements de la Fédération française de football, pp. 25-29.

[351] Sur sa composition, ses réunions, le quorum, les avis et décisions, voyez les articles 1 à 5 des règlements fédéraux.

Ainsi, par une décision motivée, l'agent sportif peut être suspendu[352] lorsque les circonstances l'exigent et en cas de faits graves. En outre, la licence d'agent sportif peut être retirée[353] par le Conseil fédéral.

L'étude de la réglementation de l'activité des agents sportifs montre qu'il existe, notamment en France, un arsenal juridique capable d'assainir et de moraliser le métier, élément clé de la relation tripartite de transfert de sportifs. Cependant, de hauts dirigeants sportifs, et d'autres, expriment leur scepticisme quant à la possibilité de contrôler réellement l'activité de nombreux intermédiaires[354].

Il faut dire, qu'en dépit des règles en vigueur, les autorités du football, notamment les Fédérations nationales, manquent d'une volonté ferme et réelle pour mettre fin à ces problèmes. La solution viendrait certainement d'elles, en créant en leur sein des structures, dont les missions seraient de contrôler uniquement les transferts, en collaboration avec le ministère chargé des sports qui, de son côté, rendrait son contrôle administratif plus strict. La réglementation relative au contrôle de l'activité des agents sportifs montre beaucoup d'insuffisances.

D'abord, si l'objectif de l'article L.222-6 du Code du sport (article 15-2 de la loi du 16 juillet 1984) est de voir si l'agent sportif possède les aptitudes intellectuelles pour exercer l'activité, cet objectif est difficilement conciliable avec la possibilité donnée par la loi française aux personnes morales de détenir la licence d'agent sportif. En effet, cette situation, loin de faciliter les choses, au contraire complique tout, car des personnes non licenciées, mais salariées de la société, pourraient transférer des joueurs en toute légalité. Ensuite, la situation de l'agent sportif est difficile, car il doit présenter un casier judiciaire vierge. Mais comment vérifier sa situation s'il n'a jamais été condamné en France et qu'il l'a été une fois dans son pays d'origine ? Ce dernier aura un casier judiciaire vierge en France et pourra passer l'examen et exercer la profession d'agent sportif. Enfin, on note les nombreuses contradictions entre la loi française et le règlement de la FIFA en la matière. En effet, la loi française permet aux personnes physiques et aux personnes morales de détenir la licence, alors que le règlement de la FIFA exclut

[352] Dans ce cas, la suspension ne peut être supérieure à 3 mois.
[353] La décision de retrait de licence peut faire l'objet d'un recours auprès du ministre chargé des sports dans un délai de 3 mois après la notification.
[354] J-P. KARAQUILLO, *op.cit*, p. 111.

les personnes morales[355]. Par ailleurs, en France, la déontologie et, en vérité, le décret de 1991 sur la profession, ne permettent pas aux avocats de démarcher les joueurs, de faire du « business », donc d'exercer pleinement l'activité d'agent sportif, contrairement à de nombreux pays européens (en Espagne et en Italie par exemple), sauf à se faire rémunérer sur les conseils juridiques qu'ils donnent lors d'un transfert. Au contraire, le règlement de la FIFA sur les agents de joueurs permet aux avocats d'exercer l'activité d'agent sportif. En définitive, la loi française ne permet pas à l'avocat d'exercer l'activité d'agent sportif.

SECTION 2 : LES EVITEMENTS DE LA REGLEMENTATION RELATIVE A L'ACTIVITE D'INTERMEDIAIRE

Si la réglementation sur les agents sportifs vise à protéger leur activité et à renforcer le contrôle, il n'en demeure pas moins que ce contrôle n'est pas effectif. Cette réglementation est souvent contournée. Le développement des sociétés commerciales dans le domaine du sport professionnel, parfois cotées en bourse, a accéléré ce phénomène. Le football professionnel est devenu une activité économique dont l'objectif affiché est la rentabilité financière. Ce qui pose des problèmes lors des transferts de footballeurs professionnels, dans la mesure où l'agent sportif est un des acteurs majeurs de l'opération. L'analyse de l'activité des agents sportifs et leurs participations à certains montages financiers sont des éléments révélateurs du rôle primordial de l'agent sportif dans les transferts. Ainsi, nous pouvons constater des actes frauduleux liés à l'exercice de la profession (§1) et le blanchiment à travers des montages financiers illégaux (§2).

---

[355] Voyez à ce propos le jugement du 7 juin 2004 – n° 451/2004 du Tribunal de commerce de Grasse concernant BD Sports et consulting de Dominique BARBERAT (agent licencié) débouté et la société Deamsworld corporation Ltd enregistrée à Dublin non licenciée qui illustre cette situation. Dans son attendu, il précise que « la convention ayant été conclue entre deux sociétés afin de favoriser le transfert d'un joueur en Italie, les parties ne peuvent y intervenir en tant qu'agents de joueurs au sens du règlement FIFA. Cette qualité ne pouvant être attribuée qu'à une personne physique ». Ainsi, le Tribunal a rendu son jugement au sens du règlement de la FIFA sur les agents de joueurs au mépris de la loi française.

§ 1 : La fraude des intermédiaires lors des transferts

Les transferts constituent l'occasion, pour certains intermédiaires, de procéder à des fraudes. La fraude est un acte accompli dans le dessein de préjudicier à des droits que l'on doit respecter[356]. Appelée aussi « noirciment », la fraude consiste à organiser, par des montages, la sortie de fonds légitimes, obtenus légalement, vers une destination illégitime. Cela sert à constituer une réserve d'argent occulte (« caisse noire ») à partir d'un flux légal. L'entreprise « noircit » lorsqu'elle fait sortir illégalement des fonds non délictueux de son système comptable et de gestion pour remplir une « caisse noire ». Des fonds illégaux peuvent, en outre, intégrer directement la « caisse noire », sans affecter les comptes officiels ; ils ne sont alors pas blanchis, puisqu'ils restent occultes[357]. Cette fraude peut être le fait d'exercer la profession d'agent sportif, donc de procéder à des transferts de sportifs sans être titulaire de la licence (A). Elle peut aussi être liée au fait, pour une personne titulaire de la licence d'agent, mais qui représente à la fois le joueur et le club : de cette double représentation découle une double rémunération. Cette double représentation (B) est interdite par l'article L.222-10 du Code du sport (article 15-2 de la loi du 16 juillet 1984) qui précise que l'agent sportif ne peut agir que pour le compte d'une partie au même contrat.

A/ Les intermédiaires non agréés

Les agents sportifs titulaires de la licence doivent être distingués des intermédiaires non agréés, c'est-à-dire ceux qui exercent l'activité sans être titulaires de la licence. Ces dernières personnes exercent de façon illégale la profession d'agent. Pour les premiers, leur activité est, en général, transparente, dans la mesure où ils sont soumis à nombreuses obligations auprès de leur fédération nationale. La fraude lors des transferts se pose surtout avec les intermédiaires non agréés, parce qu'ils exercent l'activité d'agent de manière illégale. L'article L.222-11 du Code du sport (article 15-2 IV de la loi du 16 juillet 1984 modifiée par la loi du 6 juillet 2000) punit le fait d'exercer l'activité d'agent

---

[356] *Vocabulaire juridique, Association H. Capitant*, V° Fraude.

[357] Le blanchiment : les implications dans le sport, in *Rapport 2003 de la direction nationale de répression de la fraude* p. 69.

sportif sans avoir obtenu la licence. Or, la pratique montre que nombre d'intermédiaires exercent la profession de façon illégale[358].

La Cour d'Appel d'Aix-en-Provence[359] a ainsi rendu un arrêt relatif au transfert du joueur de football Pascal Nouma à la fin de la saison 2000-2001 dont on apprend les faits. Ce joueur souhaitait quitter son club de « Besiktas d'Istanbul ». Il a alors demandé à son agent, Chantal Stanley, de lui trouver un autre club employeur. Pascal Nouma a été engagé par le club phocéen le 3 septembre, au terme de longues et difficiles négociations afférentes au montant de son salaire. Ces pourparlers ont été conduits par Gilbert Sau, auquel l'OM a donné mandat le 20 août pour procéder au transfert effectif du joueur, aux lieu et place de Chantal Stanley, qui ne bénéficiait pas de la qualité d'agent agréé par la Fédération internationale de football association (FIFA). A la suite d'une dénonciation émanant de Pierre Dubiton, directeur de la société anonyme sportive professionnelle Olympique de Marseille, concernant des faits susceptibles de revêtir une qualification pénale, l'enquête préliminaire s'est intéressée à l'opération de mutation de Pascal Nouma précédemment décrite. Le Tribunal correctionnel de Marseille, dans un jugement en date du 8 septembre 2003, a condamné le joueur en cause, mais aussi Gilbert Sau, Chantal Stanley et Pierre Dubiton. Il leur a été reproché d'avoir eu recours à divers faux afin de masquer l'intervention illicite de Chantal Stanley en tant qu'agent sportif et de lui permettre de percevoir, à ce titre, une commission. Sur le fondement du délit d'exercice illégal de la profession d'agent sportif, Chantal Stanley en qualité d'auteur des faits et Gilbert Sau pour complicité ont été condamnés. La Cour a relaxé Pascal Nouma et Pierre Dubiton en raison de l'absence de preuves démontrant leur connaissance des faits délictueux. Elle a estimé que rien n'établissait que le joueur connaissait la situation exacte de son « agent » au regard des dispositions de la loi française et de la réglementation de la FIFA et que le directeur de l'OM, dont rien ne prouve qu'il était au courant de l'accord entre Sau et Stanley, a justement refusé de payer Mmc Stanley.

[358] Par exemple, R. BETTONI gère les intérêts de joueurs comme Djibril CISSE, Jean Alain BOUMSONG, Dado PRSO, Frédéric DEHU, Fabrice FIORESE qui sont parmi les meilleurs joueurs des championnats français et anglais ; voyez le compte rendu de la réunion du conseil fédéral du 19 mars 2004 sur www.fff.fr.

[359] CA. Aix-en-Provence, 30 juin 2004, *Bull.Aix* 2004, n°3, p.109, note F. RIZZO.

Selon la Cour d'Appel « la loi du 16 juillet 1984, modifiée par la loi du 13 juillet 1992, texte en vigueur à l'époque des faits, dispose que l'activité d'agent sportif est soumise à déclaration préalable à l'autorité administrative ; qu'il n'est pas contesté que Mme Stanley ne remplissait pas cette condition ; que le fait qu'étant établie hors de France, elle aurait pu, en application de ce même texte, exercer cette activité en France par l'intermédiaire d'une personne établie en France répondant aux conditions légales, ne la dispensant cependant pas de remplir elle-même les conditions exigées par le texte ; que par la même, elle s'est rendue coupable du délit d'exercice illégal de l'activité d'agent sportif ». La Cour ajoute que Gilbert Sau savait que Mme Chantal Stanley n'était pas agréée FIFA, comme l'atteste d'ailleurs la lettre du 13 août 2001 ; que, nonobstant ce fait, il s'est entendu avec Mme Stanley pour partager les honoraires versés par l'Olympique de Marseille, agissant de ce fait pour le compte des deux parties signataires du contrat, et se mettant ainsi à double titre en infraction avec la législation applicable à l'époque ; que par là même, Sau Gilbert, même s'il n'a pas tenu ses engagements à l'égard de Mme Stanley qui n'a rien perçu et a, ainsi que cela résulte des déclarations faites à l'audience, engagé une procédure contre lui, s'est rendu complice du délit d'exercice illégal de l'activité d'agent sportif, seule infraction retenue à son encontre.

L'arrêt a été rendu sous l'empire de la première version de l'ancien article 15-2. Il concerne, donc, le cas d'un individu exerçant l'activité d'agent sportif sans avoir, au préalable, établi une déclaration auprès de l'autorité administrative. Il reste que l'intérêt de la question doit nous conduire à apprécier cette décision sous le prisme de la première version de l'article L.222-6 du Code du sport (article 15-2 de la loi du 16 juillet 1984) exigeant la possession d'une licence pour exercer la profession d'agent du monde du sport[360]

B/ La double représentation lors des transferts

L'article L.222-10 du Code du sport (article 15-2-III de la loi du 16 juillet 1984) précise que l'agent sportif ne représente qu'une seule partie (le joueur ou le club) au même contrat. Or, dans le milieu du footballeur professionnel, l'agent sportif représente souvent, à la fois, les deux

[360] F. RIZZO, Agents des sportifs, in *Lamy Droit du sport*, n° 272-105.

parties. On peut relater quelques cas qui en témoignent. Le transfert du joueur brésilien Kleberson[361], de l'Athletico Paranaense à Manchester United (pour 6 millions) en est un exemple. En effet, les dirigeants de Manchester United auraient exclu de la négociation l'agent de joueurs Juan Figer, au profit de deux agents choisis avec le club. La double représentation a pour conséquence le doublement des commissions pour l'agent sportif. En effet, l'agent sportif doit être rémunéré par son mandant. Or, souvent le club qui recrute le sportif (ici Manchester United) prend en charge la rémunération de l'agent sportif. Aujourd'hui, la quasi-totalité des clubs français de football professionnel rémunèrent directement les agents sportifs pour les services qu'ils ont rendus aux joueurs.

Ces dérives se comprennent parce que l'efficacité du contrôle de la Fédération est affaiblie. Pourtant, tous les contrats conclus entre les agents sportifs et les sportifs professionnels doivent mentionner les noms, signatures et le mandant de l'agent sportif. Les copies de ces contrats doivent être envoyées à la Ligue, en vue de leur homologation. Etant donné que l'agent sportif représente souvent le joueur et le club, une grande partie des contrats de médiation n'est pas envoyée aux autorités de la ligue. Selon le Conseil fédéral, pour matérialiser cette pratique, il est étonnant de constater que, sur les 200 derniers contrats ou avenants homologués par la Ligue de football professionnel, seuls 14% des joueurs concernés déclarent avoir recours aux services d'un agent sportif[362].

L'exercice de l'activité d'agent sportif sans obtenir la licence et la double représentation constituent des fraudes révélatrices de l'inefficacité du contrôle et par conséquent dénature l'opération de transfert. Certains agents sportifs pratiquent le blanchiment, soit par des montages financiers liés aux droits d'image, soit par des montages financiers en relation avec les commissions et les primes de transfert.

§ 2 : Le blanchiment grâce à des montages financiers

Le blanchiment consiste à introduire dans les finances officielles d'une institution sportive, ou dans sa caisse noire, des fonds provenant

---

[361] Voyez l'affaire concernant le footballeur professionnel KLEBERSON sur www.lequipe.fr.

[362] Se reporter au compte rendu du Conseil fédéral du 19 mars 2004 précité.

d'activités illicites (trafic d'armes, de drogue, prostitution, contrefaçon). L'introduction de fonds illicites dans les ressources de l'institution sportive permet de financer directement le développement d'une structure, dans laquelle le « blanchisseur » va apparaître comme un bienfaiteur et en tirer un bénéfice important en terme d'image[363]. Ces subterfuges concernent surtout les opérations sur les droits d'image (A) et des montages financiers relatifs aux « rétro-commissions » et aux primes de départ ou d'arrivée (B).

A/ Les montages financiers liés aux droits d'image

Les montages financiers liés aux droits d'image sont, en général, des subterfuges utilisés par certains agents sportifs pour échapper à leurs charges sociales et fiscales et à celles des joueurs[364].

En France, où ces charges sont très élevées, certains agents sportifs, en complicité avec les clubs professionnels de football, n'hésitent pas à utiliser certaines pratiques[365] très courantes dans d'autres pays européens (Allemagne, Angleterre, Espagne et Italie) ayant des charges fiscales et sociales moins importantes. En effet, certains pays peuvent recourir à des contrats d'image pour verser une partie du salaire des joueurs par le biais de sociétés et bénéficier alors des avantages d'une fiscalité sur les sociétés moins pressante, et cela aggrave le différentiel fiscal[366]. Le montage est le suivant :

- le joueur cède à une société le droit d'exploiter son image ;

- ladite société cède au club, pour la durée du contrat de travail du joueur, le droit d'utiliser son image pour toute action promotionnelle, collective ou individuelle, moyennant le versement d'une redevance non assujettie à charges sociales (redevances quelques

---

[363] Voyez le Rapport 2003 de la direction nationale de répression de la fraude précité.

[364] L'étude comparative effectuée par le Sénat relative aux charges fiscales pesant sur les clubs sportifs professionnels dans les grands championnats de football comme l'Italie, les Pays-bas, la France, l'Angleterre etc. montre que les clubs français sont largement défavorisés par rapport à leurs homologues européens. Voyez le *rapport sur le droit d'image des sportifs professionnels du 18 mars 1999* sur www.senat.fr.

[365] Voyez le Rapport 2003 précité de la direction nationale de répression de la fraude, pp. 75-77 qui cite des exemples de manipulations et de fraudes concernant les droits d'images des sportifs professionnels.

[366] C. RAVARINO, *Le statut du footballeur professionnel,* mémoire de DEA, Université de Nice, p. 38.

fois versées sur des comptes ouverts dans des établissements bancaires situés dans des pays à régime fiscal privilégié)[367].

Ces pratiques sont interdites par la législation sociale et fiscale en France. C'est ainsi que, dans une affaire, le F.C. Nantes fut condamné en 1993 par le tribunal des affaires de la Sécurité Sociale de Nantes. En effet, le club versait, sur le compte de sociétés écrans implantées en Espagne, des sommes supposées représenter la contrepartie de l'utilisation de l'image personnelle des joueurs qu'il employait. Certains clubs, comme Valence, réglaient une partie des salaires des joueurs à travers des sociétés chargées de gérer leur droit d'image. L'impôt sur le revenu étant plus élevé que l'impôt sur les sociétés, le club obtenait donc une économie d'imposition sur le salaire brut de chaque joueur concerné, puisqu'une partie de celui-ci était soumis à l'impôt des sociétés par le biais des sociétés chargées du droit à l'image[368].

Or, ce mécanisme est interdit par la législation française du travail et par le fisc. En effet, l'article 155 A du Code général des impôts soumet ces sommes, versées en contrepartie de l'exploitation de l'image du joueur professionnel par des sociétés écrans implantées à l'étranger, à l'impôt sur le revenu au nom du contribuable. Ainsi, les honoraires versés à un joueur professionnel en exécution d'un contrat par lequel il s'était engagé à faire bénéficier le club de son image et de sa renommée internationale entrent dans l'assiette des cotisations sociales dues par le club[369]. Par conséquent, le juge français a re-qualifié les dites sommes en salaire et les a assujetties aussi au régime général de la sécurité sociale.
Une affaire assez semblable a bouleversé le club de basket professionnel «Limoges CSP». En effet, la chambre régionale des comptes du Limousin, dans son rapport portant sur la période 1991-

---

[367] F. LAGARDE, « L'exploitation de l'image du sportif : consentement et risques juridiques », in *Les contrats des sportifs, l'exemple du football professionnel, op. cit.*, pp. 286-293.

[368] C. RAVARINO, *op cit.* p. 35.

[369] Cass. 2e civ., 14 déc. 2004, n° 03-30.368, Asso. AJA football c : Urssaf de l'Yonne et Drass de Bourgogne. Par ailleurs, la Circulaire du Ministre du travail sur la situation des sportifs au regard de la sécurité sociale du 28 juillet 1994 considère que " les rémunérations versées aux sociétés chargées d'exploiter les droits d'image sont nécessairement liées au contrat de travail et doivent donc être assujetties à cotisations, en application des articles L1 et L136-2-I et II du Code de la sécurité sociale et que l'existence d'une société écran ne peut faire échec à ce principe".

1997, a jugé illégal un montage financier fait au profit des sportifs de ce club[370]. La société ISB, constituée en 1995 par une quinzaine de basketteurs professionnels et dirigée par leurs agents, aurait permis au club limougeaud, pendant plusieurs saisons, de minorer sa masse salariale. Cela autorisait la réalisation d'importantes économies en matière de charges sociales.
Le stratagème semblait mieux étudié que l'exemple du F.C. Nantes, puisque les sommes versées à cette société d'image ne provenaient pas directement du club, mais de certains de ses partenaires privés et publics, notamment l'exploitation de l'image des joueurs dans la presse en contrepartie de prestations réelles. Un tel montage ne devient légal qu'à la condition qu'il y ait une totale indépendance entre la prestation du joueur liée à son contrat d'image. En clair, il doit pouvoir être démontré que le joueur n'est pas tenu par le lien de subordination caractérisant le contrat de travail qui le lie à son club à l'heure d'exécuter sa prestation d'image. Or, c'est à l'initiative du club que de semblables montages sont mis en place, d'où l'immense difficulté d'apporter la preuve d'un tel cloisonnement entre les activités[371].

L'exploitation des droits des joueurs qui ont réellement une image forte est l'occasion d'autres montages[372]. Le club peut dans ce cas proposer au joueur un salaire moins élevé que celui auquel il pourrait prétendre en considération de sa notoriété. Le club, en échange, met en relation le joueur avec ses différents sponsors, qui ont vocation à « acheter » l'image du joueur. Les contrats qui en résultent lui procurent ainsi une rémunération complémentaire. Pour que l'opération soit avantageuse sur le plan fiscal, le joueur ne traitera généralement pas directement avec les sponsors. Il constituera sa « société d'image », à laquelle il conférera, selon des modalités variables, le droit d'exploiter sa propre image (une des modalités pratiquées étant un commodat du droit sur l'image !).

---

[370] La revue de presse du centre de droit et d'économie du sport de Limoges, mai 2001, www.cdes.fr.

[371] F. BOLOTNY, revenus des sportifs et droit à l'image, in *revue de presse du centre de droit et économie du sport*, mai 2001, www.cdes.fr.

[372] « Le blanchiment : les implications dans le sport », in *Rapport 2003 de la direction nationale de répression de la fraude,* pp. 66-77. Selon les auteurs du rapport « *il y'a risque de fraude, pour les joueurs qui ont réellement une image forte car il est tentant pour eux de ne déclarer qu'une partie des sommes reçues ou d'être utilisé comme « porteur » d'un flux financier frauduleux au profit d'un tiers. Pour les joueurs qui ont une image plus faible ; ils sont alors utilisés pour blanchir des fonds qui n'ont rien à voir avec leur image* ».

C'est la société qui conclura les contrats et joueur se paiera sur les bénéfices réalisés !

Pour assurer au joueur le versement effectif du complément de salaire, le club peut garantir au joueur (par une sorte de promesse de porte-fort) la bonne fin des contrats passés avec les sponsors[373]. En outre, il ressort du même rapport, qu'un autre montage « peut être mis en place à usage interne. Il s'agit du cas du club, qui a besoin de payer en espèces pour une utilisation plus ou moins douteuse, va en officialiser la sortie de l'argent sous couvert du paiement d'un contrat d'image, et en récupérer une partie.

B/ Les montages financiers liés aux commissions et aux primes (de transfert)

Les montages reposent essentiellement[374] sur des rétro-commissions (1) faites par des agents sportifs et sur des primes (2) données aux joueurs de football lors de leurs transferts.

1) Les rétro-commissions

Les rétro-commissions consistent pour un agent sportif à rétrocéder une partie de sa commission à un tiers. Le bénéficiaire peut être le « grand banditisme », un autre agent sportif, le joueur, les dirigeants, l'avocat ou l'entraîneur. Une commission rétrocédée peut poser des problèmes si elle faite dans certaines conditions. On peut donner l'exemple de rétro-commissions faites par un agent sportif au grand banditisme. L'exemple du club de football de Bastia illustre ce phénomène. L'affaire (de Bastia[375]) concerne le transfert du footballeur d'origine ghanéenne Michäel Essien[376] a fait beaucoup de bruit. Elle révèle l'opacité des mécanismes de transfert et les liens existants entre certains agents sportifs, les clubs et ce qu'on appelle « le milieu », notamment celui de

[373] Tiré de *Contrats des sportifs, l'exemple du footballeur professionnel*, précité, p. 267, cité en note de bas de page.
[374] Il existe d'autres montages fréquents en Amérique centrale et latine consécutifs à l'achat de joueurs auprès de sociétés privées ou de personnes physiques. Voyez en ce sens, l'ouvrage précité de P.L. PIERRAT et J. RIVESLANGE, l'argent secret du foot.
[375] « Un agent sportif dit avoir été contraint de verser des fonds à PIERI », in *Le monde,* 12 janvier 2004.
[376] International ghanéen et ancien joueur de Bastia transféré à l'Olympique lyonnais. Il joue actuellement à Chelsea dans le championnat anglais.

la mafia corse. C'est ainsi que deux agents de footballeurs professionnels ont été mis en examen pour complicité et recel d'abus de biens sociaux et financement d'une entreprise terroriste par le célèbre juge Courroye, dans le cadre d'une enquête financière visant une personne suspectée d'être un chef terroriste corse : Charles Pieri.

M. Albert Gunter, dirigeant de la société monégasque GMA, et l'ancien gardien, salarié de cette société, ont déclaré, selon le quotidien *Le Monde*, qu'ils avaient été contraints de rétrocéder à Monsieur Pieri une partie de la commission qu'ils avaient perçue à l'été 2003, à l'occasion du transfert du joueur ghanéen du Sporting Club de Bastia (S.C.B) à l'Olympique lyonnais (O.L). Les enquêteurs sur les sommes occultes dans le cadre de transferts de joueurs voient donc leurs soupçons confortés par les déclarations de Fabien Piveteau. Grâce à son témoignage, mais aussi à celui de son employeur et à des relevés de communications téléphoniques, ils sont parvenus à reconstituer l'histoire du transfert du joueur précité. Transféré à l'été 2003, le milieu de terrain ghanéen avait été acheté par l'O.L au S.C.B pour 11,75 millions d'euros. Sept pourcent (7%) de cette somme, soit environ 800 000 euros, devait être fourni par le club lyonnais à la société intermédiaire, en plusieurs versements. Fabien Piveteau a ensuite déclaré qu'une partie des fonds destinés à la rémunération des agents sportifs a été remise à Charles Pieri. L'agent déclare avoir été menacé et que les gens du milieu de la mafia corse étaient en l'occurrence les vrais patrons des transferts du S.C.B. Il faut dire que l'attitude de M. Charles Pieri, gérant d'une société de sécurité privée, peut entraîner le retrait de son agrément, puisqu'il contrevient à la loi du 18 mars 2003 pour la sécurité intérieure[377]. L'article 94 de cette loi précise que nul ne peut exercer à titre individuel une activité de sécurité privée ni diriger ou gérer une personne morale exerçant cette activité, s'il n'est titulaire d'un agrément. L'agrément est un acte unilatéral par lequel l'administration, dans l'exercice de sa compétence discrétionnaire, autorise la constitution d'un organisme ou, plus fréquemment, confère à des organismes déjà existants le bénéfice de certains avantages, facultés ou prérogatives[378]. La loi du 18 mars 2003 pour la sécurité intérieure pose certaines conditions pour la délivrance de l'agrément notamment ne pas avoir fait l'objet d'une condamnation à une peine correctionnelle ou à

[377] J.O n° 66, 19 mars 2003, p. 4761.

[378] *Vocabulaire juridique, Association H. Capitant*, V° Agrément.

une peine criminelle inscrite au bulletin n° 2 du casier judiciaire. L'agrément peut être retiré lorsque son titulaire cesse de remplir l'une des conditions.

Si la commission est versée au joueur, il y a un risque de fraude fiscale et sociale. C'est d'ailleurs, le même problème qui risque de se poser si la commission est versée au dirigeant ou à l'entraîneur, puisque ces derniers toucheront une commission à laquelle ils n'ont pas droit. Par contre, si la commission est versée à un avocat, le problème se posera moins, car elle représentera soit la contrepartie des conseils qu'il aura donnés à l'agent sportif, soit celle de son assistance du joueur lors de son transfert. Ces différentes pratiques montrent que les transferts sont l'occasion pour certains acteurs de l'opération pour contourner la loi. Elles démontrent aussi que le transfert est une opération inconnue sur le plan juridique et qu'il est urgent de lui donner un cadre légal.

2) Les primes d'arrivée ou de départ

La prime est une somme allouée à titre de récompense[379]. Dans le domaine du sport professionnel, notamment à l'occasion des transferts, les joueurs de football professionnel perçoivent des primes lors de leur départ d'un club ou de leur arrivée. Il existe diverses primes que les joueurs perçoivent au cours d'une saison sportive. Il s'agit de la prime de présence[380], de la prime de résultat[381], de la prime de classement[382] et des primes de Coupe de France[383]. Ces primes doivent être distinguées des primes de départ ou d'arrivée qui récompensent le joueur pour sa signature du contrat de transfert.

---

379 *Vocabulaire juridique, Association H. Capitant*, V° Prime.

380 L'art. 763 de la Charte du football professionnel précise que pour tout match (Championnat, Coupe de France et Coupe de la Ligue) chacun des joueurs inscrits sur la feuille de match reçoit une prime de présence identique fixée pour toute la saison.

381 L'art. 764 de la Charte du football professionnel précise que les primes de résultat sont fixées selon une valeur minimum et sont identiques pour chacun des joueurs entrés en jeu.

382 L'art. 765 de la Charte du football professionnel précise que la prime de classement accordée par les clubs classés 1er, 2ème, 3ème de la Ligue 1doit être répartie entre les joueurs au prorata des matchs joués dans la compétition.

383 L'art. 766 de la Charte du football professionnel précise que les primes de Coupe de France récompensent chacun des joueurs inscrits sur la feuille d'arbitrage lors des qualifications.

La source de l'obligation de l'employeur se trouve, soit dans une convention collective, soit dans un usage, soit dans un engagement de l'employeur envers la collectivité du personnel[384]. Ces primes sont des procédés qu'on observe lors de transferts internationaux. En effet, lors qu'un joueur est transféré entre deux pays à pression fiscale inégale, par exemple d'un pays à faible pression fiscale vers un pays à forte pression fiscale, notamment pour les primes d'arrivée, on augmente artificiellement le prix du transfert dans le pays à faible pression fiscale. Ainsi, le joueur pourra échapper aux charges fiscales et sociales dans le pays à forte pression fiscale. Pour les primes de départ, il s'agit du procédé inverse en partant du pays à forte pression fiscale vers le pays à faible pression fiscale.

Sur le fondement du lien de subordination qui s'instaure au travers du contrat de travail entre le club et un sportif professionnel, les primes à la signature versées par un club à un sportif dont il s'attache les services doivent être assimilés à des salaires imposables en tant que tels. Une telle qualification se justifie par le fait que ces sommes sont versées en raison même du contrat de travail conclu avec le club et constituent, en quelque sorte, des salaires anticipés[385].

Dès lors, les primes de signature doivent être assujetties au régime général de la Sécurité Sociale. L'article L.311-2 du Code de la Sécurité Sociale dispose que : « sont affiliés obligatoirement aux assurances sociales du régime général, quel que soit leur âge et même si elles sont titulaires d'une pension, toutes les personnes quelle que soit leur nationalité, de l'un ou de l'autre sexe, salariées ou travaillant à quelque titre ou en quelque lieu que ce soit, pour un ou plusieurs employeurs et quels que soient le montant et la nature de leur rémunération, la forme, la nature ou la validité de leur contrat ». Ainsi, les joueurs de basket qui reçoivent de leur club une rémunération en contrepartie de leur participation à l'activité sportive décidée par l'association et qui sont soumis au pouvoir de direction et de contrôle de cette dernière, se trouvent dans un lien de subordination justifiant leur assujettissement au régime général de la sécurité sociale[386]. De même, les primes versées à

---

384 J. SAVATIER, « Treizième mois de salaire et primes analogues », *Dr. Social*, 1993, pp. 641-644.

385 J. MESSECA, Fiscalité des opérations de transfert ; Qualification des primes à la signature, in *Lamy droit du sport*, n° 346-90.

386 Soc. 19 oct. 1983 : *D.* 1985. IR. 489, obs. J. P. KARAQUILLO.

des cyclistes à l'occasion de leur participation à des compétitions ont le caractère de rémunération et doivent être réintégrés dans l'assiette des cotisations sociales dues par l'association sportive[387].

Sur le plan fiscal, en cas de rupture anticipée, est imposable l'indemnité prévue par l'article L. 122-3-8 du Code du travail, hors le cas de faute grave ou de force majeure, d'un contrat de travail à durée déterminée, à concurrence du montant minimum de cette indemnité qui, en effet, correspond aux rémunérations que le salarié concerné aurait perçues jusqu'au terme du contrat. En revanche, il est admis que l'excédent éventuel soit soumis au régime des indemnités de licenciement. L'administration fiscale considère qu'il convient de comparer le montant de l'indemnité perçue à celui des rémunérations dont l'intéressé aurait bénéficié jusqu'au terme du contrat[388].

---

[387] Cass. 2e civ., 13 décembre 2005, n° 04-18.349.

[388] J. MESSECA, Statuts fiscaux du sportif ; Imposition des revenus perçus à l'occasion de la rupture du contrat de travail, in *Lamy droit du sport*, n° 251-200.

TITRE II : LES ASPECTS DE REFORME DU SYSTEME DE TRANSFERT

Il est temps désormais d'analyser les réformes de 2001 faites par la FIFA sur les transferts de joueurs et les améliorations souhaitables (Sous-titre 1). Nous procéderons à une étude du système de transfert par l'analyse du droit des contrats et par celle du droit des biens (Sous-titre 2).

SOUS-TITRE I : LES REFORMES DE 2001

Les différentes réformes sur les transferts de footballeurs professionnels n'ont pas donné satisfaction aux acteurs de l'opération. Les joueurs manquent réellement de liberté lorsqu'ils sont sous contrat. Les clubs n'arrivent toujours pas à compenser les efforts financiers investis dans la formation. La compétition est dominée, sinon déséquilibrée, par quelques grands clubs « acheteurs », au détriment des petits clubs « vendeurs » de joueurs. Les agents sportifs contournent facilement la réglementation relative à leur activité. Dès lors, on assiste à une recrudescence des dérives lors des transferts de footballeurs professionnels. La Commission européenne saisie de la situation a négocié avec la FIFA, afin d'opérer une réforme des transferts plus soucieuse du respect des libertés des joueurs de football et de la solidarité entre les petits clubs formateurs et les grands clubs.

Après les réunions de juin 1999 au mois d'août 2000, la FIFA et la Commission arrivent à trouver un *gentlemen's agreement*[389] le 5 mars 2001. Il ne constitue pas une première dans les rapports entre la Commission et les instances dirigeantes du football international. En effet, le 23 février 1978 déjà, la Commission et l'UEFA avaient conclu un accord pour corriger quelques aspects de son règlement. Après l'affaire Bosman, la Commission a mis en garde, le 19 janvier 1996, la FIFA et l'UEFA, afin qu'elles respectent les principes dégagés par l'arrêt. Cette lettre informait les deux Fédérations internationales de football que leur système de transfert, notifié à la Commission le 28

[389] Voyez à ce propos, Y. LE LOSTECQUE, « Les transferts de joueurs », in *Revue affaires européennes*, 2002, p. 324.

juillet 1995, ainsi que la règle de limitation du nombre de joueurs étrangers (règle dite « 3+2 ») ne pouvait bénéficier d'une exemption en application de l'article 85, paragraphe 3, du traité CE et de l'article 53, paragraphe 3, de l'accord EEE. C'est ainsi que la FIFA et l'UEFA[390] ont informé la Commission que le système de transfert ne serait plus appliqué aux joueurs qui, en fin de contrat, passent d'un club à un autre à l'intérieur de l'EEE. L'UEFA a confirmé que son comité exécutif supprimait, et avec effet immédiat, les clauses de nationalité applicables aux compétitions de l'UEFA entre clubs à l'intérieur de l'EEE. Cependant la légalité douteuse de certains aspects[391] du règlement relatif aux transferts de footballeurs professionnels a poussé les deux Fédérations internationales sportives à engager des discussions avec la Commission, suite à des plaintes en 1998, afin de trouver un accord sur les transferts et éviter ainsi une application brutale du droit communautaire.

Le 5 mars 2001, les commissaires Monti[392], Reding[393] et Diamantopoulo[394], ainsi que les présidents de la FIFA et de l'UEFA, ont finalisé les transferts de joueurs de football. Les deux Fédérations se sont engagées à adopter de nouvelles règles de transfert[395].

Les principes retenus sont :

- dans le cas des joueurs âgés de moins de 23 ans, un système d'indemnité de formation devra être institué afin d'encourager et de rémunérer l'effort de formation des clubs, en particulier les moins riches ;

---

390 XXVIe rapport de la Commission européenne, « Sport et concurrence », in *La politique européenne de concurrence,* 1996, pp. 39-41.

391 La persistance de certains aspects non traités par l'arrêt dit BOSMAN, notamment la question des indemnités dues lors de transferts internes, les transferts de joueurs sous contrat, le problème des indemnités relatives aux transferts internationaux de joueurs non communautaires et les nombreuses plaintes en 1998, ont poussé les fédérations internationales sportives gouvernant le football à négocier avec la Commission à partir de 1999.

392 M.MONTI est commissaire à la concurrence.

393 Mme REDING est commissaire à la culture, à l'éducation et au sport.

394 M.DIAMANTAPOULOU est commissaire aux affaires sociales.

395 XXXIe rapport de la Commission européenne, « Sports », in *La politique européenne de concurrence,* 2001, pp. 54-61 ou encore le *communiqué comm. CE, n° IP/02/824,* 5 juin 2002.

- des mécanismes de solidarité seront créés pour permettre la redistribution d'une part significative du revenu d'un transfert aux clubs ayant assuré la formation et l'éducation d'un joueur, y compris les clubs amateurs ;

- le transfert international de joueurs âgés de moins de dix-huit ans sera autorisé sous réserve de conditions convenues ;
- les autorités du football seront chargées d'établir et de faire appliquer un code de conduite garantissant la formation, notamment sportive, ainsi que l'éducation à dispenser ;
- il sera instauré une période de transfert par saison, plus un créneau restreint à la mi-saison ;
- un seul transfert par saison et par joueur sera autorisé ;
- les contrats seront d'une durée minimale d'un an et maximale de cinq ans ;
- les contrats seront protégés pendant une période de trois ans jusqu'à l'âge de vingt-huit ans et de deux ans par la suite ;
- le système de sanction à instaurer doit préserver la régularité et le bon déroulement des compétitions sportives en faisant en sorte que les ruptures unilatérales de contrat ne soient possibles qu'en fin de saison ;
- une indemnité financière peut être due en cas de rupture unilatérale d'un contrat, par le joueur ou par le club ;
- des sanctions sportives proportionnées seront appliquées aux joueurs, aux clubs ou aux agents sportifs en cas de rupture unilatérale d'un contrat sans juste cause pendant la période protégée ;
- il sera créé un corps d'arbitrage effectif, rapide et objectif, dont les membres seront élus paritairement par les joueurs et par les clubs et qui sera doté d'un président indépendant ; des représentants de la FIFPro siègeront au sein de la Chambre de règlement des litiges de la FIFA, aux côtés des représentants des clubs. La FIFPro nommera également des représentants au Tribunal arbitral du sport, devant lequel il pourra être fait appel des décisions de la Chambre de règlement des litiges ;

- l'arbitrage est volontaire et n'exclut pas le recours aux juridictions nationales.

Ces accords conclus entre la Commission et les deux Fédérations internationales sportives devaient rendre les transferts plus conformes au droit communautaire. Cependant, ces accords ne sont pas exempts de défauts. D'abord, parce qu'ils énoncent de grands principes sans jamais entrer dans les détails. Ensuite, parce qu'ils ne définissent aucune modalité de contrôle de la mise en place effective de ces principes, la

Commission envisageant seulement un rapport de suivi dans trois ans. Et finalement, ils risquent aussi d'entraîner certains effets secondaires, au détriment des petits clubs.

En effet, la diminution du montant des indemnités de transfert devrait engendrer une nouvelle inflation des salaires des joueurs, poussant les clubs à se ruiner pour attirer les meilleurs d'entres eux.

Une diminution du montant des indemnités de transfert se fera au détriment des clubs « moyens », pour lesquels la cession de joueurs permettait d'équilibrer les comptes financiers. Sur le sujet sensible de l'indemnité de formation exigée à la suite du transfert d'un joueur de moins vingt-trois ans, rien n'a véritablement été tranché, car l'accord ne fixe pas de plafond pour cette indemnité[396]. Selon Philippe Piat, la Commission a pris le soin de fixer les principes et a laissé à la FIFA la responsabilité des détails. Cela signifie que, si la FIFA met en place des réglementations précises inacceptables du point de vue du droit, elle sera une nouvelle fois en première ligne vis-à-vis des procédures judiciaires engagées. Cet accord crée plus de problèmes qu'il n'apporte de solutions[397].

A notre avis, les accords constituent une avancée, car l'objectif serait de corriger les aspects réglementaires des transferts susceptibles d'être attaqués auprès des institutions européennes et de tenir compte des revendications des Ligues (UEFA) et des syndicats de joueurs (FIFPro). Cependant, la méthode semble contestable, car elle ne cherche pas à régler la cause des problèmes de transferts de footballeurs (joueur comme salarié et prise en compte de son talent et de sa révélation comme un bien incorporel). Mais elle résout les transferts selon une logique réglementaire au cas par cas et non les transferts pris dans leur globalité, notamment la question des indemnités. L'objectif des discussions était de trouver un terrain d'entente qui arrangerait aussi bien la FIFA que la Commission. Pour la FIFA, il s'agirait d'éviter que le droit sportif ne soit envahi par le droit communautaire et de préserver ainsi l'essentiel de sa réglementation. Selon la Commission, il s'agit de ne pas appliquer rigoureusement les règles communautaires de libre circulation et de libre concurrence au sport professionnel. L'objectif est

---

[396] R. SIMMONS et D. FORREST, *op. cit.*, pp. 31-32.

[397] Voyez l'interview de Ph. PIAT *« Plus de problèmes que de solutions »*, www.humanité.presse.fr , 7 mars 2001, pp. 1-2.

de tenir compte de la spécificité sportive et, notamment, de sa dimension sociale[398].

L'article 211 du traité instituant la Communauté européenne prévoit qu' « en vue d'assurer le fonctionnement et le développement du marché commun, la Commission :

- veille à l'application des dispositions du présent traité ainsi que des dispositions prises par les institutions en vertu de celui-ci,

- formule des recommandations ou des avis sur les matières qui font l'objet du présent traité, si celui-ci le prévoit expressément ou si elle l'estime nécessaire,

- dispose d'un pouvoir de décision propre et participe à la formation des actes du Conseil et du Parlement européen prévus au présent traité,

- exerce les compétences que le Conseil lui confère pour l'exécution des règles qu'il établit ».

Conformément à cet article, qui précise ses missions, la Commission doit appliquer les règles relatives à la libre circulation et à la libre concurrence et non pas négocier leur application partielle. Rien dans le traité ne justifie un tel évitement des règles communautaires.

Ces accords n'auraient aucune valeur juridique[399]. Le *gentlemen's agreement* n'a vocation à s'appliquer qu'en matière de libre concurrence, car le pouvoir de régulation de la Commission européenne s'exercice uniquement sur ce terrain. Le risque d'une intervention du juge communautaire est renforcé par le fait que les questions au centre du contentieux concernent également la libre circulation des

[398] « La dimension sociale du sport sort renforcée des négociations sur les transferts internationaux de footballeurs », communiqué de presse sur l'activité sport à la DG du 6 mars 2001, tiré du site de la commission européenne. Selon Madame REDING « en l'absence de réaction de la part de la FIFA pendant deux ans, nous aurions pu choisir la voie facile de l'interdiction des règles contestées. Nous avons préféré nous investir dans un dialogue intensif afin d'assister les représentants du football dans la recherche d'une solution compatible avec le droit européen. Dans cette démarche, la Commission a constamment veillé aussi bien au respect des caractéristiques spécifiques du sport qu'à la promotion de sa dimension sociale, comme l'a demandé le Conseil européen de Nice ».

[399] J. M. DE WAELE et A. HUSTING, *Sport et Union européenne*, *op.cit*, p. 30.

travailleurs, domaine où elles sont fragiles sur le plan juridique, dans la mesure où elles ne sont pas à l'abri d'une éventuelle mise en cause, par la Cour de justice des Communautés européennes, de leur validité au regard des articles 39 et 81 du Traité CE[400]. Un accord suppose la présence de tous les partenaires concernés en vue de trouver les bases d'une future collaboration. Or, en l'espèce, la FIFPRO[401], qui est le syndicat représentatif des footballeurs professionnels, était absent lors des négociations. Des réformes ambitieuses ont été opérées par la FIFA en 2001 après les accords conclus avec la Commission européenne (Chapitre 1). Elles nécessitent cependant quelques améliorations (Chapitre 2).

CHAPITRE I : UNE REFORME AMBITIEUSE MAIS INSUFFISANTE

Les accords précités ont obligé la FIFA à mettre en place une réforme sur les transferts en 2001. L'économie de la réforme montre que la FIFA prend en compte les différents griefs faits par la Commission européenne. Elle prévoit la protection des jeunes joueurs, la compensation des clubs formateurs et un mécanisme de maintien de l'équilibre de la compétition (Section 1). Cependant, cette réforme, même si elle constitue une avancée, présente quelques insuffisances (Section 2).

SECTION 1 : L'ECONOMIE DE LA REFORME

Le règlement du 1er septembre 2001 a posé quelques principes directeurs[402], notamment la protection des jeunes joueurs, la compensation des clubs formateurs et l'équilibre de la compétition par la stabilité contractuelle. Cette protection des jeunes joueurs passe par

---

400 F. RIZZO, les opérations de transferts internationaux de footballeurs in *Lamy Droit du Sport, op.cit*, n° 345-45.

401 La FIFPRO (Fédération Internationale des Footballeurs Professionnels) est le syndicat représentatif des footballeurs professionnels au niveau international. Au niveau national, sa tâche est déléguée aux syndicats nationaux comme l'UNFP (Union Nationale des Footballeurs Professionnels) en France.

402 Voyez aussi la Circulaire n° 769 datée du 24 août 2001, relative à la version révisée du Règlement de la FIFA, concernant le Statut et les Transferts des joueurs et la Circulaire n° 801 datée du 28 mars 2002, relative à l'interprétation du Règlement révisé de la FIFA, concernant le Statut et les Transferts des joueurs.

une prise en compte de la situation des mineurs. Un mécanisme a été prévu à cet effet par la nouvelle réforme. Il permet d'éviter que les mineurs soient transférés pour des raisons uniquement sportives. Ainsi, l'article 12 du règlement prévoit que le transfert international ou le premier enregistrement de joueurs âgés de moins de 18 ans ne sera autorisé qu'en cas de changement de résidence de la famille, pour des raisons étrangères au football, dans le pays du nouveau club. Deux exceptions sont cependant prévues :

- à l'intérieur de l'UE/EEE, et pour les joueurs dont l'âge se situe entre l'âge minimum pour pouvoir travailler dans le pays du nouveau club formateur et 18 ans, le club d'accueil met en place un projet pour la formation sportive et l'éducation académique du joueur. A cet effet, un code de conduite sera défini et mis en vigueur par les autorités du football.

- dans le cas d'un joueur vivant dans une région frontalière, à une distance maximale de 50 km de la frontière et si le club affilié à l'association voisine où le joueur souhaite s'entraîner est également situé à une distance maximale de 50 km de la frontière, sous réserve que les deux associations concernées aient donné leur consentement explicite. Le joueur doit continuer d'habiter à son domicile.

Les mêmes principes s'appliquent au premier enregistrement de joueurs de moins de 18 ans dont la nationalité est différente de celle du pays dans lequel ils demandent à être enregistrés pour la première fois. Les revendications des clubs formateurs ont été aussi prises en compte. A cet effet, la réforme a prévu deux mécanismes : indemniser les efforts financiers des clubs formateurs, d'une part et instaurer une solidarité entre petits et grands clubs lors des mouvements de joueurs, d'autre part. Les indemnités de formation sont définies comme étant les paiements versés pour compenser les coûts investis par les clubs dans la formation des jeunes joueurs. Les articles 13 à 20 du règlement du 1er septembre 2001 précisent que la période de formation et d'éducation d'un joueur se situe entre l'âge de 12 ans et de 23 ans. L'indemnité de formation est payée jusqu'à l'âge de 21 ans, sauf s'il est évident que le joueur a terminé sa période de formation avant l'âge de 21 ans. Dans ce cas, l'indemnité sera due jusqu'à ce que le joueur ait atteint l'âge de 23 ans, mais son calcul sera basé sur les années allant de l'âge de 12 ans jusqu'à l'âge auquel le joueur a effectivement achevé sa formation. Lorsqu'un joueur signe son premier contrat non amateur, il convient de verser une indemnité aux clubs formateurs du joueur. Une indemnité sera payée chaque fois qu'un joueur change d'un club à un autre club intervenant jusqu'à la fin de la période de formation et d'éducation, en général jusqu'à l'âge de 23 ans. L'indemnité de formation[403] est due, en principe, lorsqu'un joueur de moins de 23 ans signe son premier contrat professionnel avec un club distinct de celui au sein duquel il a suivi sa formation ou bien transféré en qualité de non amateur. Des exceptions ont été prévues à cette règle. Ainsi, le règlement précise les cas dans lesquels aucune indemnité ne doit être versée :

- si un joueur est transféré d'un club professionnel vers un club amateur, sauf si le joueur récupère son statut de non amateur dans un délai de trois ans et avant d'avoir atteint l'âge de 23 ans ;

- si, sur le territoire de l'UE/EEE, un joueur est muté d'un club de catégorie 1, 2 ou 3 vers un groupement de catégorie 4 ;

- si un club avec lequel le joueur a signé son premier contrat professionnel rompt unilatéralement ce contrat sans juste cause, il ne bénéficie d'aucun droit à une indemnité de formation. En revanche, les autres clubs formateurs du joueur disposent de ce droit dans la mesure où ils n'ont aucune responsabilité dans la rupture ;

- dans l'hypothèse de transferts subséquents conclus avant les 23 ans du joueur, aucune indemnité n'est due au club responsable d'une résiliation unilatérale du contrat de travail sans juste cause. En revanche, les autres clubs formateurs du joueur disposent de ce droit dans la mesure où ils n'ont aucune responsabilité dans la rupture.

A l'intérieur de l'UE/EEE, si un club n'offre de contrat professionnel à un joueur formé sous sa responsabilité et n'ayant pas encore atteint l'âge de 23 ans, il n'a pas, en principe, droit à une indemnité de formation, même si le joueur s'engage au profit d'un autre club non amateur. Néanmoins, le club formateur peut essayer de démontrer, devant la Chambre de règlement des litiges, qu'il est en droit d'obtenir, sur le fondement d'une dérogation dont il doit apporter le caractère légitime, une telle indemnité. Il reste que ce type de dérogation ne peut

[403] S'agissant des montants des indemnités, des critères, des catégories de clubs de formation, des modes de répartition, se reporter à la circulaire n° 769 du 24 août 2001, pp. 3-10 et au règlement d'application du 5 juillet 2001, art. 9.2.

intervenir si elle n'est pas prévue par la convention collective nationale du club requérant. En revanche, aucune indemnité de formation n'est due lorsqu'un joueur de 23 ans ou plus change de club. Cette indemnité, dont l'objectif est de compenser les coûts liés à la formation, est calculée en fonction d'un classement des clubs par catégorie :

- catégorie n° 1 : les clubs de première division des Fédérations nationales investissant des sommes équivalentes dans la formation de leurs joueurs ;

- catégorie n° 2 : les clubs de deuxième division des Fédérations nationales de la première catégorie, les clubs de première division des Fédérations nationales où le football professionnel est organisé ;

- catégorie n° 3 : les clubs de troisième division des Fédérations nationales de la première catégorie, les clubs de deuxième division des Fédérations nationales où le football professionnel est organisé ;

- catégorie n° 4 : les clubs de quatrième division et des divisions inférieures des Fédérations nationales de la première catégorie, les clubs de troisième division et des divisions inférieures des Fédérations nationales où le football professionnel est organisé, l'ensemble des clubs des Fédérations nationales où le football professionnel n'existe pas.

Dans un deuxième temps, la FIFA a instauré une solidarité financière lors du transfert des joueurs entre tous les clubs qui ont contribué à la formation du joueur depuis l'âge de 12 ans. L'article 25 du règlement de la FIFA sur les transferts prévoit cette solidarité[404]. Si un joueur professionnel est transféré alors qu'il est sous contrat, un pourcentage (5%) des indemnités payées au club précédent sera redistribué aux clubs ayant formé le joueur. Cette redistribution se fera au prorata du nombre

[404] Voyez la circulaire de la FIFA n° 801 du 28 mars 2002 qui précise les modalités de calcul de l'indemnité.

d'années passées dans chacun des clubs ayant accueilli le joueur entre l'âge de 12 et 23 ans[405].

Enfin, pour lutter contre les ruptures abusives de contrats qui posent des problèmes de stabilité des équipes et contribuent au déséquilibre compétitif, la FIFA a prévu des périodes de protection. Il convient de distinguer deux périodes : la période dite protégée[406] et celle dite non protégée. Ainsi, l'article 21 du règlement précité relatif aux transferts de joueurs prévoit deux cas selon que le joueur a moins de 28 ans ou plus. Dans le cas de contrats signés jusqu'au 28e anniversaire du joueur ; en cas de rupture unilatérale de contrat sans juste motif ou juste cause sportive, au cours des 3 premières années, des sanctions sportives seront appliquées et une indemnité devra être payée. Dans le cas de contrats signés après le 28e anniversaire, les mêmes principes s'appliquent, mais seulement au cours des 2 premières années. Dans les deux cas, toute rupture unilatérale de contrat sans juste motif est interdite au cours d'une saison. En revanche, toute rupture unilatérale de contrat sans juste motif ou sans juste cause sportive, après les 2 ou 3 premières années, n'entraînera pas l'application de sanctions. Des sanctions sportives pourront toutefois être applicables à l'encontre de clubs et / ou d'agents sportifs occasionnant une rupture de contrat. Une indemnité devra être payée. En outre, une rupture de contrat est interdite au cours de la saison. Par ailleurs, des mesures disciplinaires pourront être appliquées par la Chambre de Règlement des litiges, en l'absence de préavis dans les 15 jours suivant le dernier match officiel de la saison nationale du club auprès duquel le joueur était enregistré.

Le règlement de la FIFA du 1er septembre 2001 relatif aux transferts de joueurs prévoit aussi les modalités de calcul de l'indemnité pour rupture de contrat[407], les sanctions disciplinaires sportives pour rupture

[405] L'article 25 du règlement de la FIFA prévoit ainsi le mécanisme suivant pour les clubs qui ont participé à la formation des joueurs pendant les tranches d'âge suivantes : 12-14 ans : 5 % ; 14-23 ans : 10%

[406] La période protégée est une période de trois saisons entières ou de trois ans – seule la période la plus courte étant retenue -, suivant l'entrée en vigueur d'un contrat, si le contrat en question a été conclu avant le 28e anniversaire du professionnel, ou une période de deux saisons entières ou de deux ans –, seule la période la plus courte étant retenue –, suivant l'entrée en vigueur d'un contrat, si le contrat en question a été conclu après le 28e anniversaire du professionnel.

[407] L'*article 22 du règlement précité sur les transferts de joueurs* prévoit que, si rien n'est prévu par le contrat, l'indemnité pour rupture de contrat par le joueur ou le club

unilatérale de contrat sans juste motif ou juste cause sportive[408], les cas de rupture de contrat pour juste cause sportive[409].

L'économie de la réforme comporte à notre avis montre de nombreuses avancées. En effet, la possibilité pour les clubs et les joueurs de saisir la justice civile contre les décisions sportives constitue une nouvelle arme pour faire respecter le droit et leurs droits. En outre, la limitation de la durée des contrats, qui ne peut excéder cinq ans, permet, d'une part, d'éviter les contrats de très longue durée et, d'autre part, de stabiliser les contrats[410], en fixant le nombre de transfert à un seul par an[411] et par

---

devra être calculé conformément au droit national, aux spécificités du sport et en tenant compte de tout critère objectif inhérent au cas, tel que :rémunération et autres bénéfices dans le contrat en cours et / ou dans le nouveau contrat

1) durée de la période restante du contrat en cours (jusqu'à cinq ans maximum)

2) montant de tous les frais payés par l'ancien club amortis au prorata sur le nombre d'années du contrat

3) si la rupture intervient pendant les « périodes protégées » définies sous l'article 21.

[408] *L'article 23 du règlement* prévoit des sanctions différentes selon qu'il s'agisse du joueur ou du club. Dans le cas du joueur, si la rupture intervient à la fin de la première ou de la deuxième année du contrat, la sanction sera d'une durée effective de 4 mois d'interdiction de participer à des matches officiels du nouveau club. Si la rupture intervient à la fin de la 3e année du contrat, aucune sanction ne sera appliquée sauf en l'absence d'un préavis approprié après le dernier match de la saison. Dans le cas de circonstances aggravantes, telles l'absence de préavis ou rupture répétitive de contrat, les sanctions portives pourront être élargies sans excéder 6mois.

S'agissant des clubs, si la rupture intervient à la fin de la première ou de la deuxième année du contrat, la sanction sera l'interdiction d'enregistrer de nouveaux joueurs nationaux ou internationaux pendant une durée maximum de 12 mois suivant la rupture. Si la rupture intervient à la fin de la 3e année du contrat ou à la fin de la 2e année selon le cas des contrats signés après la 28e année, aucune sanction ne sera appliquée sauf en l'absence d'un préavis. D'autres sanctions peuvent être imposées par la Commission de discipline de la FIFA aux clubs concernés, notamment des amendes, déduction de points ou suspension d'une compétition.

[409] Selon *l'article 24 du règlement précité*, la juste cause sera établie au cas par cas en prenant en considération toutes les circonstances (blessures, suspensions, position du joueur sur le terrain de jeu, âge du joueur, etc.). Elle sera examinée à la fin de la saison de football, et avant l'expiration de la période d'enregistrement en cours.

[410] Chacun se souvient du transfert de Peter LUCCIN à l'O. M pour 9 ans.

[411] La Circulaire n° 867 de la FIFA datée du 18 septembre 2003 précise que l'article 5.2 du Règlement concernant le Statut et les Transferts des joueurs prête à confusion, dans la mesure où il limite les joueurs à un seul transfert au cours de la même saison sportive sur une période de 12 mois. Le Comité Exécutif répète que l'article 5.2 doit être compris comme s'appliquant seulement à la saison sportive complète plutôt qu'à

joueur et en instaurant deux périodes de transfert[412]. Malgré ces avancées de la réforme des transferts, celle-ci présente de nombreuses insuffisances.

SECTION 2 : LES INSUFFISANCES DE LA REFORME

Il existe quelques reproches que l'on pourrait adresser à la réforme de 2001 de la FIFA. Ils tiennent à ce que le système de compensation, notamment des clubs africains, est fort discutable, d'une part, et que la formation n'est pas réellement protégée, au vu des différentes affaires entre clubs formateurs et jeunes joueurs, d'autre part. Tout d'abord, il faut noter que le système est inéquitable pour les pays « exportateurs » de joueurs, notamment ceux dans lesquels il n'existe pas de football professionnel, puisque la FIFA a établi des grilles de compensation d'après une classification (classe 1 à 4). La justification de ces grilles de compensation découle du fait qu'un grand nombre d'associations nationales ne sont pas en mesure de rassembler les données nécessaires pour mettre en place le système de calcul imposé par la FIFA[413]. En effet, lorsqu'un jeune Sénégalais quittait son pays à 18 ans, son club ne touchait aucune rémunération. La FIFA a pensé qu'un système de compensation était nécessaire pour que le départ du joueur se fasse à un prix « juste ». Or, la circulaire de la Fédération internationale du 30

l'année calendaire. En d'autres termes, la durée minimale d'un contrat de travail doit être d'une saison de football complète.

[412] Ces deux dernières mesures permettent d'éviter que des footballeurs soient transférés uniquement pour des raisons financières à n'importe quel moment de la saison. Cependant, le nouveau règlement des transferts adopté par le comité exécutif de la FIFA lors de son congrès des 18 et 19 décembre 2004 et entré en vigueur le 1er juillet 2005 a apporté des assouplissements. En effet, deux amendements ont été votés :
Premièrement, s'agissant du nombre de transferts : désormais un joueur a le droit d'être transféré deux fois au cours d'une même année, à condition que le contrat liant le joueur à son club soit résilié avant le deuxième transfert sur la base d'un consentement mutuel. Le transfert du joueur devra cependant toujours être effectué au cours d'une période de transfert.

Deuxièmement, s'agissant du prêt de joueurs : un joueur prêté par un club à un autre qui rejoint ensuite son club d'origine peut à nouveau faire l'objet d'un autre prêt à un autre club à condition que, durant la période où il est à nouveau dans son club d'origine, il s'entraîne exclusivement pour ce nouveau club sans pour autant disputer de matches pour ce même club d'origine.

[413] Voyez la Circulaire n° 826 de la FIFA datée du 31 octobre 2002.

octobre 2002 a établi une grille qui a fixé les valeurs des centres de formation selon un classement par catégorie. Ainsi, un club sénégalais ne peut être classé qu'en catégorie 2 indexée selon les coûts de formation.

Par conséquent, ce club ne toucherait au départ du joueur qu'une somme s'élevant à 30.000 USD. Cette situation n'est pas équitable pour les dirigeants fédéraux de ces pays, qui ont fait part de leur mécontentement. Comment justifier que les clubs africains ne perçoivent qu'un montant de 30.000 USD, alors que les clubs de classe 2 français en perçoivent 60.000 USD ? Pourquoi un club africain n'aurait-il pas le droit de bénéficier d'une rémunération égale à la classe 1 européenne de 90.000 USD ? Ce choix de la FIFA tient à une certaine logique, qui consiste à dire que les centres de formation des clubs professionnels européens demandent beaucoup plus d'investissements financiers que les centres de formation africains. Néanmoins, cet argument n'est pas solide, puisqu'il devrait tenir compte davantage de la valeur intrinsèque des joueurs formés que de la valeur des installations sportives.

Ensuite, le problème de la formation reste entier[414]. Même si le mécanisme de solidarité est une excellente idée, il n'en reste pas moins que l'indemnité de formation est insuffisante. Ainsi, on assiste, aujourd'hui, d'une part, à une véritable délocalisation de la formation[415] ; d'autre part, à une recrudescence du contentieux

[414] Les articles 300 à 456 de la charte du football professionnel distinguent quatre statuts des joueurs en formation (apprenti, aspirant ; 15 à 18 et stagiaire, espoir ; 18 à 20 ans) et les *articles 200 à 208*, une phase de préformation de 13 à 16 ans). Voyez aussi P. TOURNIER et J-Ph. RETHACKER, *La formation du footballeur, comment devenir joueur professionnel,* Amphora, 1999, p. 206.

Consulter en annexe le tableau concernant quelques données sur les centres de formation des clubs de ligue 1 français, le tableau montrant la sous-évaluation des indemnités de formation par rapport au coût réel de formation, le tableau sur le statut des joueurs en formation, le tableau des indemnités de formation par année et joueur et enfin le tableau relatif à la concentration des premiers contrats professionnels de qualité transférés dans les plus grands clubs anglais.

[415] Aujourd'hui, tous les grands clubs professionnels européens ont crée des centres de formation dans les pays du sud. Ce qui leur permet de diminuer largement leur coût de formation et d'avoir des plus-values conséquentes lors des transferts. Ainsi, rien qu'au Sénégal, il existe une trentaine de centres de formation, alors qu'on en comptait deux, il y a cinq ans (le centre Aldo Gentina de Monaco et Génération Foot).

concernant les jeunes joueurs[416]. Nous illustrerons nos propos pour ensuite les analyser, d'abord les affaires Dabo-Sylvestre et Mexes puis l'affaire Cissoko. Cette dernière affaire nous permettra, en outre, de comprendre la procédure devant le tribunal arbitral du sport[417] qui est l'instance d'appel des décisions de la Chambre de résolution des litiges de la FIFA qui statue en première instance sur les affaires de transfert de footballeurs. Avec l'expérience de l'affaire Dabo-Sylvestre[418], on

---

[416] Quatre dossiers liés à des transferts de jeunes joueurs à l'étranger (Mexès ; Auxerre pour l'AS Rome, Flamini ; Marseille à Arsenal, Medjani ; formé à Saint-Etienne, sous contrat avec Liverpool et désireux de s'engager avec Lorient, N'zogbia ; formé au Havre et souhaitant signer à Newcastle) jettent le trouble au sein du football français », *l'Equipe*, 26 août 2004, pp. 18-19.

[417] « Créé par le Comité International Olympique lors de sa 86e session à New Delhi et opérationnel le 30 juin 1984, le TAS peut intervenir selon trois procédures : la procédure arbitrale ordinaire, qui s'applique essentiellement aux litiges relatifs à des contrats ayant un lien avec le sport, mais également à d'autres litiges comme ceux liés à des problèmes de responsabilité ; la procédure d'appel, contre la décision d'un tribunal disciplinaire ou d'une instance analogue d'une fédération, une grande partie des appels concernant des affaires de dopage ; et la procédure consultative, sur toute question juridique concernant la pratique ou le développement du sport ou toute activité relative au sport » tiré de l'ouvrage de F. LATTY, *le Comité International Olympique et le droit international,* Montchrestien, 2001, p. 235 ou encore J.Ch. LAPOUBLE, *Droit du sport*, LGDJ, 1999, pp. 167-173.

[418] Voyez J-L. PIERRAT et J. RIVESLANGE, *op. cit*, pp. 136-137 ; selon les auteurs « Le centre de formation de l'INTER Milan reçoit deux jeunes Français en provenance de RENNES : Ousmane DABO et Mickaël SYLVESTRE, 21 ans chacun. En Lombardie, ils retrouvent FREY (18 ans) et CAMARA (19 ans) que CANNES et Saint-Etienne, les finances à zéro, ont laissé partir légalement pour 12 MF chacun (1,83 millions d'euros). Le club breton, lui, accepte difficilement la fuite de ses deux espoirs, qui auraient dû honorer leur premier contrat professionnel avec leur club formateur. DABO raconte : *« A RENNES, On nous avait proposé un contrat de cinq ans avec salaire imposé par le club. Quand nous avons tenté de négocier, les dirigeants nous ont dit : « Si vous ne signez pas avant quinze jours, vous aurez le minimum prévu par la charte. »* RENNES n'a pas bougé d'un pouce, alors on n'a pas signé, restant stagiaires niveau 3. D'autant que l'on en avait parlé autour de nous en sélection et d'autres clubs offraient des avantages annexes, en payant, par exemple, les loyers des appartements. Ensuite, l'Inter a fait le forcing et nous n'avons pas hésité. » René RUELLO, président de RENNES à l'époque, s'insurge et réclame 60 MF (40 pour SILVESTRE et 20 pour DABO), soit 9,15 millions d'euros, en guise d'indemnités. Il dénonce *« une magouille pure et nette, de l'escroquerie, du vol »*. Devant la fin de non recevoir des dirigeants milanais, RENNES en appelle à la FIFA. Le 3 décembre 1998, à Zurich, le gouvernement du football mondial fixe à 28 MF (14 par joueur) soit 4,27 millions d'euros la somme que l'Inter doit verser à RENNES en guise d'*« indemnité de formation »*.

pensait que le nouveau règlement allait protéger la formation des jeunes joueurs, mais les problèmes persistent.

S'agissant de l'affaire de M. Mexes, le joueur avait signé un contrat le liant au club de l'AJ Auxerre jusqu'en 2006. En effet, après avoir évolué pour l'AJ Auxerre pendant la saison 1997-1998, M. Mexes a signé avec ce club un premier contrat de joueur en formation, dit « contrat Espoir », en 1998, alors qu'il était âgé de 16 ans. Le 20 juin 2000, le joueur a été engagé par le club en qualité de joueur professionnel, aux termes d'un contrat expirant à la fin de la saison 2004-2005 (« le contrat »). Le 15 décembre 2002, l'AJ Auxerre, représenté par son président, M. Jean Claude Hamel, et le joueur, ont signé un protocole prévoyant notamment la prolongation du contrat pour une saison additionnelle, soit jusqu'au terme de la saison 2005-2006, ainsi qu'une amélioration des conditions salariales et l'engagement du club de verser au joueur une prime de mutation en cas de transfert, en contrepartie de ses années d'ancienneté dans le club (« le protocole »). L'article 5 du protocole stipulait en outre ce qui suit :

« *Le club et le joueur conviennent que le contrat professionnel liant les parties depuis le 1er juillet 2000 et ce, désormais, jusqu'au 30 juin 2006, est, dans son intégralité, régi par le règlement de la FIFA concernant le statut et le transfert des joueurs entré en vigueur le 1er septembre 2001. Cet avenant annule et remplace les accords précédents. Cet avenant relate l'intégralité des accords entre les parties* ».

Le protocole a été suivi le lendemain, soit le 16 décembre 2002, d'un deuxième document intitulé « contrat » (ci-après l'avenant) dont l'objet était de préciser les modalités du versement de la prime de mutation prévue à l'article 4 du protocole, dans les termes suivants :

« *Le joueur Mexes est lié au club AJA Auxerre par contrat professionnel du 1er juillet 2000 (...) jusqu'à la fin de la saison 2005-2006.*

Le joueur s'engage à honorer son contrat, de manière irrévocable, jusqu'à la fin de la saison 2004-2005 au minimum.

Dans l'hypothèse où le club et le joueur décideraient de mettre fin au contrat au terme de cette saison 2004-2005 et de procéder au transfert du joueur au profit d'un autre club, le joueur bénéficiera d'une participation fixée à 8% de l'indemnité de transfert versée par le club acquéreur.

Il est d'ores et déjà convenu que cette part de l'indemnité due au joueur sera versée directement par le club acquéreur au joueur. Les parties signataires aux présentes s'engagent à faire leurs meilleurs efforts afin d'atteindre cet objectif.

Cet engagement deviendrait caduc en cas de transfert du joueur avant le terme de la saison sportive 2004-2005, sauf décision unilatérale du club AJA Football ».

Dans les jours qui suivirent, le club fit savoir au joueur et à son agent que le club refusait de transcrire ces accords sur le formulaire *ad hoc* de la Ligue de Football Professionnel (LFP), formalité pourtant indispensable à leur homologation. Le club invoquait à cet effet l'incertitude juridique créée par l'article 5 du protocole du 15 décembre 2002. En effet, en l'absence de jurisprudence sur ce point, le club considérait qu'il existait un risque que la soumission de l'intégralité de la relation contractuelle *ab initio* au règlement de la FIFA concernant le Statut et le Transfert des joueurs, dans sa version au 1er septembre 2001 (le Règlement 2001), ait pour effet que la période de stabilité contractuelle, prévue à l'article 21 dudit règlement, vienne à échéance le 1er juillet 2003. Face à ce refus, le joueur a entamé une procédure auprès des instances juridictionnelles de la LFP, afin de faire homologuer les nouveaux accords passés entre les parties, ce qui a engendré de grandes tensions entre elles. Le 16 juillet 2003, la Commission nationale paritaire d'appel a enjoint au club de transcrire les deux accords susmentionnés sur le formulaire officiel ad hoc afin d'en permettre l'homologation. Ils ont finalement fait l'objet d'un avenant au contrat professionnel qui a été signé par les parties le 3 août 2003.

Dans sa décision du 16 juillet 2003, la Commission nationale paritaire d'appel a considéré que l'avenant du 16 décembre 2002 avait pour seul objet et pour seul effet de préciser les modalités d'exécution de l'article 4 du protocole signé la veille et que c'était dans cette perspective qu'il avait été prévu une clause stipulant que le joueur s'engageait à honorer son contrat de manière irrévocable jusqu'à la fin de la saison 220-2005. Ainsi, la Commission a jugé que les modalités prévues dans le contrat du 16 décembre 2002 ne constituaient pas une faculté pour l'une ou l'autre des parties de prévoir avant terme la rupture de la relation contractuelle.

C'est ainsi que le joueur a saisi ce même jour la Chambre de règlement des litiges de la commission du statut du joueur de la FIFA (la

Chambre). Le 12 juin 2004, le joueur a signé un contrat de joueur professionnel avec l'AS Roma pour quatre saisons sportives, soit jusqu'au 30 juin 2008. Malgré les mises en demeure des 21 juin et 1er juillet 2004, le joueur ne s'est plus présenté aux entraînements de l'AJ Auxerre. Le club a alors à son tour saisi la Chambre pour statuer sur le litige. Par décision du 31 août 2004, la Chambre a considéré que le joueur a unilatéralement rompu son contrat de travail avec l'AJ Auxerre sans juste motif et pendant la période de stabilité telle que définie à l'article 23 al.1let. a du règlement 2001 et prononcé une suspension du joueur, limitée à six semaines à compter de la reprise du championnat italien, soit dès le 12 septembre 2004, pour tenir compte des circonstances exceptionnelles du cas. La Chambre n'a en revanche pas statué sur l'indemnité financière due pour rupture fautive du contrat par le joueur, ni sur les conséquences des agissements de l'AS Roma et de l'agent pour leur comportement présumé fautif. Cette décision a fait l'objet d'un appel auprès du Tribunal arbitral du sport. Ainsi, le Tribunal arbitral du sport dans sa décision rejette entre autres les conclusions prises par Philippe Mexes, l'AJ Auxerre et AS Roma à l'encontre de la décision de la Chambre de règlement des litiges de la Commission du statut du joueur de la FIFA du 31 août 2004 ; confirme la décision de la Chambre de règlement des litiges de la Commission du statut du joueur de la FIFA du 31 août 2004.

L'affaire Mexes révèle que tout reste à faire, car elle montre que le système tel qu'il existe aujourd'hui est loin d'être parfait. En effet, il s'agit de savoir si la période de stabilité commence à la signature du contrat initial (auquel le joueur serait libre en juin 2004), ou bien si elle redémarre au moment de la prolongation signée en décembre 2002 (thèse soutenue par le club, qui lierait le joueur jusqu'en 2006) ; en d'autres termes, un jeune joueur, formé dans un club et ayant respecté la période de stabilité des contrats posée par le nouveau règlement de la FIFA, est-il libre de signer dans le club de son choix en demandant à son club formateur le montant de l'indemnité qu'il doit payer au cas où il partirait ? L'objectif de la construction d'une équipe stable et donc celui de la régularité des compétitions, reconnu par le droit européen, existe-t-il encore et peut-il être atteint lorsqu'un joueur a déjà évolué pendant plusieurs années dans une équipe et que son contrat est étendu pour une durée supplémentaire ? En outre, le Tribunal arbitral du sport statue sur une question qui concerne un club français et un de ses joueurs qu'il a formé. Il s'agit donc de savoir si ce tribunal est compétent sur un problème national. En outre, si le club formateur a juste droit à une indemnité et qu'il est obligé de libérer tous ses jeunes talents, il s'agira plutôt d'un frein à la formation, dont la protection est l'un des grands objectifs du règlement du 1er septembre 2001 relatif au statut et aux transferts de joueurs de la FIFA.

Dans une affaire[419] plus récente, opposant l'AJ Auxerre à Valence à propos du jeune joueur Sissoko, le tribunal arbitral du sport (TAS) a rendu une décision qui montre que le problème de la formation reste entier. En effet, Auxerre (France) et Valence (Espagne) sont deux clubs de football de haute renommée, tant à leurs niveaux nationaux respectifs qu'au plan international. M. Mohamed Lamine Sissoko (« M. Sissoko ») est un footballeur professionnel français, né le 22 janvier 1985. Il a rejoint l'AJ Auxerre au début de la saison 1998/1999 après trois saisons passées à Troyes. Il était alors âgé de 13 ans et avait encore un statut de joueur amateur.

Le 16 février 2000, l'AJ Auxerre et M. Sissoko ont signé un contrat de «joueur aspirant », aux termes duquel le club s'engageait à fournir au joueur «une formation professionnelle méthodique et complète de joueur aspirant » à compter du 1er juillet 2000 et «pour une durée de 3 saisons ». Ce contrat indiquait notamment que le joueur et son représentant déclaraient connaître et s'engager à respecter les statuts et règlements de la Ligue Nationale de Football (LNF), désormais appelée Ligue de Football Professionnel (LFP) et de la Fédération Française de Football (FFF), en particulier le statut du joueur aspirant inséré dans la Charte du Football Professionnel » (ci-après la « Charte »). L'article 259 de la Charte (édition pour la saison 2000-2001, applicable en l'espèce), fondé sur l'article L.211-5 du Code du sport (article 15-4 de la loi du 16 juillet 1984), prévoit qu'à l'expiration normale des contrats apprenti ou aspirant, le club est en droit d'exiger de l'autre partie la signature d'un nouveau contrat de joueur en formation correspondant à l'âge du joueur. Le contrat de « joueur aspirant » de M. Sissoko est venu à son terme le 30 juin 2003, à l'échéance du délai contractuel de trois saisons qui était expressément prévu. Préalablement, avant le 30 avril 2003 (soit dans le délai prévu à cet effet par la Charte), l'AJ Auxerre a proposé à M. Sissoko la signature d'un nouveau contrat de «stagiaire professionnel », ce qu'il a refusé. Le 1er juillet 2003, soit le premier jour suivant l'échéance de la durée contractuelle de trois ans prévue par

[419] TAS 2003/O/503, A.J Auxerre c/ F.C Valence et M. SISSIKO, Lausanne, 27 août 2004, www.tas-cas.org .

son contrat de joueur aspirant, M. Sissoko a signé un contrat de travail en qualité de joueur professionnel avec Valence CF pour une durée de cinq saisons.

Ledit contrat contient à son article 7 une clause d'indemnisation en cas de rupture anticipée fautive par le joueur (disposition communément appelée « *clausúla de rescisión* » en Espagne), qui fixe le montant de l'éventuelle indemnité payable au club à vingt-huit millions d'euros. Le 3 juillet 2004, à la demande de Valence CF, la Fédération Royale Espagnole de Football (ci-après «RFEF») a sollicité de la Fédération Française de Football la délivrance d'un certificat international de transfert. Elle a essuyé un refus, à la suite duquel elle a requis de la FIFA une lettre de sortie du joueur, selon courrier du 12 août 2003.

Le 26 août 2003, la FIFA a prié la FFF d'émettre le certificat international de transfert demandé par la RFEF ou, à défaut, de faire valoir par écrit, dans les trois jours, les justifications de son refus.

Le 27 août 2003, la FFF a communiqué à la FIFA un courrier émanant de l'AJ Auxerre, sollicitant une extension du délai pour fournir ses observations jusqu'au 1er septembre 2003. Cette requête a été rejetée par la FIFA, qui en a informé la FFF le 29 août 2003. Dans le même temps, constatant «qu'il n'existe aujourd'hui aucun contrat de travail empêchant le joueur d'évoluer avec le club de son choix », la FIFA a autorisé la RFEF à qualifier M. Sissoko sur une base provisoire pour évoluer dans les rangs du Valence CF.

Selon le courrier du 2 septembre 2003, à l'instigation de l'AJ Auxerre, la FFF a demandé que la Chambre de Règlement des Litiges de la Commission du Statut du Joueur de la FIFA (ci-après « la Chambre ») soit saisie du dossier, alléguant notamment que les lois et règlements français n'avaient pas été appliqués par la FIFA, qui aurait pourtant dû en tenir compte en vertu de l'article 43 du Règlement FIFA sur le Statut et le Transfert des Joueurs (ci-après « le Règlement FIFA »). Le 1er décembre 2003, la FIFA a communiqué aux deux clubs impliqués, à la FFF et à la RFEF la décision rendue par la Chambre lors de sa réunion du 21 novembre 2003 (ci-après la « Décision») par laquelle elle a (i) confirmé la décision prise par l'administration de la FIFA le 29 août 2003, autorisant la RFEF à enregistrer le joueur Sissoko à titre provisoire ; (ii) rejeté la demande de l'AJ Auxerre tendant au paiement d'une indemnité pour incitation à rupture d'un contrat ; (iii) rejeté la demande de l'AJ Auxerre tendant au retour du joueur dans son effectif ; et (iv) invité l'AJ Auxerre à faire valoir une indemnité de formation contre Valence CF pour la formation et l'éducation fournies au joueur Sissoko. Cette décision précisait qu'elle pouvait faire l'objet d'une contestation auprès du Tribunal Arbitral du Sport (ci-après « TAS ») dans un délai de 20 jours, dès sa notification. C'est ainsi que le 18 décembre 2003, l'AJ Auxerre a déposé une requête d'arbitrage au Greffe du TAS, Contre le FC Valence et Mohamed Lamine Sissoko, laissant au TAS le soin d'interpeller la FIFA sur son éventuelle participation à l'arbitrage. Entendu en qualité de témoin, M. Aimé Jacquet, sélectionneur et entraîneur français de haute notoriété qui exerce toujours des responsabilités en matière de formation de footballeurs au sein de la FFF, a mis en évidence l'importance de la formation telle qu'elle est organisée en France, qui connaît 35 centres de formation, dont celui d'Auxerre, qui dispensent un enseignement non seulement sportif, mais encore scolaire et éducatif. Quant à MM. Jorge Perez et Clemente Villaverde Huelga, ils ont donné des précisions quant à la procédure suivie pour le transfert de M. Sissoko, M. Perez Arias précisant pour sa part que Valence CF dispense aussi une formation de qualité. En substance, les principaux arguments soulevés par la partie demanderesse sont les suivants : Dans sa décision du 21 novembre 2003, confirmant celle du 29 août 2003, la FIFA aurait omis de tenir compte de l'article 43 de son Règlement. Cette disposition prévoit que lors du règlement des litiges relatifs au statut ou au transfert d'un joueur, la FIFA doit tenir compte de tous les arrangements, lois et/ou conventions collectives d'ordre national, de même que des spécificités du sport.

En l'espèce, par le jeu de l'article 43 du Règlement FIFA, la question de savoir si le joueur Sissoko était libre de s'engager avec le Valence CF à compter du 1er juillet 2003 aurait dû être examinée à la lumière du contrat de joueur aspirant liant l'AJ Auxerre et le joueur, et des dispositions auxquelles le contrat fait référence, notamment la Charte. Or, selon ces dispositions, l'AJ Auxerre pouvait « exiger » la signature d'un contrat de stagiaire professionnel par le joueur Sissoko, ce qui implique que celui-ci avait une obligation contractuelle qu'il aurait violée en refusant de s'engager avec l'AJ Auxerre et en signant avec le club espagnol. Compte tenu de cette violation de son obligation contractuelle par le joueur, la FIFA aurait dû refuser de délivrer une lettre de sortie de manière à contraindre M. Sissoko à exécuter ses engagements envers la demanderesse. Tout autre conclusion reviendrait à remettre en cause le système de la formation « à la française », destiné à protéger les jeunes joueurs et les clubs formateurs.

Dans leurs écritures de réponse, Valence CF et M. Sissoko concluent (i) au rejet des prétentions de la demanderesse ; (ii) à la délivrance d'un certificat de transfert international définitif ; et (iii) à la condamnation de l'AJ Auxerre aux frais et dépens de la présente procédure. Lors de l'audience du 24 mai 2004, les parties défenderesses ont confirmé les conclusions prises dans leurs écritures. Les principaux arguments soulevés à l'appui de leur défense sont les suivants L'article 43 du Règlement FIFA est une clause générale qu'il faut appliquer avec prudence et discernement ; En l'espèce, même si cette disposition impliquait de se référer aux lois françaises et à la Charte, en particulier, il conviendrait de retenir que ces dispositions d'ordre national ne s'appliquent qu'aux clubs et joueurs affiliés à la FFF et n'ont pas de portée internationale ; la portée strictement territoriale des règles françaises serait confirmée par le texte même de l'article 259 de la Charte, qui stipule qu'en cas de refus du joueur de signer un contrat qui lui est proposé, celui-ci s'expose à des conséquences sur le plan interne français seulement ; par ailleurs, le fait même que l'article 259 de la Charte mentionne la possibilité pour le joueur de « refuser » le nouveau contrat qui lui est proposé par le club formateur démontrerait que le joueur n'a pas d'obligation stricte à cet égard ; toute autre interprétation de cette disposition serait d'ailleurs contraire au principe général de la liberté contractuelle.

En l'espèce, les parties ont toutes, directement ou indirectement, accepté les statuts de la FIFA. Les règles applicables sur le fond pour juger la présente affaire sont donc celles prévues par l'article 59 des statuts de la FIFA, dont le Règlement sur le Statut et le Transfert des Joueurs (et son article 43) font partie. C'est l'édition de septembre 2001 dudit règlement qui est applicable.

La question dont la Chambre était saisie consistait, notamment, à déterminer si M. Sissoko pouvait être considéré comme un joueur libre de toutes obligations à l'égard de la demanderesse à compter du 1er juillet 2003, date de l'expiration normale de son contrat de joueur aspirant. Il est incontestable que les relations entre l'AJ Auxerre et M. Sissoko étaient régies par un contrat comportant, pour les parties, l'engagement de « respecter les statuts et règlements de la LNF et de la FFF, en particulier le statut de joueur aspirant inséré dans la Charte du Football Professionnel ». La formation considère qu'il s'agit là, à l'évidence, à tout le moins, d' « arrangements » d'ordre national (voire de lois ou conventions collectives, cette dernière question pouvant rester ouverte). Il appartenait dès lors à la Chambre d'en « tenir compte », au sens de l'article 43 du Règlement ; cette disposition n'autorisait pas la Chambre à ignorer des arrangements ou autres dispositions d'ordre national, au seul motif que l'on se trouve en présence d'un transfert « international ». Au contraire, il incombait à la Chambre, dans le cadre de ses attributions, d'examiner l'ensemble de la situation, et notamment les conséquences, au regard de la Charte, du refus de M. Sissoko de signer un nouveau contrat avec l'AJ Auxerre. Or, la Charte prévoit expressément de telles conséquences, notamment à son article 259 qui prévoit que :

« A l'expiration normale des contrats apprenti et aspirant, le club est en droit d'exiger de l'autre partie la signature d'un nouveau contrat de joueur en formation correspondant à l'âge du joueur.

A l'expiration du contrat stagiaire, le club est en droit d'exiger de l'autre partie la signature d'un contrat professionnel.

Le club devra, le 30 avril au plus tard, prévenir le joueur de ses intentions par lettre recommandée avec accusé de réception, dont une copie sera adressée à la LFP.

1. A défaut pour le club d'avoir usé de cette faculté, le joueur pourra régler sa situation dans les conditions suivantes :

a). signature d'un contrat de joueur en formation ou professionnel dans le club de son choix sans qu'il soit dû aucune indemnité au club quitté ;

b). reclassement dans les rangs amateurs, soit :

-pour le club quitté lors de son passage dans les rangs de joueur en formation avec licence amateur, sans cachet « Mutation », ou ;

-pour le club autorisé auquel il était lié par un contrat de joueur en formation, avec licence amateur, sans cachet « Mutation », ou ;

-pour un autre club amateur que celui d'origine, avec cachet « Mutation ».

2. Si le joueur refuse de signer un contrat de joueur en formation ou de joueur professionnel il ne pourra pas, pendant un délai de trois ans, signer dans un autre club de la LFP, sous quelque statut que ce soit, sans l'accord écrit du dernier club où il a été en formation et sa situation sera réglée de la façon suivante : (...) ».

Il est évident que les règles de la Charte sont de portée nationale et ne sauraient prétendre déployer leurs effets dans un autre Etat. La Chambre se devait toutefois d'examiner, au regard des « arrangements » nationaux français, les conséquences d'une violation, par M. Sissoko, de certaines de ses obligations contractuelles à l'égard de l'AJ Auxerre. Cet examen constitue la « prise en compte » instaurée à l'article 43 du Règlement FIFA ; il doit porter non seulement sur le comportement du joueur et ses conséquences, mais aussi sur celles de l'attitude de Valence CF, dont il paraît évident qu'il était en pourparlers avec M. Sissoko, alors que ce dernier était encore sous contrat avec la demanderesse.

La Formation estime que d'une manière générale, tout club impliqué dans un transfert international doit se renseigner sur les obligations souscrites par le joueur qu'il entend engager, vis-à-vis du club auquel ce joueur était lié, le tout sous l'autorité et le contrôle de la FIFA. De manière générale, il est de la responsabilité de la FIFA, dans chaque cas de transfert international, et en tenant compte, le cas échéant, des « arrangements » d'ordre national par le jeu de l'article 43 du Règlement FIFA, d'examiner les engagements pris par toutes les parties impliquées et d'en tirer alors les conclusions pertinentes, dans un souci de garantie de la sécurité juridique des intervenants notamment. Cela étant dit, en l'espèce, même si la Chambre n'a pas opéré à cet examen de manière appropriée, la Formation ne peut que prendre acte de cette situation et du fait que le contrat conclu entre Valence CF et M. Sissoko n'a pas été invalidé, pour autant qu'il eût pu l'être. Il n'est dès lors pas possible de revenir sur l'autorisation provisoire conférée au Valence CF d'inscrire M. Sissoko en qualité de joueur. Sur la base de cette autorisation provisoire décernée par la FIFA, le joueur Sissoko a intégré l'effectif du Valence CF au début de la saison 2003/2004 et a joué 35 rencontres avec son nouveau club, totalisant 1007 minutes de jeu, selon les statistiques officielles du club.

Ce fait et les circonstances concrètes du cas d'espèce, comme le temps écoulé, rendent pratiquement impossible le retour effectif du joueur à l'AJ Auxerre. Il paraît difficile, d'un point de vue sportif, de revenir un an plus tard sur un choix de carrière opéré par M. Sissoko. Ainsi, il ne saurait être question d'ordonner la réintégration de M. Sissoko au sein de son club formateur, l'AJ Auxerre. Une telle mesure serait choquante et porterait atteinte à des libertés fondamentales. De même, M. Sissoko ne saurait être contraint de signer avec son club formateur un nouveau contrat de stagiaire professionnel. Il n'y a donc pas lieu de prononcer l'annulation des décisions de l'administration de la FIFA du 29 novembre 2003.

La prise en compte appropriée des « arrangements » d'ordre national existant dans le cas d'espèce pourra, en revanche, amener la FIFA à tirer toutes autres conséquences jugées opportunes. En particulier, il appartiendra à la Chambre, si elle en est saisie, d'examiner la question des indemnités auxquelles l'AJ Auxerre pourra prétendre. A cet égard, il convient de mentionner en premier lieu l'indemnité de formation prévue aux articles 13 et suivants du Règlement FIFA. Dans sa circulaire n° 826 du 31 octobre 2002 aux associations nationales affiliées à la FIFA, celle-ci prévoit expressément que « dans des circonstances particulières », il est possible « d'ajuster les montants des indemnités de formation afin de tenir compte des spécificités du cas en question ». Il y aura ainsi lieu, pour la Chambre, d'examiner, notamment à la lumière des chapitres VII (indemnités de formation pour les jeunes joueurs), voire VIII (maintien de la stabilité contractuelle dans le football) du Règlement FIFA, la question de la réparation du préjudice éventuel causé à l'AJ Auxerre du chef de violation des engagements contractuels de M. Sissoko à son égard. Il n'échoit pas à la Formation d'examiner plus en détail les prétentions que la demanderesse peut faire valoir à l'encontre de Valence CF ou de M. Sissoko.

La lecture de cet arrêt rendu par le tribunal arbitral du sport permet de dégager plusieurs enseignements. En effct, la loi française, notamment l'article L.211-5 du Code du sport, qui oblige les jeunes formés dans les centres des clubs professionnels de football d'y signer leur premier contrat professionnel, au cas où ces derniers leur en proposeraient un, n'a d'effet que sur le territoire français et ne peut régir des transferts internationaux. En outre, Auxerre ne peut obtenir que des indemnités de formation et de rupture et ce, en tenant compte de la loi française (art. L.122-3-8 du Code du travail) et du règlement de la FIFA (durée du contrat, nombre d'années restant, valeur du joueur, perte de chance du club etc.). Le joueur, lui, est autorisé à rester dans l'effectif du club espagnol du fait de son intégration depuis quelques années.

Récemment, un autre arrêt a été rendu à propos de la formation, en l'occurrence le transfert du jeune joueur français Charles Nzogbia[420]. Cette affaire opposait le club français Havre au jeune joueur précité transféré au club anglais Newcastle. Le joueur Nzogbia avait refusé de signer un contrat stagiaire que lui proposait son club formateur Havre et a préféré être transféré en Angleterre en contradiction avec la loi française. Portée devant la CRL, celle-ci se déclare incompétente. En effet, selon la CRL, l'article 42 du règlement de la FIFA sur les transferts ne concerne que les faits générateurs du litige issus du contrat de travail du joueur. Or, en l'espèce, il ne s'agissait pas d'un contrat de travail mais d'une convention de formation. En effet, l'article 43 du règlement précité précise qu'on doit tenir compte de tout arrangement, convention collective nationale et de la spécificité du sport. La question était donc de savoir si le joueur Nzogbia était libre de tout engagement à l'expiration normale de son contrat de joueur aspirant ? Dans sa décision, le tribunal arbitral du sport va plus loin que dans l'affaire Sissoko. En effet, le tribunal avait précisé que le joueur Sissoko doit rester à Valence et non réintégrer Auxerre dès lors que le certificat international de transfert était délivré et que par ailleurs, la loi française n'avait qu'une portée nationale. Au contraire, dans l'affaire Nzogbia, le tribunal considère que le joueur en rompant unilatéralement la convention de formation et en refusant la signature d'un contrat stagiaire avec le club havrais, a manqué à ses obligations contractuelles. Par conséquent, dans le cadre d'un transfert d'un jeune joueur en formation, la CRL de la Commission du statut du joueur de la FIFA doit tenir compte de tous les arrangements nationaux et de tous les contrats (contrat de travail et convention de formation) et non d'un seul contrat, en l'occurrence le contrat de travail.

Par ailleurs, pour protéger la formation, l'UEFA[421] a décidé qu'à compter de la saison 2006-2007, toutes les équipes participant à ses compétitions devront compter, sur un effectif de vingt-cinq joueurs, au

---

420 TAS 2004/ A/ 791 Le Havre c/ FIFA & Newcastle & NZOGBIA

421 « L'UEFA exige des joueurs locaux », in *FRANCE- FOOTBALL*, 26 avril 2005, p. 17.

moins quatre éléments formés au pays, dont deux formés au sein même du club. Le nombre de « locaux » devra être progressivement porté à huit pour la saison 2008-2009. C'est dire que la finalité de la réforme des transferts opérée par la FIFA en 2001 et légèrement corrigée en 2005, en l'occurrence la protection de la formation, est loin d'être satisfaite. Des améliorations sont souhaitées pour corriger les insuffisances de la réforme de 2001.

CHAPITRE II : LES AMERIOLATIONS SOUHAITABLES AU DISPOSITIF DE 2001

Les réformes de la FIFA de 2001 ont donné une réponse aux différentes revendications des acteurs des transferts et des principaux griefs de la Commission. Ces réformes ont ainsi prévu la protection des jeunes joueurs, la compensation des clubs formateurs et la stabilité contractuelle dans un souci d'équilibrer la compétition et de donner une certaine liberté aux joueurs de football. Cela constitue une avancée en matière de transfert. Cependant, force est de constater que les problèmes[422] demeurent lors des mouvements de sportifs. Dès lors, des améliorations sont souhaitables pour mieux contrôler les activités des intermédiaires (Section 1) et celles des clubs lors des transferts de joueurs professionnels (Section 2).

SECTION 1 : LES ASPECTS RELATIFS AU CONTROLE DE L'ACTIVITE DES INTERMEDIAIRES

Pour mieux contrôler l'activité des intermédiaires sportifs, il faudrait un préalable (§1) avant d'interdire la double casquette de mandataire et de courtier (§2).

[422] En atteste la création lors du 55e congrès ordinaire de la FIFA, le 12 septembre 2005 de la *Task force* « pour le bien du jeu ». Elle est composée de trois groupes ; finances, politique et compétitions. Le groupe de travail sur les finances qui a débuté ses travaux le 17 novembre 2005 a pour objectifs de soumettre des propositions de solution en relation avec le blanchiment d'argent et le contrôle des flux monétaires lors des transferts de joueurs ou encore le développement du marché des transferts. Ou encore la Rép. Min. à Q.E n° 73790, JO ANQ, 29 novembre 2005, p. 11073 sur la réglementation des transferts notamment « les manœuvres illégales de la part des agents de joueurs peu respectueux des règles établies en la matière ».

§ 1 : Le préalable

Il faut certainement créer une commission chargée de contrôler les transferts de joueurs dans les ligues de football professionnel (A) au lieu de laisser sa gestion à la commission juridique. Plus délicate est la question du calcul objectif des indemnités de transfert (B), qui serait inutile à notre sens et qui, si elle est adoptée comme le demanderaient certaines personnes, risquerait de compromettre l'existence même de l'opération de transfert.

A/ La création de commission chargée des transferts au sein des ligues professionnelles

Depuis l'entrée en vigueur du nouveau règlement de la FIFA relatif aux transferts de joueurs, les clubs professionnels de football, notamment français, « achètent » de plus en plus de joueurs[423]. Le poids des transferts grève le budget de ces clubs[424]. Or, aucune commission administrative sportive n'est consacrée entièrement à l'opération de transfert. En effet, la Ligue de football professionnel est composée notamment de la commission centrale du statut des éducateurs, des commissions régionales techniques des ligues, des commissions paritaires d'appel, de la commission nationale paritaire de la convention collective nationale des métiers du football, de la commission nationale paritaire de conciliation, de la commission nationale paritaire de l'emploi et de la commission sociale et d'aide à la reconversion. Enfin, il y a la commission juridique, qui est compétente, entre autres, des transferts de joueurs et de l'homologation des contrats etc. Par conséquent, il faudrait créer une commission ou un organe spécifique, dont la mission pourrait être double : vérifier l'effectivité du contrôle de l'opération de transfert de joueurs et éviter les nombreuses dérives auxquelles nous assistons. Cela est d'autant plus urgent que la commission des agents de joueurs ne dispose que d'un faible pouvoir.

---

[423] Selon F. THIRIEZ, « Les clubs français à l'épreuve du « foot business » », in *Pouvoirs* n°101, Seuil, 2002, p. 66 : « les clubs français de première division achètent plus (380 millions d'euros) qu'ils ne vendent (274 millions d'euros), de sorte que la balance des mutations est lourdement déficitaire ».

[424] F. THIRIEZ, *op. cit.*, p. 67 : « l'endettement des clubs de première division atteint le chiffre record de 305 millions d'euros en juin 2001, contre 24 millions d'euros seulement il y a quatre ans pour les clubs de première division et 11 millions pour les clubs de deuxième division ».

B/ L'inutilité du calcul objectif des indemnités de transfert

Les indemnités de transferts, payées en contrepartie du changement de club du footballeur professionnel, sont très élevées. Elles sont fixées de gré à gré[425] par les agents sportifs. Or, plus l'agent sportif est réputé, plus le joueur a des chances de se faire transférer pour des montants hors de proportion avec sa valeur réelle. C'est dire que, dans la grande majorité des cas, le joueur est surévalué. Par conséquent, la question est de savoir s'il faut procéder à une évaluation plus objective des indemnités de transferts. Pour M. Philippe PIAT, si un transfert intervient à trois ans du terme du contrat, le montant de la transaction, c'est le salaire annuel du joueur multiplié par les 36 mois qui restent à courir. En limitant la somme à ce calcul ou en permettant une rupture unilatérale du contrat, le prix du marché aurait baissé. Si un joueur savait que son club va le vendre 400 millions, alors qu'il peut se libérer pour 100 millions, il n'accepterait pas le gré à gré et romprait unilatéralement son contrat[426].

Nous ne partageons pas cette vision des choses. Certes, la mise en place du calcul objectif des indemnités de transfert aurait deux mérites : celui de limiter l'inflation du prix des transferts et celui de compléter le règlement de la FIFA qui ne prévoit aucun encadrement du montant des transferts[427]. Mais, en ne tenant compte que des critères objectifs et juridiques (art. L.122-3-8 du Code du travail) sans se référer aux réalités économiques, le marché des transferts perdrait tout son sens. La reconnaissance du marché des transferts passe sûrement par la prise en compte des réalités juridiques et mais surtout économiques (valeur de marché du joueur).

S'agissant des modalités financières des opérations de transfert, les marges de manœuvre sont très larges. On assiste ainsi à des montages financiers dont la finalité consiste soit à limiter soit à partager le risque

[425] Selon l'article 506 de la convention collective nationale des métiers du football, le montant de l'indemnité de résiliation est fixée de gré à gré.

[426] Voyez l'interview de Ph. PIAT à propos du nouveau règlement de la FIFA sur les transferts, *op. cit.*, www.humanite.presse.fr , 7 mars 2001, p. 2.

[427] Pour F. THIRIEZ, *ibid.*, p. 7 *« le règlement de la FIFA ne semble pas, pour le moment, avoir d'effet sensible sur le prix des transferts, contrairement à ce qui avait été prédit ».*

financier lié à un transfert de joueur. Le club acquéreur peut par exemple payer une petite indemnité de transfert mais accepte en contrepartie de céder une partie de la créance d'un futur transfert. Sur le plan juridique, cette situation est analysée par certains auteurs[428] comme une cession de créance présentant au moins deux spécificités qu'il convient d'analyser : d'une part, l'opération porte sur une créance future et surtout éventuelle ; d'autre part, au jour de la conclusion de la cession de créance, l'identité du débiteur cédé est ignorée car les parties ne peuvent déterminer à l'avance le futur club acquéreur du sportif. Autrement dit, la prétendue copropriété du joueur doit s'analyser comme une cession partielle de l'indemnité de transfert dont l'originalité résulte du caractère éventuel de cette créance et de l'impossibilité d'identifier, lors de la conclusion de la cession, le débiteur cédé. L'article 1130 du C.civ. reconnaît la validité des ventes futures. Quant à la jurisprudence, la Cour de cassation précise que la validité des cessions de créance futures et éventuelles suppose simplement, conformément à l'article 1129 du C.civ., que la créance puisse être identifiée. Cette identification n'implique pas nécessairement, selon la Haute cour, la désignation de l'identité du débiteur, il suffit que le débiteur puisse être identifié par une qualité comme celle de groupement sportif.

§ 2 : L'interdiction du cumul des statuts de mandataire et courtier des intermédiaires

La réglementation relative à l'activité des agents sportifs et de leur implication dans les transferts de joueurs montre la volonté des autorités étatique[429] et fédérale[430] d'encadrer une profession souvent décriée.

---

[428] F. RIZZO, Les opérations de transfert in *Lamy Droit du Sport*, 2005 et Lamy droit civil 2005, Observations sur la phase préparatoire du transfert de joueur, n°22, p. 55.

[429] Selon le ministre de l'intérieur Nicolas SARKOZY *« je crois que la LNFP, en France, a fait un bon travail. Il se passe moins de choses douteuses sur les transferts qu'il y'a 10 ou 20 ans. Je ne suis pas inquiet, car jamais les contrôles n'ont été aussi poussés. Les garde-fous mis en place sont de nature à assainir le milieu », L'Equipe,* 21 février 2004, p. 11.

[430] Voyez en annexe les 8 propositions relatives à la situation des agents sportifs du groupe de travail placé sous l'égide de L.F.P. Le groupe de travail sur les faux agents était composé de Ph. DIALLO (UCPF), R. CHARRIER (UNFP), BENGUIGUI (syndicat des agents de joueurs), S. CANARD/ Ph. FLAVIER (union nationale des agents sportifs), J-P. HUREAU, H. GORCE, A. ROUGER et G. CHAMBILLY (LNF), J. LAPEYRE et J. VERBEKE (FFF).

Les lois du 16 juillet 1984 et du 6 juillet 2002 et le règlement du 1er mars 2001 de la FIFA gouvernant l'activité des agents de joueurs ont imposé des obligations à toutes les parties à l'opération de transfert de joueurs et complété le dispositif de contrôle. Cependant, l'effectivité de la réglementation a montré ses limites[431]. En effet, cela est dû à la particularité des transferts de joueurs dans le football. Or, dans ce mécanisme, comme nous l'avons démontré, l'agent sportif, exerce plusieurs fonctions (courtier, mandataire, conseiller, psychologue etc.).

Par conséquent, vouloir réguler les transferts de joueurs sans repenser l'activité des intermédiaires sportifs paraît inutile et inefficace dans la pratique. Il faudrait ainsi instaurer, par exemple, un « mandat spécial » de l'agent sportif, dont l'intervention se limiterait à négocier la rupture et la signature du contrat de travail du sportif professionnel. L'essentiel de son travail serait donc cantonné au courtage, qui constituerait sa principale activité. Par conséquent, cela éviterait la confusion des genres et la prolifération des courtiers (anciens joueurs, les cellules de recrutement des clubs ou simples intermédiaires non agréés). Ensuite, sur le plan financier, pour éviter le double commissionnement ou les fraudes fiscales et sociales, à l'instar des droits de retransmission des compétitions à la télévision, la commission des transferts, dont on avait suggéré la création, s'occuperait du paiement des différentes indemnités liées à l'opération de transfert. Enfin, pour que le marché des transferts

---

D'autres solutions sont proposées : d'abord la mise en place d'un statut européen pour l'activité d'agent sportif par le recours à l'article 47 du Traité CE, relatif à la liberté d'établissement, notamment par une directive ; ensuite, la régulation professionnelle reposant sur un label privé ; solution proposée par le football professionnel et qui consiste à mettre en place un système de certification des agents géré par un organisme extérieur aux institutions de la discipline en cause comme la société *Bridge Asset* pour le football.

[431] Selon le Rapport 2003 de la direction nationale de répression de la fraude, p. 74 ; s'agissant des intermédiaires du sport *« l'initiative de la FIFA est louable et pertinente, mais elle peut être aisément contournée. Une simple analyse du recrutement poste par poste dans certains clubs démontre que certains transferts demeurent incompréhensibles si l'on envisage pas l'existence d'un montage frauduleux...comme dans l'ensemble des montages frauduleux, la sécurité d'une structure se mesure à l'aune du maillon le plus faible, car c'est par lui que les flux vont transiter. Or, les mesures prises par les fédérations peuvent être aisément détournées ».Ou encore les conclusions des rapports de l'inspection générale des finances et de l'inspection générale de la jeunesse et des sports présentées le 1er avril 2005 ; voyez en ce sens, Rép.Min. à Question n° 75228, p.12108 sur le statut des intermédiaires sportifs.*

soit transparent et accessible à tous les agents sportifs, il paraît souhaitable de déterminer un *numerus clausus* c'est à dire fixer un maximum de joueurs que l'intermédiaire doit avoir dans son « écurie »[432].

SECTION 2 : LES ASPECTS RELATIFS AU CONTROLE DES CLUBS

L'expérience française de la direction nationale de contrôle de gestion des clubs, pour qui veut déterminer comment contrôler les clubs, est un bel exemple (§1) de rigueur et de transparence de gestion. Son adoption par les instances internationales de football dans les pays ayant opté pour le professionnalisme (§2) ne ferait qu'améliorer la gestion des transferts.

§ 1 : L'exemple de la direction nationale de contrôle de gestion des clubs professionnels français : la DNCG

L'exemple français de contrôle de gestion des clubs de football est assez original en Europe. La DNCG est un organisme indépendant qui a été créé en avril 1990 à la Ligue de football professionnel sous la présidence de M. Noël Le Graet. Elle est chargée d'assurer le contrôle juridique et financier des clubs affiliés et de s'assurer qu'ils répondent aux conditions fixées par les règlements nationaux et UEFA pour prendre part aux compétitions[433]. Ce contrôle s'exerce dans le cadre de la mission qui lui a été confiée par la loi du 16 juillet 1984, le décret du 13 février 1985, ainsi que les règlements de la Fédération française de

---

[432] Il faut dire avec la démocratisation de l'accès à la profession d'agents sportifs puisque la caution bancaire de 800 000 francs est remplacée par une assurance responsabilité civile professionnelle et que tous les pays habilités par la FIFA peuvent l'organiser et ainsi attribuer la licence. Rien qu'en France, on note chaque année au moins une vingtaine de nouveaux agents sportifs. Aujourd'hui, on a 130 agents fédéraux et 1400 agents FIFA pour 1000 joueurs professionnels de football, comparé au rugby où on note 30 agents pour 1000 joueurs en France. A ce rythme, dans 4 ans, il y aura autant d'agents que de joueurs professionnels. Ainsi, les agents n'ayant pas de joueurs ou ayant un seul joueur seraient tentés de pousser les joueurs à rompre leurs contrats ou à les transférer chaque saison pour gagner leur vie. D'où un risque d'instabilité contractuelle.

[433] Voyez l'article 1 du règlement de la DNCG. Il complète le contrôle administratif de la commission juridique de la LFP en vue d'une éventuelle homologation des contrats de sportifs.

football et de la Ligue de football professionnel. En effet, l'article L.132-2 du Code du sport (article 17,II, de la loi du 16 juillet 1984) précise que chaque Fédération disposant d'une ligue professionnelle crée un organisme assurant le contrôle juridique et financier des associations et sociétés mentionnées à l'article L.122-2 du code précité.

Il vérifie que ces structures répondent aux conditions fixées pour prendre part aux compétitions qu'elle organise. Les principes du contrôle sont précisés dans une convention. Le décret n° 85-238 du février 1985 prévoit, pour sa part, que la convention passée entre la Fédération française de football et la Ligue de football professionnel doit préciser les principes selon lesquels la Fédération française assure un contrôle de la gestion administrative et financière des groupements sportifs qui composent l'organisme. Selon M. Jacques Lagnier, le contrôle porte sur deux catégories de clubs : ceux qui, à la suite d'un contrôle ont fait l'objet d'une décision, et ceux qui n'en ont pas fait l'objet. Pour les clubs qui n'ont pas fait l'objet d'une décision, la Commission juridique traite directement le contrat. Nous en avons bien évidemment connaissance et nous intégrons ces informations pour le suivi futur des clubs concernés. Pour les clubs qui ont fait l'objet d'une décision, la position de la DNCG est très simple : suivant la décision prise, la DNCG fixe une masse salariale globale en accord avec les clubs, c'est-à-dire bien souvent après négociation. Les clubs disposent à leur guise de cette masse salariale, puisqu'ils peuvent acheter n'importe quel joueur. Nous donnons simplement un avis favorable à l'homologation, dès lors que le montant ainsi fixé n'a pas été dépassé. En cas de dépassement de la masse salariale, l'avis de la DNCG est défavorable. Il faut préciser que le contrôle de la DNCG est purement mathématique, c'est-à-dire qu'un contrat ne fait l'objet d'aucune appréciation sur le fondement de sa conclusion. Nous regardons simplement s'il y a eu ou non dépassement de la masse salariale[434].

La DNCG est composée de commissions qui s'occupent non seulement des clubs professionnels mais aussi des clubs amateurs[435]. La

[434] J. LAGNIER, Secrétaire général de la DNCG, in *Les contrats des sportifs, l'exemple du football professionnel*, *op. cit.*, pp. 153-154.

[435] L'article 2 du règlement précité précise en effet que la DNCG est composée d'une commission de contrôle des clubs professionnels, d'une commission fédérale de contrôle des clubs, des commissions régionales de contrôle des clubs et d'une commission d'appel. Les trois instances nationales siègent en commission plénière au moins une fois par an.

commission de contrôle des clubs professionnels est composée de membres appartenant aux différentes familles du football professionnel français. En effet, doivent y siéger cinq membres désignés par la Fédération française de football (FFF), dont deux experts-comptables au moins, cinq membres désignés par la Ligue de football professionnel (LFP), deux membres désignés par l'Union des clubs professionnels de football (UCPF), deux membres désignés par l'Union nationale des footballeurs professionnels (UNFP), deux membres désignés par l'Union nationale des éducateurs et cadres techniques de football (UNECATEF), deux membres désignés par le Syndicat national des administratifs et assimilés du football (SNAAF). Les commissions ont trois séries de compétences[436] pour assurer leur mission auprès des clubs ; la surveillance et le contrôle d'abord, ensuite, un pouvoir de sanction, enfin, donner des avis.

S'agissant de la surveillance et du contrôle, les commissions doivent s'assurer du respect par les clubs des dispositions réglementaires relatives aux procédures de contrôle et à la production de documents (l'établissement de documents comptables et statistiques par exemple) prévues à l'annexe n° 1 du règlement. Elles doivent, en outre, obtenir des clubs tous renseignements utiles aux procédures de contrôle, concernant les entités se rattachant juridiquement ou économiquement à elle. Elles doivent contrôler la situation juridique et financière des clubs sur pièces ou sur place, en procédant à des enquêtes et vérifications qui leur sont demandées par la FFF, la LFP ou la ligue régionale, suivant le cas, ou qu'elles jugent utile d'entreprendre. Les missions de surveillance et de contrôle des commissions sont assorties de sanctions au cas où un club manquerait à ses obligations. Ainsi, elles peuvent, d'une part, appliquer les sanctions prévues à l'annexe n° 2 du présent règlement en cas d'inobservation des dispositions obligatoires relatives à la tenue de la comptabilité, aux procédures de contrôle et à la production de documents. D'autre part, elles peuvent examiner et apprécier la situation des clubs et le cas échéant, interdire le recrutement de nouveaux joueurs sous contrats (aspirants, apprentis, stagiaires, espoirs, professionnels, fédéraux). Le recrutement peut être permis. Dans ce cas, il est contrôlé dans le cadre d'un budget prévisionnel ou d'une masse salariale prévisionnelle limitée (les contrats et avenants sont soumis avant homologation à une décision de la DNCG). Au cas où

[436] Article 11 du règlement précité.

la situation financière d'un club obérée, la DNCG peut prendre des mesures radicales comme la rétrogradation sportive, l'interdiction d'accession sportive ou l'exclusion des championnats nationaux.

Enfin, la DNCG peut donner un avis sur la délivrance ou le retrait de l'autorisation d'utiliser des joueurs professionnels ou sur le respect des critères d'octroi de la licence UEFA. Dans son rapport de 1991, la direction nationale de contrôle de gestion note un déficit global de 1,5 milliards de francs pour le football professionnel. C'est ainsi que des clubs comme Bordeaux, Brest, Nice et Toulon ont été sanctionnés par un dépôt de bilan. Depuis la saison 2000-2001, on note à nouveau la mauvaise santé financière des clubs français. Par exemple, les statistiques de la saison 2002-2003 de la LNFP montrent un résultat net déficitaire de 161 millions d'euros en Ligue 1 (contre – 165 millions d'euros la saison précédente), et de 16,8 millions en Ligue 2 (contre – 20,3 millions d'euros la saison précédente)[437].

§ 2 : La généralisation de la DNCG aux pays ayant un championnat professionnel

Un organe de contrôle existe en France et en Allemagne, mais pas dans les autres championnats professionnels européens. Or, cette situation défavorise les clubs professionnels de ces deux pays et fausse la glorieuse incertitude du sport, dans la mesure où leurs homologues espagnols, anglais ou italiens peuvent s'endetter et recruter les meilleurs joueurs, sans se soucier d'une éventuelle sanction. Par conséquent, il faut généraliser cet organe de contrôle à toutes les fédérations membres de l'UEFA et éventuellement de la FIFA, ayant instauré un championnat professionnel. Cela sera d'autant plus facile avec l'entrée en vigueur de la licence européenne pour la saison 2004-2005. En effet, tout club désirant participer à une compétition organisée par l'UEFA doit obtenir cette licence. Elle suppose au préalable, pour les clubs, le respect de certaines conditions :

- la suppression de tout déficit ;
- le paiement des transferts à la date indiquée par les contrats ;

[437] Commentaire du conseil d'administration de la LNFP sur les statistiques financières de la saison 2002-2003, www.footpro.fr , 22 octobre 2004, pp. 1-2.

- la présentation d'un plan de trésorerie.

D'autre part, le Conseil européen de Nice considère dans ses conclusions que, si cela s'avère nécessaire, les fédérations sportives sont encouragées à mettre en place des dispositifs de contrôle de gestion des clubs[438]. La mise en place d'une DNCG devrait être facilitée par une harmonisation fiscale, car il ne serait facile de traiter les clubs professionnels de football de manière égale que s'ils présentent une même situation. En revanche, pour Messieurs Gouguet et Primault, le modèle français est transposable dans ses principes. La création d'une instance de contrôle de tous les clubs européens n'est pas une utopie, mais ce sera long[439].

Il faut dire que le principal handicap des sociétés sportives est l'absence d'actifs dans le patrimoine des clubs français les plus riches, en comparaison avec leurs concurrents européens. Ainsi, pour pallier ce handicap, la loi n° 2004-1366 du 15 décembre 2004, portant diverses dispositions relatives au sport professionnel, a été adoptée. Elle a pour objectif de « rendre plus performants les clubs professionnels français relevant des principaux sports collectifs »[440]. A notre avis, cette loi participe, certes, à améliorer la situation patrimoniale des clubs professionnels français, mais elle reste insuffisante, si son objectif est de les rendre performants au plan européen. En effet, plusieurs remarques peuvent être faites sur ces dispositions.

D'abord, cette loi peut être considérée comme une loi Lamour bis, puisqu'elle sert en fait à compléter tous ses oublis. En effet, l'article L.131-3- 4° du Code du sport (article 2 de la loi du 15 décembre 2004) en est un bel exemple, puisqu'il permet la réintégration des sociétés sportives dans la vie fédérale en leur conférant la qualité de membres. Ensuite, la solution de la prise en compte de la rémunération de l'image collective des équipes professionnelles, non pas comme salaire mais comme redevance, semble curieuse. En effet, cette rémunération n'est plus considérée comme un salaire, donc comme une charge sociale

---

438 Conclusions de la présidence, Conseil européen de Nice, 7, 8 et 9 décembre 2000, S.N 400/00, p. 15.

439 Voyez *Le Monde*, 5 avril 2004, p. 15.

440 Rapport n° 1831 sur la proposition de loi (n° 1758) de MM. E. LANDRAIN et J-M. GEVEAUX portant diverses dispositions relatives au sport professionnel, Assemblée nationale, 5 octobre 2004.

pesant sur les clubs professionnels, mais en même temps, cette charge doit être payée par l'Etat. Par conséquent, il s'agit plutôt d'un transfert d'une partie des charges sociales des clubs que l'Etat paiera. Enfin, l'idée d'un appel public à l'épargne à travers la cotation boursière est encore écartée, alors qu'il aurait permis aux sociétés sportives d'avoir de nouveaux investisseurs.

Pour offrir réellement aux clubs professionnels de vrais actifs, donc un véritable patrimoine, il faut penser à une solution globale et originale. Or, jusqu'à présent, toutes les solutions évoquées par les différentes dispositions législatives ont montré leurs limites. Par conséquent, nous pensons que la prise en compte de la force de travail du joueur, notamment son talent et sa révélation comme une valeur incorporelle, pourrait constituer un actif important pour les clubs professionnels. En effet, si cette valeur incorporelle est reconnue et qu'elle est attribuée pour une part aux clubs, elle pèsera positivement dans leur patrimoine.

SOUS-TITRE II : LA RELECTURE DE LA REFORME FIFA SUR LES TRANSFERTS DE JOUEURS

La réforme de 2001 de la FIFA sur les transferts de footballeurs professionnels doit être améliorée en offrant de mettre en place des mécanismes de contrôle de l'activité des clubs et des intermédiaires sportifs lors des mutations de joueurs. Elle laisse cependant entier le problème de la protection de la formation des jeunes joueurs. Cette formation doit être protégée, c'est-à-dire que les clubs formateurs, en général les petits clubs, doivent être compensés financièrement et, en même temps, le jeune joueur doit participer au choix de sa carrière professionnelle, c'est-à-dire être associé au choix de son futur club lors d'un transfert. Les grands clubs, «acheteurs» de joueurs, éprouvent des besoins de financement de leur développement[441]. Ce dernier suppose des résultats sportifs, donc l'achat de joueurs de valeur et la construction et la rénovation des structures sportives. Il faut par conséquent de nouveaux moyens donc des actifs pour les clubs sportifs. La réforme sur les transferts que nous proposons prend en compte ces différentes difficultés. Pour y parvenir, la thèse essaie de donner une qualification de l'opération de transfert de sportifs professionnels. La qualification est

---

[441] Dossier sur le « Financement du sport professionnel », in *Droit et patrimoine*, n° 139, 2005, pp. 53-92.

une opération intellectuelle d'analyse juridique, outil essentiel de la pensée juridique, consistant à prendre en considération l'élément qu'il s'agit de qualifier et à le faire entrer dans une catégorie juridique préexistante, en reconnaissant en lui les caractéristiques essentielles de la catégorie de rattachement[442]. La qualification est au fond un exercice de traduction. Il n'y a toutefois pas de vérité absolue en matière de qualification ou, du moins, personne ne prétend la détenir[443]. Qualifier l'opération de transfert revient à la classer dans une catégorie juridique. La qualification est toujours liée à un résultat recherché, à un intérêt pratique[444].

Il s'agit de se demander ce que sont en droit le talent et la révélation du sportif professionnel. Cette qualification résoudrait d'énormes problèmes liés à l'opération de transfert. Elle permettrait, en effet, de protéger les clubs formateurs et répondrait au besoin de financement et de développement des grands clubs. Elle assurerait une plus grande liberté aux joueurs. Ainsi, nous qualifierons la réforme des transferts de joueurs professionnels à travers, d'une part, le droit des contrats notamment le contrat de travail (Chapitre 1) et, d'autre part, le droit des biens (Chapitre 2).

CHAPITRE I : L'ANALYSE DE DROIT DES CONTRATS

Le système de transfert qui résulte des règlements du football-association de la FIFA est un procédé qui donne lieu aux plus grandes difficultés d'appréciation juridique[445]. A notre sens, l'opération de transfert naît nécessairement dans le contrat de travail à durée déterminée du footballeur professionnel (Section 1), mais s'exprime hors du contrat de travail liant le joueur au premier club avec lequel il a signé ce contrat de travail (Section 2).

---

[442] *Vocabulaire juridique- Association H. CAPITANT*, V° qualification.
[443] F. JESTAZ, La qualification en droit civil, *Droits*, 1993/18. 3.
[444] M. BONNECHERE, *Introduction au droit*, Découverte, 1994, p.123.
[445] Ch. GARRIGUES, *op. cit*, p. 402.

SECTION 1 : LE TRANSFERT NAIT NECESSAIREMENT DANS LE CONTRAT DE TRAVAIL

Une grande majorité de la doctrine s'accorde à la thèse que nous défendons et qui consiste à justifier l'opération de transfert par l'existence d'un contrat de travail à durée déterminée en cours d'exécution. Cependant, certains juristes s'y opposent et justifient le transfert par le lien de licence[446]. Le transfert suppose l'existence d'un contrat de travail à durée déterminée en cours d'exécution. Il faut par conséquent deux conditions : un contrat de travail qui n'est pas arrivé à terme et un contrat de travail à durée déterminée. Ainsi, en premier lieu, il exige que le contrat de travail du sportif soit en cours d'exécution. Si, au contraire, le contrat est arrivé à terme, l'athlète étant libre de tout engagement, il peut contracter avec le club de son choix. Il n'aura alors pas à obtenir l'accord du club précédent, sauf à respecter les périodes de mutation[447] généralement prévues par les autorités fédérales compétentes[448]. En second lieu, il faut (évidemment) un contrat de travail à durée déterminée, tel qu'il est prévu en matière d'activité sportive professionnelle, par l'article L.211-5al.3 du Code du sport (article 15-4 de la loi du 16 juillet 1984, modifiée par la loi du 28 décembre 1999).

M. David Jacotot relève à bon escient que le système de transfert favorise la rupture anticipée, mais d'un commun accord, du contrat de travail. Le comprendre, c'est prendre conscience de l'établissement d'une relation triangulaire qu'il faut détailler. D'abord, un contrat de travail à durée déterminée, non encore arrivé à son terme, unit un club A et un footballeur. Ensuite, le club A conclut avec un club B un contrat de transfert dans le cadre duquel l'un (le club B) s'engage à payer à l'autre (le club A) une indemnité et l'autre (le club A) s'engage à

---

[446] Notamment P. MOYERSOEN et Ph. JESTAZ in *Les contrats sportifs* sous la direction de G. SIMON. Voyez aussi en ce sens pour une étude approfondie sur la licence, l'analyse du Pr. SIMON, qui la définie comme « une autorisation fédérale de participer aux compétitions », Puissance sportive et ordre juridique étatique, *op.cit.*, pp. 109-116.

[447] L'art. 133 al.1 du règlement administratif de la LFP prévoit que, pour la saison 2002-2003, la période officielle des mutations, en L1 et L2, débute le 15 mai 2002 et prend fin le 31 août 2002 à 24 h. L'art. 133 al.2 précise, pour sa part, que la période complémentaire des mutations débute le 1er janvier et s'achève le 31 janvier à 24 h.

[448] J. MOULY, *Dictionnaire juridique du sport*, *op. cit.*, p. 358.

autoriser la rupture anticipée du contrat de travail. Enfin, un nouveau contrat de travail se forme entre le footballeur et le club B. Cet ensemble contractuel repose sur une finalité précise, « l'organisation » de la rupture anticipée d'un commun accord du premier contrat de travail[449]. Cette position est confortée par M. Rizzo, pour qui, souligne-t-il, les joueurs sont unis à leur employeur, le plus souvent, par un contrat de travail à durée déterminée. L'admission de cette forme de contrat résulte de la volonté des pouvoirs publics de valider, notamment, le système des transferts, principale source de revenus des clubs. Ainsi, le contrat de travail à durée déterminée constitue la clé de voûte de l'opération juridique de transfert et par la même d'une partie du système de financement des clubs[450].

Certains juristes ne partagent pas cette position. A bien lire le règlement de la FIFA, le transfert ne serait pas lié au contrat de travail. L'indemnité de transfert ne serait-elle pas plutôt l'acquisition d'un droit sur la licence ? S'afficherait par là même la spécificité sportive. Le règlement FIFA n'évoque pas l'indemnité de transfert, il emploie le terme « mutation » dans la locution suivante : « les mutations ne peuvent se faire si (...). » Que signifie le substantif « mutation » ? Ce n'est certainement pas un synonyme de contrat de travail : c'est la possibilité pour un joueur – amateur ou professionnel – de changer son numéro de licence. Ce n'est pas une question dont la réponse relève du domaine du droit du travail ; il s'agit simplement de participer à une compétition[451]. En effet, l'article L.131-3 du Code du sport (article 16 de la loi du 16 juillet 1984) dispose que « les Fédérations peuvent aussi grouper en qualité de membres, dans des conditions prévues par leurs statuts :

1- les personnes physiques auxquelles elles délivrent directement des licences ;

2- les organismes à but lucratif dont l'objet est la pratique d'une ou plusieurs de leurs disciplines et qu'elles autorisent à délivrer des licences ;

---

449 G. SIMON, *Les contrats des sportifs, l'exemple du footballeur professionnel*, *op. cit.*, p. 212.

450 F. RIZZO, *A propos de la réification de la personne du sportif professionnel salarié*, *op. cit.*, p. 45.

451 G. SIMON, *ibid.*, p. 232.

3- les organismes qui, sans avoir pour objet la pratique d'une ou plusieurs de leurs disciplines, contribuent au développement d'une ou plusieurs de celles-ci.

4- les sociétés sportives.

Les Fédérations sportives exercent leur activité en toute indépendance. La licence délivrée par une Fédération sportive ou en son nom ouvre droit à participer aux activités sportives qui s'y rapportent et, selon des modalités fixées par ses statuts, à son fonctionnement. Les statuts des Fédérations sportives peuvent prévoir que les membres adhérents des associations affiliées doivent être titulaires d'une licence ». Ces Fédérations peuvent, selon l'article L.132-1al.1 du Code du sport (article 17 de la loi du 16 juillet 1984), créer une Ligue professionnelle pour la représentation, la gestion et la coordination des activités sportives à caractère professionnel des associations qui leur sont affiliées et des sociétés qu'elles ont constituées. C'est ainsi que, s'agissant de la licence de joueurs, l'article 130 du règlement administratif de la Ligue de football professionnel précise que pour prendre part à un match officiel, amical ou d'entraînement, un joueur apprenti, aspirant, stagiaire, espoir, semi professionnel ou professionnel doit être titulaire d'une licence délivrée par la Ligue de football professionnel ou la Fédération française de football. Au demeurant, le lien de licence ne peut justifier une mutation de joueur professionnel et le paiement d'une indemnité de transfert. Au contraire, cette position conforte la nécessité de l'existence d'un contrat de travail à durée déterminée en cours d'exécution pour justifier le transfert du sportif professionnel salarié.

Lors des mutations, donc des transferts de joueurs, une procédure est prévue pour la délivrance des licences. L'annexe 1 des règlements et statuts de la Fédération française de football prévoit à cet effet deux situations : celle d'un joueur changeant de club en période normale des mutations et celle d'un joueur changeant de club hors période normale des mutations. Pour la première situation, l'article 7 de l'annexe 1 des règlements et statuts de la Fédération française de football impose l'envoi à la Ligue régionale (du 1er juin au 16 juillet), par le Secrétaire du nouveau club, un certain nombre de documents. Il s'agit du bordereau « M » qui concerne les joueurs venant d'un autre club, la justification de la nationalité du joueur, la Signature du Président ou du Secrétaire et le cachet du club sur le bordereau de demande de licence valant certification de la conformité des pièces jointes aux originaux. A défaut, la licence sollicitée ne peut être délivrée. Dans la deuxième situation, l'article 8 de l'annexe 1 des règlements et statuts de la Fédération française de football impose l'envoi par le Secrétaire du nouveau club à la Ligue régionale, outre le dossier prévu à l'article 7, pour un joueur « joker » par exemple, l'accord du club quitté. Lorsque la licence est délivrée lors d'une mutation, c'est-à-dire d'un transfert, elle est accompagnée d'un changement de numéro. Cette nouvelle licence permet au joueur non licencié au club la saison précédente d'être qualifié.

C'est la qualification du joueur qui lui permet de participer aux compétitions organisées par la Ligue de football professionnel et particulièrement de donner droit aux avantages du statut de licencié[452]. C'est le changement de numéro de la licence qui justifierait, selon les auteurs précités, le paiement de l'indemnité de transfert par les clubs. L'indemnité correspondrait donc au prix de la nouvelle licence. C'est la spécificité sportive qui justifierait cette pratique. Selon un rapport d'information de l'Assemblée nationale[453], reprenant une réflexion de la Commission européenne, cette spécificité est due aux cinq fonctions remplies par le sport. Il s'agit notamment des fonctions éducative, sociale, culturelle, ludique et de santé publique.

La licence ne saurait justifier le paiement d'une indemnité de transfert : elle n'appartient pas au club professionnel de football, mais à la

---

452 G. SIMON, thèse précitée, p. 45.

453 Rapport d'information de l'assemblée nationale sur le sport et l'Union européenne, n° 1966, présenté par A. BARRAU, 25 novembre1999, pp. 17-19. Selon ce rapport, les cinq fonctions sont les suivantes :

- une fonction éducative : l'activité sportive constitue un excellent instrument pour équilibrer la formation et le développement humain de la personne à tout âge ;
- une fonction sociale : le sport représente un instrument approprié pour promouvoir une société plus fraternelle, pour lutter contre l'intolérance et le racisme, la violence, l'abus d'alcool ou l'usage de stupéfiants ; le sport peut contribuer à l'intégration des personnes exclues du marché du travail ;
- une fonction culturelle : la pratique permet au citoyen de mieux la connaître et de mieux s'intégrer, et pour ce qui concerne l'environnement, de mieux le protéger ;
- une fonction ludique : la pratique sportive représente une composante importante du temps libre et du divertissement individuel et collectif ;
- une fonction de santé publique : l'activité physique offre l'occasion d'améliorer la santé des citoyens et de lutter de manière efficace contre certaines maladies, telles que les lésions cardiaques et le cancer ; elle peut contribuer au maintien d'une bonne santé et qualité de vie à un âge élevé.

Fédération[454]. Cette confusion entre la licence et l'adhésion à un club, si fréquemment commise, doit être levée car elle est bien souvent à l'origine de la confusion plus générale qui existe dans la présentation ordinairement faite dans l'organisation du sport et qui conduit à ne pas mesurer le sens et la portée de la séparation fonctionnelle entre l'instance fédérale d'une part et les autres composantes de la communauté sportive, notamment les clubs, d'autre part. Il est précisément conforme à la logique de cette séparation que la délivrance des licences, soit, dans toutes les disciplines sportives sans exception, une prérogative exclusivement fédérale, pour cette raison même qu'en tant qu'elle est un titre d'accès à la pratique compétitive elle est un des attributs de la puissance fédérale[455]. Or, la Fédération ne participe pas activement à l'opération de transfert, comme les clubs, ou les sportifs professionnels. Nous ne partageons pas cette position qui justifie le paiement de l'indemnité par le lien de licence. Nous adhérons donc à la première thèse, qui lie le transfert au contrat de travail du sportif professionnel. Nous pensons que le transfert naît nécessairement dans le contrat de travail. Seule cette qualification juridique justifie le paiement l'indemnité de transfert. En effet, si un club transfère un joueur vers un autre club, en contrepartie d'une indemnité, c'est qu'il existe, d'abord, un contrat de travail qui justifie cette compensation financière. Cette indemnité de transfert réside dans la sanction édictée par l'article L.122-3-8 du Code de travail en cas de rupture anticipée du contrat de travail, en dehors des cas légaux, à l'initiative du joueur. L'originalité réside dans le fait que le nouveau club se substitue au salarié dans la prise en charge de l'indemnisation[456].

Une grande partie de la doctrine semble favorable à cette position. En effet, le fait que le versement de l'indemnité se trouve pris en charge par le nouveau club, qui n'est pas partie au contrat de travail dénoncé par le joueur, ne semble pas constituer un obstacle au recours à l'article L.122-

[454]La licence n'est pas la propriété du club, au sens du droit des biens ; elle n'est pas davantage « au pouvoir » du club, ce qui assure qu'elle ne soit pas une forme moderne de bien. La licence est moins un bien qu'un lien entre la Fédération et le licencié. En outre, selon l'article L.131-6 du Code du sport (article 13 de la loi du 29 octobre 1975 et article 16 de la loi du 16 juillet 1984), la licence appartient exclusivement à la Fédération.

[455] G. SIMON, thèse précitée, p. 110.

[456] J. MOULY, Dictionnaire juridique du sport, V° Transferts.

3-8 du Code du travail[457]. En outre, la rupture anticipée du contrat de travail incombe toujours au joueur car, à défaut, le club quitté perdrait tout droit à une indemnisation. L'existence même du transfert impose au sportif de prendre l'initiative de la rupture de sa relation de travail. Il reste que, en toutes hypothèses, la décision de rompre de manière anticipée le contrat établi entre le club et le sportif relève de la responsabilité de ce dernier dans la mesure où elle conditionne le droit du club quitté de bénéficier d'une indemnité[458]. Cette position est confirmée par le règlement de la FIFA de 2001 sur les transferts de joueurs qui précise que *si un joueur est responsable d'une rupture de contrat de travail (comme c'est souvent le cas en matière de transfert de joueurs), et n'a pas payé l'indemnité, le nouveau club (convaincu ou non d'avoir occasionné la rupture) sera considéré comme responsable de ce règlement*[459]. L'opération de transfert, notamment la justification de l'indemnité, si elle naît dans le contrat de travail à durée déterminée en cours d'exécution du footballeur professionnel, s'exprime évidemment hors de ce contrat (à travers le droit fédéral). L'indemnité qui est d'ailleurs consécutive à la rupture anticipée et qui en est sa contrepartie, prouve le fait qu'elle soit calculée en fonction de critères, parmi d'autres, comme la durée du contrat de travail à durée déterminée restante à courir.

SECTION 2 : LE TRANSFERT S'EXPRIME EVIDEMMENT HORS LE CONTRAT DE TRAVAIL

L'opération de transfert, si elle naît nécessairement dans le contrat de travail à durée déterminée du footballeur professionnel en cours d'exécution et qui justifie le paiement de l'indemnité, s'exprime évidemment hors de ce contrat. En effet, le droit fédéral peut justifier les transferts de sportifs professionnels en complément du droit du travail (L.122-3-8 du Code du travail). Selon l'article 17 du règlement de la FIFA de 2001 relatif au statut et aux transferts de joueurs et la circulaire interprétative n° 769 " *les ruptures de contrat de travail, que ce soit dans ou en dehors de la "période protégée", donnent aussi lieu à des*

[457] C. LEFRANC, thèse précitée, n° 558.
[458] F. RIZZO, « Le fondement de l'indemnité de transfert de joueurs » in *Lamy droit du sport*, n° 342-35.
[459] La Circulaire n° 769 du 24 août 2001 relative au règlement de la FIFA de 2001 sur le statut et les transferts de joueurs.

plaintes au niveau des indemnités. Le montant de la compensation pourra être stipulé dans le contrat ou calculé en conformité avec des critères objectifs. Lors de sa prise de décision, la chambre de règlement des litiges tiendra compte de tous les arrangements, lois et ou conventions collectives d'ordre national, de même que de la spécificité du sport". L'analyse de ces textes montre que l'indemnité trouve son fondement dans le contrat de travail mais aussi dans les particularités inhérentes à la pratique sportive. D'une part, l'opération de transfert des footballeurs professionnels peut se justifier par la recherche de qualification du joueur afin qu'il puisse participer aux compétitions sportives de son équipe. D'autre part, le capital-image du footballeur professionnel, lié aux droits d'exploitation audiovisuelle[460] des matchs et aux droits à l'image collective de l'équipe[461], peut justifier (en complément avec le droit du travail) le paiement de l'indemnité de transfert.

L'ancien club en acceptant le transfert du joueur perd en même temps les droits qu'il tirait de l'exploitation de l'image de ce dernier. Cette perte doit être compensée lors du départ du joueur professionnel. Nous étudierons ainsi, en premier lieu, la justification du paiement de l'indemnité par l'objectif de qualifier le joueur et, en second lieu, par la compensation de la perte de droits liés à l'image du footballeur professionnel.

Le transfert peut s'exprimer à travers le droit sportif avec la recherche de qualification du joueur. Ainsi, avec l'opération de transfert, et notamment avec le paiement de l'indemnité de transfert, les clubs cherchent à qualifier le joueur. La qualification est, en droit du sport, le

---

[460] La loi du 30 septembre 1986 sur l'audiovisuel, les droits d'exploitation audiovisuelle couvrent :

-les droits de diffusion des manifestations sportives par images télévisuelles ;

-les droits de diffusion de ces manifestations par radios ;

-les droits de diffusion de ces mêmes manifestations par les nouveaux réseaux de télécommunication, tels que l'Internet ou la téléphonie mobile de 3e génération avec la technologie UMTS ;

-les droits d'exploitation de ces images par le biais de supports fixes (cassettes vidéo, DVD, ou CD-ROM) ou de magazines spécialisés télédiffusés.

En revanche, l'article L.333-7 du Code du sport (article 18 de la loi du 16 juillet 1984) indique que les droits de diffusion radiophoniques ne sont pas concernés. Ceux-ci sont cédés à titre gratuit par les titulaires des droits audiovisuels.

[461] M. CARIUS, « La réforme du sport professionnel, loi du 15 décembre 2004 », *JCP* 2005, n° 27, I 150.

fait de reconnaître une compétence particulière au joueur qui lui permet de participer aux compétitions officielles organisées par la Fédération et notamment de bénéficier des avantages attachés à son statut une fois que son contrat est conforme aux règlements fédéraux. L'article 11 du règlement de la FIFA relatif au statut et aux transferts des joueurs précise qu'un joueur ne peut être qualifié par une association nationale dans quelques cas bien précis. Dans le premier cas, le joueur postulant ne doit pas être enregistré auprès d'un club d'une association nationale quelconque. Dans le deuxième cas, le joueur postulant doit être transféré entre deux clubs de l'association concernée conformément aux règles internes relatives aux transferts.

Au cas où le joueur postulant ne rentre pas dans l'un des deux premiers cas, il doit, enfin pour bénéficier de la qualification, être au bénéfice d'un certificat international de transfert établi par l'association nationale cédante et ne pas faire l'objet d'une sanction sportive ou de mesures disciplinaires.

Cette exigence de qualification du footballeur professionnel est rappelée au niveau national par les articles 128 à 132 du règlement administratif de la Ligue de football professionnel. En effet, pour le cas du joueur en provenance de l'étranger, l'article 129, al. 1, précise que ce dernier est qualifié à la date de libération figurant sur le certificat de sortie délivré par la Fédération étrangère, sous réserve de l'exécution des formalités prévues pour l'envoi des autres pièces du dossier. Toutefois, il ne peut prendre part à une rencontre officielle française que le lendemain de la date de réception par la Fédération française de football, de l'autorisation de sortie donnée par la Fédération étrangère quittée. Le club qui utilise les services d'un joueur venant de l'étranger sans que la Ligue de football professionnel ait été en possession de son certificat de sortie aura match perdu si des réserves ont été régulièrement déposées par l'équipe adverse après match.

Selon Monsieur le Professeur Simon, un transfert est l'autorisation donnée par un club à sa Fédération nationale de qualifier un joueur engagé sous contrat professionnel dans un autre club[462]. C'est la qualification, sans laquelle le joueur ne peut être admis à participer à des compétitions organisées par une association nationale, qui justifierait le paiement d'indemnités de transfert. Le paiement de

[462] G. SIMON, Thèse précitée, p. 120.

l'indemnité de transfert aurait ici deux finalités ; d'une part, compenser la perte de qualification subie par l'ancien club puisqu'il ne pourra plus utiliser les services du joueur, d'autre part, permettre au club acquéreur d'utiliser le joueur lors des compétitions officielles. Or, la qualification n'est pas liée au contrat de travail à durée déterminée signée entre le club vendeur et le joueur. Son absence n'annule pas le contrat de travail mais entraîne des sanctions de l'instance fédérale contre le club et le joueur. Au contraire, elle se fait en contrepartie du respect de l'ensemble des obligations qui pèsent sur les parties à l'opération de transfert, notamment le respect des règlements fédéraux. Sans cette contrepartie, alors même que le contrat à durée déterminée est rompu, il serait impossible d'avoir l'accord du club quitté ou vendeur pour faciliter une éventuelle qualification.

Par ailleurs, le capital-image d'un joueur peut aussi influencer énormément une opération de transfert. Le potentiel lié à l'image du joueur peut justifier le paiement d'importantes sommes de transfert sans aucun rapport avec le talent footballistique de ce dernier. C'est dire que souvent des clubs professionnels recrutent des joueurs d'origine japonaise ou chinoise pour élargir leur marché de produits dérivés (ouverture de boutiques en Asie, droits de retransmission de matchs de championnat, clubs de supporters, matchs de gala, tournées de préparation). Ainsi, nombreux exemples[463] illustrent aujourd'hui l'importance du montant des droits liés à l'image dans les transferts de joueurs professionnels. Le club acquéreur, en payant l'indemnité de transfert vise ici deux objectifs ; d'une part, indemniser l'ancien club de la perte des droits d'image du joueur consécutive à sa mutation et d'autre part, rentabiliser les droits dont il est devenu propriétaire entièrement ou pas.

En définitive, la première étape de la qualification consiste à dire que l'opération de transfert naît dans le contrat de travail à durée déterminée

---

[463] FIGO, transféré en 2000 pour un montant de 62 millions d'euros dont 35 millions d'euros représentant les droits d'image du joueur. RONALDINHO, transféré en 2003 pour un montant de 30 millions d'euros dont 15 millions représentant les droits d'image. ZIDANE, transféré en 2001 pour un montant de 76 millions d'euros dont 32 millions d'euros représentant les droits d'image. VIERI, transféré en 1999 pour un montant de 52,8 millions d'euros dont 25 millions d'euros représentant les droits d'image. Enfin, ANELKA, transféré en 2000 pour un montant de 33 millions d'euros dont 18 millions représentant les droits d'image.

en cours d'exécution du footballeur professionnel, mais qu'elle s'exprime en même temps hors de ce contrat à travers le droit fédéral (la qualification et le capital-image du joueur).

CHAPITRE II : L'ANALYSE DE DROIT DES BIENS

La deuxième étape de la qualification consisterait à classer, la force de travail du joueur c'est-à-dire le talent et la révélation du joueur dans une catégorie juridique, afin de pouvoir compenser l'investissement financier des clubs dans la formation et donner aux joueurs une plus grande liberté de mouvement. Il s'agit donc de considérer la force de travail du joueur professionnel comme un bien incorporel. Le joueur – grâce à son contrat de travail - est une valeur incorporelle à cerner et à déterminer (Section 1). Cette valeur doit, en outre, être cédée (Section 2).

SECTION 1 : LE JOUEUR, UNE VALEUR INCORPORELLE A CERNER

La valeur se définit comme tout élément matériel ou immatériel économiquement utile et rare[464]. C'est le degré d'attachement des hommes aux choses leur procurant des avantages. Il y' a deux types d'avantages ; ceux dont on bénéficie en utilisant la chose, et ceux dont on bénéficie en échangeant la chose[465]. S'agissant du talent et de la révélation, il ne fait aucun doute que leur utilisation procure des bienfaits au club dont l'effectif sera renforcé. En outre, sont incorporels, par opposition aux biens corporels, des biens ou valeurs qui échappent à toute appréhension matérielle[466]. Pour d'autres auteurs, les choses incorporelles, techniques juridiques inventées par les hommes, offrent les choses à l'individu indirectement par l'intermédiaire du droit[467].

Ainsi, on rattacherait le talent et la révélation des joueurs, c'est-à-dire leur force de travail, à la catégorie des biens incorporels ; objet de son contrat de travail, donc de transfert. Cette force de travail est un bien

---

[464] J.M. MOUSSERON, *Valeurs, Biens, Droits, Mélanges en hommage à A. BRETON et F. DERRIDA*, *D*,.1991, p. 277.

[465] D. LEFRANC, *La renommée en droit privé*, Thèse, Defrenois, 2004, p. 473.

[466] *Vocabulaire juridique, Association H. CAPITANT*, V° Incorporel.

[467] A. M. PATAULT, Regard historique sur l'évolution du droit des biens, histoire de l'immeuble corporel in *l'évolution contemporaine du droit des biens*, troisièmes journées R. SAVATIER, PUF, 1991, p. 192.

incorporel qui doit être reconnu, selon nous et pour des raisons de bon sens économique, par le droit. Cette reconnaissance permettra aux clubs et aux joueurs d'avoir un droit sur le talent et la révélation, ce qui est déjà le système qui existe sans être parfaitement clair en droit positif. Ainsi, le travail de formation conférerait ainsi au club formateur un pouvoir sur la révélation du joueur. Le club formateur investit dans le jeune joueur en mettant à la disposition de ce dernier un encadrement technique et matériel.

Le but du club formateur est de rentabiliser cet investissement en faisant signer au jeune joueur un premier contrat professionnel ou à le «vendre» afin de bénéficier d'un retour sur investissement. Pour protéger la formation de jeunes joueurs, cette valeur doit être reconnue[468]. Le joueur doit être reconnu en tant que valeur incorporelle (§1) et cette valeur doit être partagée entre le joueur, parce qu'il s'agit de sa force de travail, et le club parce qu'il investit dans la révélation du joueur professionnel (§2).

§ 1 : Une valeur digne d'être reconnue

La force de travail du footballeur est composée de son talent, de sa révélation, de sa voix et de son image. Dans cette étude, nous n'aborderons que le talent et la révélation du footballeur professionnel ; éléments de contentieux lors des transferts. Le talent et la révélation seraient envisagés dans cette étude comme des biens incorporels (A) du moment que les transferts de joueurs sont validés (B) sur le plan juridique.

A/ La prise en compte du talent et de la révélation du footballeur professionnel comme un bien incorporel

Nous examinerons dans cette partie quelques points qui participent à la prise en compte de la force de travail du sportif professionnel comme un bien incorporel. Il s'agit de la doctrine dont l'idée se renforce aujourd'hui, de la jurisprudence, de la comptabilité et de ses nouvelles normes.

---

[468] Voyez en ce sens l'article de J.P. STROOBANTS, *Les footballeurs, une valeur spéculative comme les autres*, tiré du site www.le monde.fr , 29 août 2005, pp. 1-2.

La loi n'a pas considéré la force de travail du salarié comme un bien. C'est la doctrine contemporaine qui a essayé de corriger cet oubli. Ainsi, elle considère que la marchandisation est une caractéristique de notre époque, l'immatériel devient évaluable, renforçant la catégorie juridique des biens. La valeur n'a plus besoin de prendre corps : la dématérialisation des titres en est une preuve de plus ; elle entraîne une simple inscription en compte des valeurs mobilières, posant la question de leur corporalité. Les fluctuations des limites de la sphère des biens imposent de tenter de les définir. Ils sont des droits ayant une valeur pécuniaire. Par conséquent, ils s'inscrivent à l'actif du patrimoine : c'est l'inscription au patrimoine qui fait le bien[469].

En outre, les droits incorporels se relient principalement à des activités de l'esprit. Il n'est pas rare qu'ils soient aussi en relation avec une activité professionnelle[470]. Pour Monsieur le Professeur Revet, la force de travail s'entend des facultés corporelles et intellectuelles permettant à la personne de travailler[471]. Par ailleurs, la nature personnelle de la force de travail n'empêche pas sa patrimonialisation, c'est-à-dire la reconnaissance juridique, par l'octroi du titre de bien, de sa valeur économique. Le fait qu'elle soit consubstantielle à son titulaire n'interdit pas son admission au sein de la catégorie des biens, car une telle qualité n'est pas incompatible avec celle d'élément de la personne humaine[472]. Cette idée se renforce aujourd'hui avec la réification de la personne du sportif professionnel salarié[473].

Quant à la jurisprudence, elle est maigre. Un arrêt de la Cour d'appel de Colmar du 20 avril 1955 avait reconnu la nature patrimoniale de la force de travail, notamment celle des footballeurs. En effet, la Cour précise que tous les efforts déployés par le club au point de vue de sa formation et de son entraînement, ainsi que les dépenses afférentes, sont perdus avec le décès de ce joueur ; que le professionnel d'un club de football représente une valeur patrimoniale ; qu'en cédant un de ses joueurs à

[469] L. DRUFFIN-BRICCA et L. CAROLINE HENRY, *Mémentos, droit civil : l'essentiel du droit des biens*, 2° éd. Gualino, 2003, p. 10.
[470] P. SIMLER et F. TERRE, *Droit civil ; les biens*, 5° éd., D., 1998, p. 33.
[471] Th. REVET, *La force du travail (Etude juridique)*, Thèse, 1992, p. 53.
[472] Th. REVET, *ibidem.*
[473] F. RIZZO, à propos de la réification de la personne du sportif professionnel salarié, *op.cit*, pp. 42-52.

une autre association, le club encaisse parfois un capital élevé[474]. Cette jurisprudence devrait suffire à consacrer notre thèse en droit positif.

La comptabilité des clubs professionnels de football et ses incidences fiscales illustrent cette patrimonialisation de la force de travail du footballeur. Par un règlement n° 2004-07 du 23 novembre 2004 et 2004-12 et 2004-15 du conseil national de la comptabilité du 23 juin 2004 relatif au traitement comptable des indemnités de mutation versées par les sociétés à objet sportif visées à l'article 11 de la loi n° 84-610 du 16 juillet 1984, le Comité de la réglementation comptable a, en se fondant sur l'évolution des normes comptables internationales, modifié le régime comptable et fiscal.

Plusieurs raisons pourraient justifier ce phénomène. D'abord, la valeur créative du joueur ne doit pas s'appuyer seulement sur le contrat de travail du footballeur (talent du joueur), mais aussi sur les efforts fournis par le club formateur pour le révéler. Par conséquent, considérer le travail de révélation comme un bien doit être compris comme un droit sur le talent qui est un bien immatériel. Ensuite, l'indemnité de transfert versée, donc le joueur, est considérée comme un actif incorporel. Or, l'indemnité de transfert est en pratique fixée en fonction de deux éléments : le contrat de travail, c'est-à-dire le talent intrinsèque du joueur et l'investissement technique et financier fourni par les centres de formation des clubs professionnels, c'est-à-dire le travail de révélation. Par conséquent, si les indemnités de transfert constituent un actif incorporel, le travail de révélation, donc de formation qui est une de ses composantes, devrait *a fortiori* l'être. Enfin, en ce qui concerne le patrimoine des clubs professionnels de football, de nouvelles normes comptables ont été mises en place. En effet, l'ancienne comptabilité des sociétés sportives était marquée par la faiblesse de leurs actifs (stade, centre de formation, droits audiovisuels).

Deux solutions ont ainsi été apportées : l'adoption de la loi du 1er août 2003 afin de rendre les clubs français plus compétitifs et la mise en place des normes IFRS/IAS[475] depuis le 1er janvier 2005, nouvelles

---

474 Colmar, 20 avril 1955, *D.*, 1956, p. 723, note R. SAVATIER.

475 **IFRS,** c'est-à-dire International Financial Reporting Standard, et **IAS,** c'est-à-dire International Accounting Standard, sont les nouvelles normes comptables ; voyez à ce propos, Ch. DECOCK GOOD et F. DOSNE, *Comptabilité internationale : les IAS/ IFRS en pratique*, Economica, 2005, p. 269.

normes comptables en matière d'actifs corporels et incorporels sont applicables aux sociétés sportives notamment les SASP et les SAOS, c'est-à-dire 34 clubs professionnels sur 40. Ces normes seront obligatoires à la clôture des comptes au 30 juin 2006 (à la fin de la saison sportive).

Alors que les **indemnités reçues** étaient considérées comme des produits d'exploitation, désormais elles sont comptabilisées au compte de résultat comme des produits exceptionnels. S'agissant des **indemnités versées**, les actifs en charge à répartir vont disparaître. En effet, l'annexe 1 « traitement des charges différées et des charges à étaler » de l'avis n° 2004-15 du 23 juin 2004 précise que « les dépenses qui ne répondent pas aux critères (de la définition d'un actif) doivent être comptabilisées en charge. A contrario, les dépenses qui pouvaient antérieurement être comptabilisées (en charges différées ou à étaler) doivent être comptabilisées à l'actif si elles répondent (à la définition des actifs).

Un « actif est un élément identifiable du patrimoine ayant une valeur économique positive, c'est-à-dire un élément générant une ressource que l'entité contrôle du fait d'événements passés et dont elle attend des avantages économiques futurs. Qu'une immobilisation incorporelle est identifiable si elle est séparable des activités de l'entité c'est-à-dire susceptible d'être vendue, transférée, louée ou échangée de manière isolée ou avec un contrat, un autre actif ou passif, ou elle résulte d'un droit légal ou contractuel même si ce droit n'est pas transférable ou séparable de l'entité ou des autres droits et obligations. S'il est peu probable qu'un talent spécifique en matière de direction ou de technique satisfasse à la définition d'une immobilisation incorporelle, à moins que ce talent ne soit protégé par des droits permettant son utilisation et l'obtention des avantages futurs attendus de ce talent et à moins qu'il ne satisfasse également aux autres dispositions de la définition. Les conditions de comptabilisation de ce droit contractuel sont remplies dans la mesure où :

- il est probable que la présence du joueur générera des avantages économiques futurs ;
- le coût peut être évalué avec une fiabilité suffisante ».

Il ressort donc de la doctrine juridique et comptable deux constats pour que les droits puissent être qualifiés d'actifs incorporels ; l'inscription de l'élément au patrimoine, d'une part et le fait qu'il ait une valeur économique positive. S'agissant du footballeur professionnel, la jurisprudence, la doctrine juridique et comptable précitée considère sa force de travail comme un élément du patrimoine. Cette force de travail du footballeur professionnel a une valeur économique future dans la mesure où le club de football forme et révèle un joueur en espérant le « revendre » plus cher à un autre club. Par conséquent, les indemnités de transfert versées, comptabilisées jusqu'à présent en charge à répartir, seront comptabilisées en immobilisations incorporelles. Autrement dit, les joueurs seront comptabilisés[476] en immobilisations incorporelles par le club acheteur. Autrement dit les indemnités versées sont considérées comme l'acquisition d'un droit contractuel.

Sur le plan fiscal, les conséquences de cette nouvelle comptabilité dépendent du traitement retenu par le passé par les clubs : pour ceux qui passaient immédiatement en charges les indemnités de transfert, l'inscription en immobilisation incorporelle se traduira par une variation d'actif net imposable susceptible d'être tempérée par la déduction des amortissements qui auraient dû être constatés au titre de ces immobilisations alors que les clubs qui constataient des charges à répartir ne devraient pas subir d'effet fiscal néfaste en l'absence de variation d'actif net positive. Ainsi, pour l'impôt sur les sociétés, l'impact réel pour les clubs de ces nouvelles normes comptables dépend en réalité de la valeur des indemnités de transfert devant être inscrite en immobilisation à l'ouverture du premier exercice d'application de ce régime et du montant des déficits fiscaux susceptibles d'être imputés sur une éventuelle variation d'actif net positif.

S'agissant de la TVA des indemnités de transfert de joueurs, l'indemnité versée entre les clubs lors d'un transfert de joueur est considérée, en un versement représentatif de dommages et intérêts, exclusifs par nature de l'application de la TVA, qui venaient compenser le préjudice résultant pour le club cédant de la perte, au profit du club acquéreur, des droits sportifs dont il disposait sur un joueur. L'évolution récente des normes

[476] Il faut préciser que la date de comptabilisation sera la date d'homologation par la commission juridique de la Ligue de football professionnel sur le document mutation définitive. En outre, les prêts de joueurs, ainsi que les joueurs formés, ne sont pas considérés comme des transferts sur le plan comptable, alors le règlement FIFA les qualifie de transferts.

comptables internationales transposées en droit comptable français a fondamentalement changé la donne puis qu'elles analysent l'indemnité de transfert versée en une acquisition d'un droit contractuel. En effet, le Ministère du Budget, par un courrier du 3 février 2005, a précisé d'une part que les indemnités de transfert seront désormais soumises à la TVA, et pour l'application des règles de territorialité, ces opérations relèveront de l'article 259 B du Code général des impôts et, d'autre part, que le montant des indemnités de transfert reçues par un club pourra figurer aux deux termes du prorata de déduction prévu à l'article 212 de l 'annexe II du Code général des impôts.

Selon certains auteurs[477], plusieurs conséquences pratiques en découlent en matière de TVA pour les clubs français parties à des opérations de transferts. Schématiquement, les clubs français, quelque soit le sport concerné, s'échangeant entre eux des joueurs depuis le 1er janvier 2005 doivent obligatoirement appliquer la TVA (au taux de 19,6%) sur ces opérations. La TVA française sera due par un club français acquéreur d'un joueur auprès d'un club étranger et ne sera pas appliquée en cas de transfert d'un joueur par un club français à un club étranger. L'application de la TVA aux transferts peut paraître une contrainte mais présente en réalité des effets fiscaux bénéfiques pour les clubs vendeurs en ce que l'augmentation de leurs recettes soumises à la TVA leur permet de récupérer une part accrue de la TVA supportée sur les dépenses et, selon les cas, même impacter fortement à la baisse le poids de la taxe sur les salaires souvent élevé dans les sports à forte masse salariale. Cependant, les clubs vendeurs (cédants) devront remettre aux clubs acheteurs (ou cessionnaires) une facture contenant l'ensemble des mentions obligatoires. A cela s'ajoutent les obligations déclaratives. En effet, comme toutes les prestations de service, la TVA due sur les transferts de joueurs sera exigible au moment du paiement du prix ou des acomptes. Ainsi, si un transfert a été effectué et payé en janvier 2006, la TVA correspondante devra figurer sur la déclaration CA3 du club vendeur du mois de janvier 2006 déposée en février 2006. Il en sera de même pour les clubs acheteurs qui pourront déduire une partie de cette TVA, en fonction de leur prorata de déduction, au titre du mois au cours duquel ils auront acquitté le prix de transfert.

---

[477],J. MESSECA, la fiscalité des transferts in *Lamy droit du sport* et Instruction fiscale sur la TVA et les indemnités de transferts, 4 juillet 2006, 3 B 3 06.

S'agissant maintenant des transferts temporaires ou prêts de joueurs, la TVA continue à s'appliquer. Il faut dire qu'aux termes de l'article 256 du Code général des impôts, sont imposables à la TVA les livraisons de biens et les prestations de services effectuées à titre onéreux par un assujetti en tant que tel. Sont ainsi considérées comme prestations de services, toutes les activités qui relèvent du louage d'industrie ou du contrat d'entreprise par lequel une personne s'oblige à exécuter, moyennant une rémunération déterminée, un travail quelconque ou à exercer des activités qui donnent lieu à perception de profits divers.

Ne constituent pas la contrepartie d'opérations imposables à la TVA, les indemnités qui sont de véritables dommages et intérêts : l'indemnité de résiliation de contrat reçue par les clubs de football professionnels au titre des mutations (ou transferts) définitives de leurs joueurs ne sont pas imposables, contrairement aux indemnités de mutation temporaire que constituent les prêts de joueurs. Ainsi, en plus des transferts temporaires, les transferts définitifs désormais sont soumis à la TVA. Cette idée de patrimonialisation de la force de travail est, par ailleurs, renforcée par les praticiens et les techniciens du football comme M. Jean-Marc Guillou[478]. En effet, selon l'auteur : « la valeur d'un joueur s'appuie sur deux éléments : le premier est issu de son contrat, le second de sa révélation. Une révélation qui s'appuie sur trois étapes : la détection du joueur, la formation et sa promotion c'est à dire son épanouissement dans un club »[479]. S'agissant du talent, c'est l'ensemble des qualités travaillées par la personne pour tendre vers l'excellence[480].

Cette valeur incorporelle doit être reconnue, afin de permettre une réelle compensation des efforts fournis par les clubs formateurs et une plus grande liberté, c'est-à-dire une grande mobilité et une meilleure rémunération des joueurs, donc moins de contentieux relatifs aux transferts.

---

[478] Ancien international français (19 sélections entre 1974-1978) a joué à Angers, Nice, Neuchâtel, Xamax, Mulhouse et Cannes, a entraîné Mulhouse, Cannes, le Servette de Genève, la Côte d'ivoire A (1999-2000), fondateur, conseiller technique et manager général de l'Académie d'Abidjan (1993-2001), J-M. GUILLOU est actuellement actionnaire, manager général et entraîneur du club belge de Beveren.

[479] Transferts, le système GUILLOU, Dossiers de *l'Equipe*, 15 avril 2003, pp. 20-21.

[480] . LEFRANC, *op.cit*, p. 473.

Prenons l'exemple de Nicolas Anelka, dont la carrière a été émaillée de transferts successifs. Formé au PSG, il a quitté à dix-sept ans le club parisien pour Arsenal contre l'équivalent de 760 000 euros en 1997, avant de rejoindre le Real Madrid en échange de 33,5 millions d'euros. Le climat espagnol ne lui convenant pas, l'attaquant est retourné au PSG moyennant 33,2 millions d'euros. Le club parisien l'a finalement vendu à Manchester City, la saison dernière, pour 19 millions d'euros. Si la révélation du joueur avait été reconnue comme un bien, le club formateur, c'est-à-dire le PSG, aurait été détenteur de cette valeur incorporelle, car il lui a fait signer son premier contrat professionnel. La non reconnaissance de la force de travail du footballeur professionnel comme un bien incorporel a causé un préjudice au club parisien qui n'a pas pu bénéficier des retombées financières des différents transferts du jeune footballeur.

B/ la validité de l'opération de transfert des footballeurs professionnels

L'article 1108 du Code civil précise que « quatre conditions sont essentielles pour la validité d'une convention notamment un objet certain qui forme la matière de l'engagement ». L'objet est la prestation qu'un contractant s'engage à fournir à l'autre. Il faut dès lors distinguer l'objet du contrat (C.civ. Art.1126 à 1128) et l'objet de l'obligation (C.civ. 1129 et 1130). Les objets des obligations désignent les prestations des parties alors que l'objet du contrat désigne l'opération juridique réalisée par les contractants, en les considérant non plus dans ses éléments, mais dans sa globalité. En effet, comme nous l'avons indiqué ci-dessus, la convention de transfert, en pratique, est un accord tripartite, qui consiste, d'une part, pour le club quitté, à libérer le joueur avant la fin de son contrat, d'autre part, pour le joueur, à conclure un nouveau contrat de travail avec son nouveau club et, enfin, pour ce dernier, à indemniser l'ancien club du joueur. Cela paraît conforme à l'article L.122-3-8 du Code du travail.

La jurisprudence semble aller dans le même sens[481], en estimant que le club est en droit « de s'opposer au départ anticipé du joueur en l'absence de règlement, par le club qui l'engageait, d'une indemnité de transfert ».

---

[481] Soc., 9 avril 1996, n° 93-42.254, *D.*1997, jur., p. 193, note J. MOULY.

Pour la doctrine, l'objet de la convention de transfert consiste non seulement à libérer le joueur de son engagement avec son employeur d'origine et, corrélativement, à assurer la conclusion d'un contrat de travail avec son nouveau club, mais également à imposer à ce dernier d'indemniser le club quitté, selon des modalités définies entre les deux groupements sportifs. En d'autres termes, l'association des obligations des parties forme l'objet de l'accord de mutation[482].

Les obligations des parties prises dans leur globalité semblent aussi juridiquement valables. Bien que les accords relatifs aux attributs de la personne humaine soient prohibés, l'article 6 du Code civil précise que « nul ne peut déroger, par des conventions particulières, aux lois qui intéressent l'ordre public et les bonnes mœurs » et l'article 1128 qu' « il n'y a que les choses qui sont dans le commerce qui puissent être l'objet des conventions » ; cela ne semble pas être en contradiction avec la convention de transfert. La jurisprudence, rare il est vrai, en porte témoignage.

Ainsi, dans un arrêt du 7 février 1996[483], la Cour d'appel de Rennes a validé la légalité de la convention de transfert. En effet, une banque avait consenti à un club de football, l'association Brest Armorique, un prêt de 5 millions de francs, garanti par un nantissement portant sur les contrats conclus par le club et tous ses joueurs professionnels, les indemnités d'assurance garanties en cas de décès, garanties en cas de perte de licence par maladie et accident. A la suite du placement du club en liquidation judiciaire, le liquidateur a saisi le Tribunal de grande instance de Quimper pour lui demander de constater la nullité du nantissement, au motif, notamment, de la nature du bien nanti, qui portait sur la valeur marchande des joueurs. Le Tribunal de grande instance de Quimper et la Cour d'appel de Rennes ont débouté le liquidateur de ses prétentions. Selon la Cour, le nantissement accordé par le club n'est pas une convention sur des personnes physiques, telle que visée aux articles 6 et 1128 du Code civil, et ne peut être annulé de ce fait pour illicéité de son objet. Elle considère que le nantissement porte sur des sommes versées en cas de transfert de joueurs, et qu'il s'agit en conséquence de nantissements de créances et non de conventions sur la personne humaine. Elle ajoute que l'objet du

---

[482] F. RIZZO, Les opérations de transferts, in *LAMY droit du sport*, n° 342-45.

[483] C.A Rennes, 7 février 1996, *JCP* 1997, I, n° 3991, obs. PH. DELEBECQUE et PH. SIMLER. Voyez *LAMY droit du sport* Etude précitée n° 342-45.

nantissement est donc constitué par un droit patrimonial, à savoir une créance future du Brest Armorique sur les clubs au profit desquels les transferts de joueurs peuvent intervenir. Ainsi, la cour estime que le bénéficiaire du nantissement ne disposant d'aucun droit sur les joueurs eux-mêmes, la garantie litigieuse ne peut être qualifiée de convention portant sur les personnes physiques. Cette solution est confirmée par un arrêt de la Cour de cassation du 28 janvier 1997[484]. Une fois que la jurisprudence a consacré la validité de l'opération de transfert et reconnu la force de travail du sportif professionnel comme une valeur incorporelle, cette force de travail mérite d'être partagée.

§ 2 : Une valeur méritant d'être partagée

La force de travail de travail du footballeur professionnel dès lors qu'elle est reconnue comme une valeur incorporelle, elle doit être partagée entre le joueur, qui est artisan de sa propre révélation (A) et le club, qui le forme et met sa disposition un ensemble de moyens matériels et techniques pour le révéler (B).

A / Une valeur pour le joueur

Le travail de révélation, une fois qu'il est reconnu comme une valeur incorporelle, devrait être partagé entre le club et le joueur, puisque ce dernier, par la mise en œuvre de sa force de travail, contribue à sa propre révélation, en est l'acteur propre. En effet, le club professionnel de football, quelque soit son investissement sur le plan financier et technique, son statut, ne peut obtenir de joueur révélé, donc de « trésor », sans la participation et l'engagement volontaire de ce dernier. Il participe à sa propre révélation par sa force de travail, son courage, ses moyens physiques et techniques au projet sportif du club professionnel de football.

Cette force de travail paraît exister juridiquement, comme objet de contrat et source de valeur[485]. La première caractéristique est évidente :

---

[484] Com, 28 janvier 1997, *Bull.civ.IV*, n° 35 *; D,* 1998, somm. p. 140, obs. M.N. Jobard-Bachellier.

[485] Selon, M. le Professeur Th. REVET, « la force de travail est source de deux catégories de valeurs : les revenus versés en contrepartie de sa mise à disposition et du résultat produit par sa mise en œuvre, d'une part ; les biens, issus de l'exploitation de biens préexistants et nés du seul travail, d'autre part.

relatif au travail-activité, le contrat de travail a nécessairement pour objet la force de travail. Il a donc pour objet la personne, du moins une partie de la personne. La seconde caractéristique est largement liée à la première : la force de travail est objet de contrat parce qu'elle est source de valeur. Mais la force de travail est source de valeur indépendamment de son engagement contractuel : toute mise en œuvre de force de travail n'intervient pas dans le seul cadre d'un contrat de travail. La personne est donc, par sa force de travail, une source de valeur[486]. En définitive, la force de travail est un bien incorporel, l'objet d'une quasi-propriété[487].

Dès lors que la force de travail du joueur est reconnue comme une valeur incorporelle – constituant ainsi un bien pour le club professionnel de football – il convient aussi de protéger le joueur, afin d'éviter qu'il soit assujetti durant toute sa carrière à ce dernier. Par conséquent, la force de travail doit constituer aussi une valeur incorporelle pour le joueur. Pour Monsieur Guillou, l'intérêt du système est triple. Il permet d'abord de donner toutes les chances au joueur d'accéder le plus vite possible au plus haut niveau. Le joueur serait plus libre. S'il est en fin de contrat, un footballeur peut aujourd'hui librement s'engager avec le club de son choix, mais cela deviendrait aussi le cas pour le joueur en cours de contrat de formation. Ensuite, il pourrait profiter rapidement de ses bonnes performances, car toute offre officielle d'achat de son droit de transfert se traduirait aussitôt par une augmentation salariale. Enfin, il permettrait d'éviter les contrats longs qui existent actuellement, afin de protéger l'investissement des clubs sur les joueurs.

Il faut préciser, cependant, que le système proposé par M. Guillou est assez critiquable. D'abord, il ne prend en compte que la formation, c'est-

---

Pour les revenus, leur qualité de simple équivalent de l'utilisation ou de l'utilité de la force de travail en fait des produits du travail au sens large. Il en résulte une quasi-absence d'influence de la force de travail sur leur nature juridique. Elle interfère, seulement, dans leur destination : les revenus du travail appartiennent à la personne « titulaire » de la force de travail dont ils procèdent ; cette appartenance peut se doubler, chez certains d'entre eux, d'une affectation personnelle s'exprimant dans leur insaisissabilité.

Pour les biens, une distinction fondamentale s'opère entre ceux nés de l'exploitation ou de la transformation de biens préexistants et ceux procédant du seul travail : les premiers n'ont pas la qualité de produit du travail alors que les seconds ont cette qualité », p. 423.

[486] Th. REVET, *op. cit*, p. 28.

[487] Th. REVET, *ibid*, p. 608.

à-dire la révélation du sportif comme un bien. Ensuite, ce bien est une pleine propriété du club formateur, alors que « la force de travail étant consubstantielle à la personne du sportif ne peut faire que l'objet d'une quasi-propriété ». Par conséquent, à l'objectif de rendre le sportif plus libre et d'établir une certaine égalité entre ce dernier et le club formateur se substitue un système difficilement justifiable sur le plan juridique et susceptible de générer de nombreux contentieux ; le joueur dépendant entièrement de la volonté des clubs. Enfin, il considère le travail de révélation comme un droit autonome appelé droit de transfert totalement autonome du contrat de travail. Ce système met, par ailleurs, fin à la profession d'agents sportifs par le transfert de leurs activités aux fédérations nationales.

B/ Une valeur pour le club

Les clubs investissent[488] énormément dans la formation des footballeurs professionnels. Il est par conséquent normal que ces derniers aient la « propriété » partielle du « trésor » qu'ils ont découvert. En effet, M. Rizzo pense que si l'attractivité du joueur dépend de ses qualités techniques et physiques, de sa force mentale, de son charisme et de sa connaissance des aspects tactiques de son sport, elle procède également de l'identité du club qui l'emploie. Par exemple, la force de travail du footballeur Drogba a été acquise par l'Olympique de Marseille, en contrepartie du versement au club de l'En Avant Guingamp d'une somme de 6 millions d'euros. Une saison plus tard, une transaction identique entre l'Olympique de Marseille et le club anglais de Chelsea a permis au premier d'obtenir 37 millions d'euros. La différence de prix s'explique par la possibilité pour le sportif de révéler, sur le marché international de la force de travail des footballeurs, l'intégralité de son talent grâce à la participation de son club (Marseille) à des compétitions européennes prestigieuses et très médiatisées. La valeur financière de la force de travail de ce joueur a ainsi augmenté de manière exponentielle grâce, en partie, à la notoriété internationale du club phocéen et la conjonction de plusieurs autres paramètres, également liés à l'Olympique de Marseille, comme la qualité des coéquipiers, des

[488] Selon le Professeur H. CAUSSE, « l'investissement est l'opération d'une personne qui mobilise des richesses, les affecte à un emploi durable encourant ainsi des risques, en vue d'en tirer des revenus et, ou, une plus-value lors de la cession d'un « bien d'investissement ». Voyez en ce sens son article, L'investissement, le président de la République et le droit, *D*, 2006, pp. 4 – 5.

conditions d'entraînement, l'importance des compétitions auxquelles le club a participé et des succès rencontrés[489].

Pour Monsieur Guillou, alors qu'un club n'a pas actuellement la possibilité d'inscrire à son actif une valeur liée aux joueurs qu'il a formés ou à ceux qui sont sous contrat, il le pourrait désormais. La valeur des clubs cotés en Bourse augmenterait aussitôt. Le système permettrait aussi au club d'avoir davantage de souplesse dans sa gestion. Ainsi, à tout moment, il aurait la faculté de céder la valeur de la « révélation » qu'il possède sur le joueur afin de faire face à un problème financier.

En définitive, la force de travail de l'athlète ayant acquis une valeur économique grâce à l'entreprise qui l'emploie, il est logique de reconnaître à celle-ci, sous certaines conditions, un droit sur une telle valeur[490]. Ainsi, le club professionnel de football deviendrait copropriétaire avec le joueur du bien que constitue sa force de travail.

SECTION 2 : LE JOUEUR, UNE VALEUR INCORPORELLE A CEDER

La force de travail du joueur, objet de son contrat de travail, est une valeur incorporelle à céder. Cette cession est réalisée par le salarié et l'employeur d'autant plus qu'elle les intéresse. Nous présenterons ainsi la question de la cession de contrat (§ 1) avant d'aborder son application aux transferts de joueurs notamment leur force de travail (§ 2).

§ 1 : La question de la cession de contrat

Dans le cadre des transferts de footballeurs professionnels, il existe une opération juridique à trois personnes[491]. En effet, il existe un contrat de travail à durée déterminée initial mettant en relation trois parties à raison d'un nouveau contrat de travail : l'ancien club, le club acquéreur et le joueur. Dans la pratique, l'opération est pourtant décrite plutôt comme une vente ou cession. Le cédant serait ainsi le premier club, le cessionnaire serait le club acquéreur et le cédé serait le joueur. Inutile de

---

[489] F. RIZZO, *op.cit*, p. 47.

[490] F. RIZZO, *ibid*, p. 51.

[491] Ch. LARROUMET, *Les opérations juridiques à trois personnes en droit privé*, Thèse, 1968. Voyez aussi L. AYNES, La cession de contrat et les opérations juridiques à trois personnes, Thèse, Paris, Economica, 1984, p. 281.

dire que la vente n'est pas une opération juridique à trois personnes. Dans ce schéma, le « joueur cédé » n'est pas dans une situation assimilable au débiteur cédé dans la cession de créance, ou à la banque sur laquelle est tirée un chèque. Cela veut dire qu'il y a une incompatibilité entre ces deux analyses : ou il y a une vente (ou cession) ou il y a une opération juridique à trois personnes.

Parmi les opérations juridiques à trois personnes, nous avons la cession de contrat. La cession de contrat a paru longtemps difficile à réaliser car elle était envisagée, dans le cadre de l'approche contractuelle classique, comme une cession simultanée de créances et de dettes. Or, cette analyse a été récemment abandonnée au profit d'une autre, d'ensemble. C'est le contrat tout entier en bloc qui se trouve cédé[492]. La cession de contrat est l'opération par laquelle un contractant, nommé le cédant, transfère à un tiers, nommé le cessionnaire, un contrat conclu avec un autre contractant, nommé le cédé[493]. Elle a pour objet le remplacement d'une partie par un tiers au cours de l'exécution du contrat. A la différence de la cession de créance ou de la délégation, il s'agit non seulement de transmettre à ce tiers un droit ou une obligation, mais surtout de l'investir de la qualité de partie. La cession de contrat permet au contrat de survivre au changement de l'une des parties. Lorsque celle-ci ne peut ou ne veut plus l'exécuter, le contrat devrait être résilié. Sa cession rend possible la continuation du contrat avec un tiers, devenu partie ; ce qui est surtout utile lorsque le contrat est l'instrument d'une entreprise, le support d'une richesse qui doit pouvoir circuler ou simplement un moyen de subsistance[494]. La cession de contrat n'a jamais voulu dire ce que l'expression exprime littéralement. La cession de contrat est toujours la cession des droits et obligations de l'une des parties au contrat : c'est une cession de position contractuelle.

Il y a les cessions légales de contrat, prévues par la loi, et les autres. Parmi les cessions légales, on peut citer quelques exemples. D'abord, et justement en droit du travail, l'article L.122-12 du Code du travail et la directive européenne du 14 février 1977 imposent la continuation des

---

[492] J. MESTRE, L'évolution du contrat en droit privé français, in journée R. SAVATIER 1985, *L'évolution contemporaine du droit des contrats*, PUF 1986, p. 41 et suivants.

[493] E. JEULAND, *Droit des obligations*, Montchrestien, 1999, p. 213.

[494] P. MALAURIE / L. AYNES, *Les obligations*, 9e éd., Dalloz, 1998/1999, pp. 449-460.

contrats de travail au cas de modification de l'entreprise, notamment au cas de vente afin d'assurer la stabilité de l'emploi. Le nouvel employeur doit prendre à sa charge les contrats de travail en cours. Ensuite, en matière d'assurance de choses, l'article L.121-10 du Code des assurances a prévu la transmission active et passive du contrat à l'acquéreur de la chose assurée. Enfin, l'article 1743 du Code civil dispose que le vendeur d'un immeuble loué ne peut expulser le preneur à bail, il impose une continuation du contrat avec un nouveau bailleur.

Pour la cession de contrat conventionnelle, la situation est plus délicate. Elle a toujours pour objet le remplacement d'une partie par un tiers au cours de l'exécution du contrat. A la différence de la cession de créance ou de la délégation, il s'agit non seulement de transmettre à ce tiers un droit ou une obligation, mais surtout de l'investir de la qualité de partie[495] et, finalement, de l'investir de tous les droits et obligations du contrat. La cession conventionnelle de contrat a donné lieu à deux conceptions doctrinales. En effet, une partie de la doctrine refuse d'admettre sans réserve la cession conventionnelle de contrat sous peine de « déformer inutilement des principes juridiques acquis », ce qu'une doctrine plus audacieuse conteste. Une partie de la doctrine est partisane de la cession conventionnelle de contrat, laquelle ne supposerait pas le consentement du cédé. Pour elle, tout est en principe cessible, surtout si une clause de cession de contrat a été stipulée, ce qui en vérité pose la question de son degré de précision. Pour ces auteurs en effet, fondamentalement, la cession de contrat ne heurte pas le principe de la relativité contractuelle (a. 1165), dans la mesure où le cessionnaire devient partie contractante. De plus, le consentement du cédé, lors de la conclusion initiale du contrat, porte sur les éléments objectifs de celui-ci (cause et objet : a. 1108), plus que sur la personne de son cocontractant. Dès lors que la cause et l'objet du contrat demeurent, il n'a aucune raison légitime de s'opposer à la cession ; le ferait-il qu'il violerait le principe de la force obligatoire[496].

Pour d'autres auteurs, la cession conventionnelle de contrat doit être comprise comme emportant création d'un nouveau contrat, ayant un objet et une cause identique à l'ancien, ce qui serait de nature à

495 Ch. LACHIEZE, l'autonomie de la cession conventionnelle de contrat, *D.* 2000, chr. 184.

496 Ph. MALAURIE et L. AYNES, *Obligations : contrats et quasi-contrats*, 11e éd., Cujas, 2001, p. 312.

sauvegarder les intérêts de chaque partie à l'opération. En effet, le cédé n'est nullement ignoré ou sacrifié, puisque son consentement est requis ; il ne se voit pas imposer un nouveau contractant. Surtout, le cédant peut être libéré, soit dès la conclusion du contrat, en cas de novation ou de *mutuus dissensus*, soit à terme, et sa situation ne saurait être aggravée par la conclusion de l'opération : lorsqu'il n'est pas immédiatement libéré et en cas d'inexécution par le cessionnaire, il sera seulement tenu d'exécuter les obligations qu'il avait primitivement accepté d'assumer, voire seulement une partie résiduelle si le cessionnaire exécute pendant un temps le nouveau contrat. Quant au cessionnaire, il trouve tout avantage à l'opération, puisqu'il conclut directement avec le cédé, bénéficiant ainsi de la règle de l'inopposabilité des exceptions[497]. Au demeurant, la cession conventionnelle de contrat possède la qualité d'une institution autonome. Elle peut être réalisée par un accord de volonté entre les trois intéressés. Dans cette hypothèse, l'opération satisfait aux conditions de formation d'un contrat nouveau. Mais cela n'interdit pas qu'elle réalise le transfert du contrat existant, qui est le résultat recherché par les parties[498].

Ainsi, la jurisprudence a confirmé cette nécessité de l'accord du cédé, donc du joueur professionnel, pour la validité de la cession conventionnelle du contrat. En effet, la Cour de cassation a eu à le préciser dans deux décisions du 6 mai 1997. La première affaire opposait la SA Hubert Rougeot et la SA GSM Côte d'Azur. En effet, la société GSM a assigné la société Hubert Rougeot en paiement de factures relatives à des matériaux commandés par cette dernière société à la société Carrière du Val-de-Saône (CVS). Ainsi, la Cour d'appel condamne la société Rougeot à payer à la société GSM les factures émises par celles-ci, au motif qu'un contrat de commercialisation pour une durée d'une année est intervenu, par lequel la société CVS a confié à la société GSM la revente de l'ensemble de sa production, que cette convention, renouvelable par tacite reconduction, n'a pas été dénoncé dans les formes, six mois à l'avance. La deuxième affaire opposait la SA Gobet et la SA Pro-Telcom. En effet, la société Jean-Michel Gobet et la société Spie Trindel ont conclu un contrat de maintenance, réservant à cette dernière la faculté de « librement céder les droits et

[497] J. GHESTIN, C. JAMIN, M. BILLIAU, *Traité de droit civil, Les effets du contrat*, 3e édition, LGDJ, 2001, p. 1148.
[498] Ch. LACHIEZE, *op.cit., D.* 2000, chr. 184, p. 189.

obligations issus du présent contrat ou substituer toute société de son choix dans le bénéfice des droits et la charge des obligations en résultant ». Mais la société Gobet a refusé de payer les redevances convenues à la société Pro-Telcom, que la société Spie-Trindel s'était substituée ; ce que condamne le Tribunal de commerce de Nevers en dernier ressort.

Pour trancher ces deux affaires, la Cour de cassation précise d'abord que la cession conventionnelle de contrat n'est pas possible si elle ne s'accompagne du consentement de la partie cédée. Ce consentement peut être donné, soit au moment de la formation du contrat qui sera le cas échéant cédé, soit ultérieurement. Ensuite, dans la deuxième affaire, elle considère que, lorsque ce consentement est exprimé dans l'une des clauses du contrat, le cédé ne peut faire obstacle à la mise en œuvre de sa cession, dès l'instant que cette clause ne la soumet à aucune modalité particulière.

Pour une partie de la doctrine, désormais, la cession conventionnelle de contrat exige, dans tous les cas, le consentement du cédé. Mais l'arrêt ne précise pas pour autant les raisons qui rendent cet accord indispensable. Ceux-ci peuvent être recherchés dans une conception subjective du contrat que celle qui admet sa cession indépendamment du consentement du cédé. La personne du cocontractant ne serait pas indifférente lors de l'exécution du contrat, qu'il soit ou non *intuitu personae*. C'est la personne avec laquelle le cédé a contracté, en l'occurrence le cédant, et nulle autre, qui est tenu d'exécuter l'obligation.

Autoriser que, unilatéralement, le cédant permette à un tiers, le cessionnaire, d'exécuter à sa place, c'est violer l'article 1134 al. 1er du Code civil. Que le cédant reste ou non tenu, en quelque qualité que ce soit, importe peu, car il lui est interdit d'imposer à son cocontractant qu'un tiers exécute à sa place. Corrélativement, l'article 1165 du code civil interdit au cédé, parce qu'il est ici un tiers, d'être tenu par le contrat ayant pour objet la cession conclue entre les seuls cédant et cessionnaire. De la même façon, et pour un motif identique, le cessionnaire ne saurait exécuter, en qualité de partie, le contrat cédé. Enfin, dans la plupart des relations d'affaires, même lorsque le contrat n'est pas conclu *intuitu personae*, il n'est pas possible de se désintéresser de la personne de celui qui est tenu de l'exécuter, tant la recherche de coopération entre les parties constitue aujourd'hui un souci majeur. On ne saurait donc imposer au cédé un nouveau cocontractant, à moins de prendre le risque de perturber la politique générale que celui-ci à décider d'appliquer[499]. Ici, dans le cadre des transferts de joueurs professionnels, la cession n'est pas légale, il n'y a pas de loi sur les cessions de contrat de travail, elle est donc conventionnelle.

§ 2 : L'application aux transferts de joueurs

Les transferts de sportifs professionnels, notamment de footballeurs, étant souvent comparés, sinon assimilés à l'esclavage reposant sur la vente d'êtres humains, on voit que la qualification de l'opération en vente pose problème. Ils sont autant juridiques que philosophiques et politiques. Admettre que des ventes de luxe de joueurs existent risquerait d'admettre un jour que des ventes de joueurs à bas prix existe. On ouvrirait alors la porte aux ventes à vil prix qui transformerait, de fait, l'Homme en chose. Il est donc intéressant de qualifier le transfert en d'autres termes juridiques.

La cession conventionnelle au sens strict (accord des deux clubs et du joueur pour réaliser le transfert) peut en effet justifier leur mutation et donc, en pratique, la cession de leur force de travail. En effet, en l'espèce, il n'y a pas dans les contrats de travail de clause de cession conventionnelle du contrat de travail. Il n'est en outre pas question de soutenir que c'est l'ancien contrat de travail qui sera continué par le nouvel employeur : la seule durée déterminée stipulée, outre un salaire souvent sensiblement modifié, déterminent notre conviction. La figure de la cession de contrat qui serait davantage une opération à deux personnes, entre le cédant et le cessionnaire, ne convient pas (ce qui ne veut pas dire qu'elle n'ait pas ailleurs son utilité). La cession de contrat où le débiteur cédé doit consentir, et qui elle est une opération à trois personnes, permet en revanche de qualifier le transfert.

Cette cession conventionnelle du contrat intéresse le salarié, qui l'accepte en signant un nouveau contrat de travail, c'est-à-dire le footballeur professionnel et l'ancien club employeur. En effet, pour le salarié, la cession de contrat suite à un transfert lui donne droit à une prime. Cette prime est assimilée à un salaire, parce qu'elle versée en

[499] Civ.1ere, 6 mai 1997, *D.* 1997, pp. 588-591, note M. BILLIAU, Ch. JAMIN.

considération du contrat de travail à durée déterminée existant entre le joueur et le nouveau club. C'est une sorte d'incitation financière faite au joueur par le club au dépassement de soi et à la performance sportive. S'agissant de l'employeur, c'est-à-dire l'ancien club, la cession conventionnelle de contrat l'intéresse, puisqu'il réalise l'opération de transfert avec l'accord du joueur en touchant une indemnité de transfert[500]. En effet, l'indemnité de transfert a pour objet de compenser le départ du joueur et l'effort financier consenti par le club pour le former et le révéler. C'est le club acquéreur qui paie cette indemnité en contrepartie de la rupture du contrat de travail à durée déterminée par l'ancien club et de la signature du nouveau contrat par le joueur. Le montant de l'indemnité, qui ne cesse d'augmenter en pratique, varie selon la réputation et le budget des deux clubs. Mais sa constance prouve que le transfert n'est pas réductible à une opération à deux personnes.

Si le club employeur doit procéder à un transfert, il faut l'accord du joueur salarié. Cet accord du « débiteur-cédé » (soit celui tenu d'obligations) est nécessaire pour la réalisation et la validité de la cession conventionnelle. Dès lors, pour que la cession de contrat ne soit pas imparfaite, c'est-à-dire qu'elle libère le cédant à l'égard du cédé tout en autorisant le cessionnaire à agir contre le cédé, il faut, ainsi que nous venons de le voir, que ce dernier donne son accord à la cession du contrat que le cessionnaire a conclu avec le cédant. Autrement dit, la cession de contrat postule ici le consentement du cédé, exigence ce qui se retrouve ailleurs comme on l'a dit plus haut en citant la position de la Cour de cassation[501].

Dans ces conditions, et dans cette conception de la cession de contrat, si deux clubs prennent la décision de procéder à un transfert de joueur, il faut impérativement l'accord de ce dernier. C'est bien ce qui se passe en pratique et ce que les institutions sportives valident en ne s'opposant pas à un tel système. Ainsi, dans l'affaire dite Bosman, précitée, la Cour de Justice des Communautés Européennes avait condamné le club du

[500] Voyez en annexe quelques statistiques sur les transferts records de 1952 à 2001, le tableau des clubs acheteurs dans le cadre des 70 transferts records jusqu'en 2001, le tableau des principaux clubs européens acheteurs et vendeurs, le tableau des transferts records au pays de départ du marché mondial des transferts, le flux des transferts des clubs de L1 français.
[501] J. GHESTIN, Ch. JAMIN, M. BILLIAU, *op. cit.*, p. 1132-1140.

Standard de Liège, au motif qu'il n'avait pas donné d'informations au joueur sur la valeur réelle de son transfert. En outre, l'article 1109 du Code civil précise que le consentement donné, ici par le joueur, doit être libre et éclairé pour que son transfert soit valable. D'autre part, le joueur doit donner son accord et son avis lors de la négociation des conditions et des modalités du transfert.

Si l'accord du joueur est nécessaire pour réaliser la cession, celui du club employeur l'est tout autant. Au contraire, c'est le club qui déclenche en général la procédure de transfert, en établissant la liste des joueurs à transférer en fonction de sa situation financière et de ses objectifs sportifs. Ainsi, comme nous l'avons précédemment évoqué dans l'affaire opposant le joueur Mexes et l'AJ Auxerre, le joueur voulait bien être transféré en Italie, mais il n'avait pas l'accord du club auxerrois qui l'avait formé et avec lequel il était sous contrat. Il aurait fallu et l'accord du joueur et celui de l'AJ Auxerre pour réaliser l'opération de transfert vers l'AS Roma. En raisonnant par analogie avec la jurisprudence précitée admettant la validité de la cession conventionnelle de contrats dans le cadre de contrat de commercialisation et de maintenance, exigeant le consentement du débiteur-cédé, il faut reconnaître la validité des cessions conventionnelles de la force de travail du sportif professionnel, objet de son contrat de travail lors des opérations de transfert. L'intérêt du mécanisme réside dans le fait que la force de travail du footballeur professionnel peut être cédée sans que l'on ait à parler de la vente du joueur lui-même, phénomène qui pourrait être assimilé à l'esclavage interdit. Ici, on n'achète pas l'être humain mais une partie immatérielle du sportif professionnel, en l'occurrence sa force de travail, c'est-à-dire son talent, objet de son contrat de travail avec le club.

Par ailleurs, il y a trois cas où le contrat ne peut être cédé. D'abord, quand le contrat est conclu *intuitu personae*. Malgré, *l'intuitu personae*, la cession devient valable si le cédé y a consenti. Dans le cadre d'un transfert, inutile de chercher si le contrat de travail est cédé en considération de la personne puisque la cession conventionnelle que nous proposons suppose le consentement du cédé. Ensuite, le contrat ne doit pas avoir produit son principal effet, car la cession suppose que le contrat se poursuive avec un tiers devenu partie. Seuls les contrats successifs peuvent faire objets de cession. Cette condition semble aussi remplie lors des transferts de joueurs professionnels, puisque l'opération n'est pas une vente donc un contrat translatif mais deux contrats de travail qui se succèdent. Enfin, la cession de contrat devient impossible si les parties ont prévues des clauses d'incessibilité. Elle constitue une entrave à la circulation du contrat, que la loi rend inefficace lorsque celle-ci est jugée nécessaire, dans un intérêt supérieur à celui du cédé. A vrai dire, l'opération de transfert suppose toujours des contrats de travail successifs donc une cession de contrats de travail ; source essentielle de financement des clubs de football. Au contraire, prévoir des clauses d'incessibilité en matière de sport professionnel reviendrait à lier le joueur professionnel perpétuellement à son club. Cela constituerait un retour en arrière et un vrai manque à gagner pour les clubs qui perdront une importante source de financement et pour les joueurs, une entrave à la mobilité ; contraire au droit communautaire.

En revanche, dès lors que le contrat de travail peut être cédé et qu'il est cédé, il produit des effets[502] entre l'ancien club, le nouveau club et le joueur professionnel. Ainsi, le nouveau club acquéreur remplace l'ancien club dans ses rapports avec le joueur. Dans les rapports joueur et ancien club, l'ancien club n'est libéré que pour les obligations échues postérieurement à la réalisation de la cession. Enfin, entre le nouveau club et le joueur, le nouveau club peut, en principe, exercer à l'encontre du joueur tous les droits que, précédemment, pouvait faire valoir l'ancien club. Le joueur, à l'inverse, exercera sur le nouveau club les créances et actions qu'il avait envers l'ancien club.

En définitive, le contrat de transfert du footballeur professionnel est une cession de contrat de travail et non une vente. Il a été démontré que cette cession étant conventionnelle, le cédé doit donner son consentement. En outre, l'opération de transfert de joueurs remplit toutes les conditions pour être cédée et qu'une fois cédé, le contrat de travail produit les effets de la cession. Par conséquent, l'opération de transfert de joueurs professionnels doit être considérée comme une cession conventionnelle du contrat de travail notamment une cession de leur force de travail.

---

[502] J. M. MOUSSERON, *Technique contractuelle ; la cession de contrat*, 2e éd. Francis Lefebvre, 1999, pp. 215-235.

CONCLUSION

Notre étude sur les transferts de footballeurs professionnels avait pour objectif de qualifier l'opération d'une part et de proposer une solution globale pour une répartition équitable des flux financiers liés à l'opération c'est-à-dire la protection de la formation d'autre part. L'entreprise a connu quelques difficultés liées notamment à l'absence de précédents. En effet, à notre connaissance, aucune thèse juridique n'a été consacrée au sujet des transferts de footballeurs. Seules quelques études parcellaires ou, encore, quelques rares colloques, ont pu éclairer et guider notre réflexion et notre démonstration. Il nous a fallu en permanence ménager deux voies : décrire la réalité sportive et un droit original, que les pratiques juridiques rendent encore plus original et, seconde voie, essayer de mener une analyse juridique classique et théorique. Sans doute, sur l'un ou l'autre de ces terrains, le lecteur aura-t-il pu juger que nous ne sommes pas allés assez en profondeur.

Ainsi, dans une première étape, nous avons qualifié l'opération de transfert de footballeurs professionnels en une cession conventionnelle de contrat et, précisément, une cession du contrat de travail à durée déterminée du joueur. Cette qualification justifierait qu'un nouveau club, non pas tiers au contrat de travail mais remplaçant l'ancien club dans ses droits et obligations, paie les indemnités de transfert. Cependant, l'opération, si elle naît nécessairement dans le contrat de travail, peut aussi s'exprimer en dehors de ce contrat, à travers le droit fédéral comme la perte de qualification et celle liée au capital-image du joueur. Ces deux positions ne sont pas incompatibles. S'agissant de la répartition équitable du flux financier engendré par l'opération, notamment la compensation réelle des clubs formateurs et son corollaire la liberté de mouvement des joueurs, nous avons pensé à la reconnaissance de la force de travail du footballeur professionnel comme un bien incorporel. Cette reconnaissance permettrait aux grands clubs d'avoir plus d'actifs et faciliter leur introduction éventuelle en bourse et, donc, de développer de nouvelles infrastructures.

Pour les petits clubs, leur travail de formation serait réellement compensé puisque, toute plus value du joueur en cas de transfert se traduirait par une valorisation de l'actif de son bilan. Pour le joueur professionnel, cela se traduirait par une grande liberté de mouvement puisque les clubs sont réellement compensés et que lui-même aurait une part financière de sa valeur que constitue sa force de travail.

Annexes

Propriété et mode de commercialisation des droits TV/comparaison dans 5 championnats européens

	FRANCE	ALLEMAGNE	ANGLETERRE	ESPAGNE	ITALIE
Propriété des droits	**Fédération**	**Clubs / Ligue**	**Clubs**	**Clubs**	**Clubs**
Mode de commercia-lisation des droits	**Collectif**	**Collectif**	**Collectif**	**Individuel**	**Individuel**
Commercia-lisation	**Ligue (association)**	**DFL GmbH (Société commerciale représentant la Ligue)**	**Premier League (société commerciale)**	**Clubs**	**Clubs Regroupement de clubs (société commerciale)**

La compétition (individualité collective) n'est qu'une conséquence et non un préalable à la vente des droits des TV : en France : vente collective et, ensuite, répartition plus sportive ; en Italie ou Espagne, vente « individuelle » en réalité par groupes de clubs « proches » et, ensuite, redistribution plus selon la notoriété.

Annexe 1

Tableau relatif à la propriété et le mode de commercialisation des droits TV en France, Allemagne, Angleterre, Espagne et Italie (source Moustapha Kamara).

Données sur les centres de formation et sous-évaluation des indemnités de formation par rapport au coût de formation

Quelques données sur les centres de formation des clubs de Ligue 1

CLUBS	Coût de formation en K€	Nombre de joueurs en formation	Taux de réussite
Guingamp	991	12	17,33 %
Nantes	3 541	27	14,50 %
Lyon	2 609	14	13,64 %
Le Havre	2 524	17	12,50 %
Marseille	1 721	15	12,40 %
Bastia	1 839	14	11,76 %
Metz	2 104	13	11,76 %
Auxerre	2 630	17	11,17 %
Cannes	2 318	20	10,00 %
Strasbourg	2 309	15	9,43 %
Rennes	2 707	27	9,38 %
Toulouse	1 510	18	9,04 %
Sochaux	1 934	15	7,19 %
Saint-Etienne	2 281	16	6,17 %
Monaco	5 814	26	6,13 %
Bordeaux	2 371	26	4,85 %
Lens	2 428	27	4,37 %
Paris	2 629	27	2,43 %
Totaux	44 259	346	9,67 %
Moyennes	2 459	19	

Source : JMG Académie

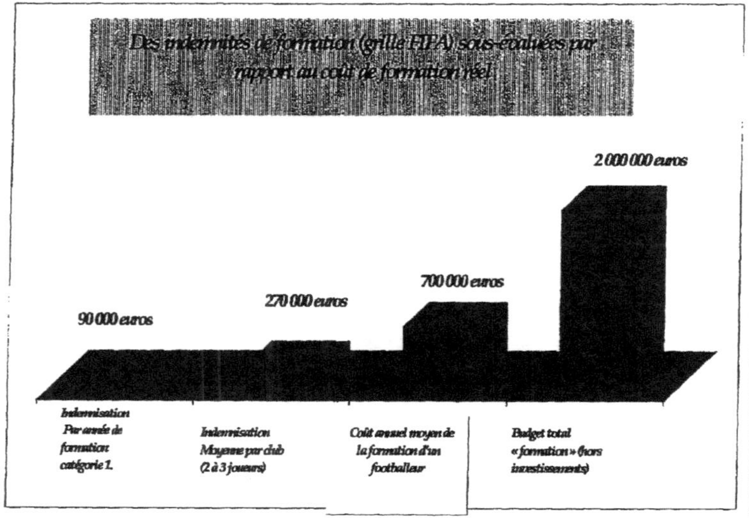

Annexe 2

Quelques données sur les centres de formation des clubs français de ligue 1 et des indemnités de formation (grille FIFA) sous-évaluées par rapport au coût de formation réel (source Moustapha Kamara).

Mutations définitives et temporaires en France et en Angleterre: 1999-2003

Le cas anglais, 4 premières divisions (non limitation du nombre de prêts et des ventes en cours de saison)

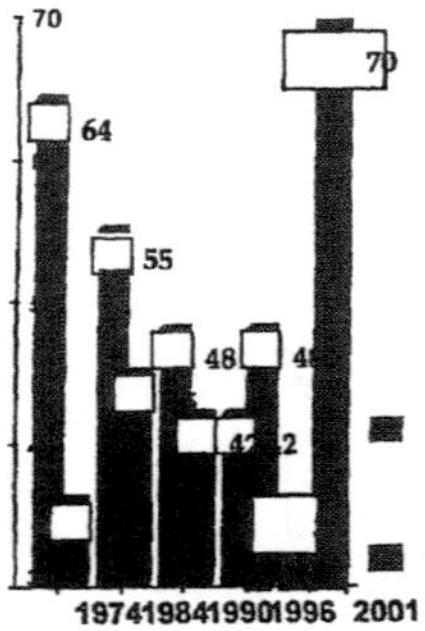

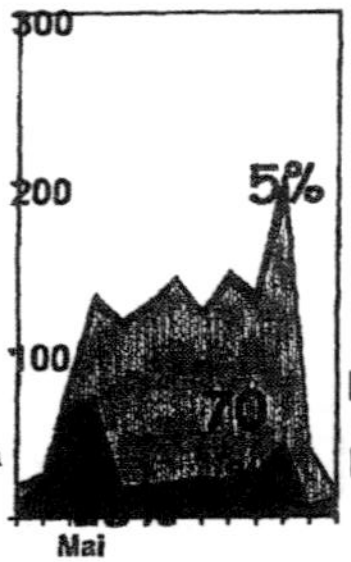

inclus les transferts avec les divisions écossaises et inférieures à la Division 3 anglaise (2000-2001)

Mutations temporaires, définitives (fin de contrat) et résiliations au départ des clubs français (L1 et L2)

	Définitives	*Temporaires*	*Temporaires* (Avec l'étranger)	*Résiliations*
2002/2003	*49*	*83*	*32*	*220*
2001/2002	*59*	*70*	*58*	*249*
2000/2001	*95*	*51*	*53*	*193*
1999/2000	*103*	*53*	*23*	*165*

Mutations au Mercato d'Hiver au départ des clubs français (L1 et L2)

	Définitives	*Temporaires*	*Temporaires* (Avec l'étranger)	*Résiliations*
2002/2003	*10*	*24*	*11*	*15*
2001/2002	*12*	*12*	*11*	*15*
2000/2001	*9*	*8*	*14*	*11*
1999/2000	*17*	*10*	*2*	*15*

Annexe 3

Tableau comparatif des mutations définitives et temporaires en France et en Angleterre (source Moustapha Kamara).

Annexe 4

L'explosion du marché des transferts ; les transferts records de 1952/2001, le tableau des clubs acheteurs dans le cadre de 70 transferts records, tableau des principaux clubs européens acheteurs et vendeurs, tableau des transferts records au pays de départ du marché mondial des transferts (source Moustapha Kamara).

L'explosion du marché des transferts,
Les transferts records par année en £

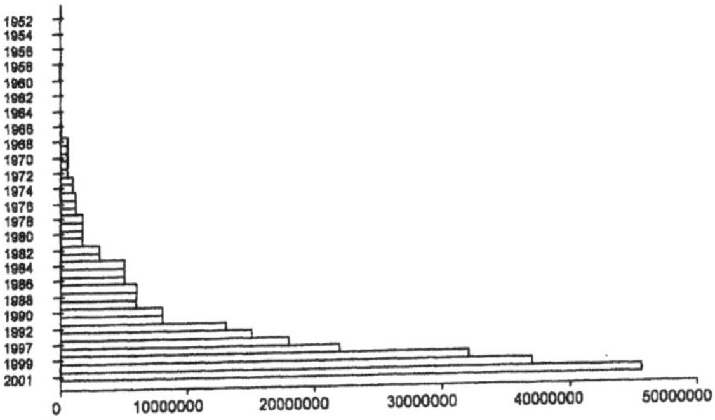

ZIDANE (Espagne) 75 100 000
FIGO (Espagne 61 400 000
CRESPO (Italie) 59 760 000
VIERI (Italie) 51 460 000
MENDIETA (Italie) 48 000 00C
FERDINAND (Angleterre) 46 8
DROGBA (Angleterre) 44 000 (
OVERMARS (Espagne) 41 500
ANELKA (Espagne) 39 000 00(

Clubs acheteurs/70 transferts records

Tableau des clubs acheteurs dans le cadre des 70 transferts record (jusqu'en 2001)*

[illegible]	[illegible]	[illegible]	[illegible]	[illegible]
[illegible]	11	2254	16	16
[illegible]	4	1304	9	26
[illegible]	6	1293	9	35
[illegible]	8	1232	9	44
[illegible]	3	1076	8	52
[illegible]	6	1075	8	60
[illegible]	4	892	6	66
[illegible]	4	758	5	72
[illegible]	3	731	5	77
[illegible]	3	586	4	81
[illegible]	3	389	3	84
[illegible]	2	338	2	87
[illegible]	2	249	2	88
[illegible]	1	212	2	90
[illegible]	1	197	1	91
[illegible]	1	173	1	93
[illegible]	1	164	1	94
[illegible]	1	140	1	95
[illegible]	1	131	1	96
[illegible]	1	120	1	97
[illegible]	1	120	1	98
[illegible]	1	115	1	99
[illegible]	1	115	1	99
[illegible]	1	110	1	100%

Les clubs « européens », principaux acheteurs et vendeurs

Player's Name	Pos.	From Club	To Club	Fee	Year
Zinedine Zidane (Fra)	AM	Juventus (Ita)	Real Madrid (Spa)	£45.62m	2001
Luis Figo (Por)	RW	Barcelona (Spa)	Real Madrid (Spa)	£37m	2000
Hernan Crespo (Arg)	ST	Parma (Ita)	Lazio (Ita)	£35.5m	2000
Gianluigi Buffon (Ita)	GK	Parma (Ita)	Juventus (Ita)	£32.6m	2001
Christian Vieri (Ita)	ST	Lazio (Ita)	Inter Milan (Ita)	£32m	1999
Rio Ferdinand (Eng)	CD	Leeds United (Eng)	Manchester United (Eng)	£29.1m	2002
Gaizka Mendieta (Spa)	MF	Valencia (Spa)	Lazio (Ita)	£29m	2001
Ronaldo (Bra)	ST	Inter Milan (Ita)	Real Madrid (Spa)	£28.49m	2002
Juan Veron (Arg)	AM	Lazio (Ita)	Manchester United (Eng)	£28.1m	2001
Rui Costa (Por)	AM	Fiorentina [old] (Ita)	AC Milan (Ita)	£28m	2001
Pavel Nedved (Cze)	MF	Lazio (Ita)	Juventus (Ita)	£25.5m	2001
Nicolas Anelka (Fra)	ST	Arsenal (Eng)	Real Madrid (Spa)	£23.5m	1999
Denilson de Oliveira (Bra)	LW	Sao Paulo (Bra)	Real Betis (Spa)	£22m	1998
Gabriel Batistuta (Arg)	ST	Fiorentina [old] (Ita)	AS Roma (Ita)	£22m	2000
Lilian Thuram (Fra)	CD	Parma (Ita)	Juventus (Ita)	£22m	2001
Claudio Lopez (Arg)	ST	Valencia (Spa)	Lazio (Ita)	£22m	2000
Marc Overmars (Ned)	WG	Arsenal (Eng)	Barcelona (Spa)	£21.6m	2000
Ronaldinho (Bra)	AM	Paris-SG (Fra)	Barcelona (Spa)	£21.25m	2003
Nicolas Anelka (Fra)	ST	Real Madrid (Spa)	Paris-SG (Fra)	£20.29m	2000
Alessandro Nesta (Ita)	CD	Lazio (Ita)	AC Milan (Ita)	£19.12m	2002
Hidetoshi Nakata (Jap)	AM	AS Roma (Ita)	Parma (Ita)	£19.1m	2001
Christian Vieri (Ita)	ST	Atletico Madrid (Spa)	Lazio (Ita)	£19m	1998
Ruud van Nistelrooy (Ned)	ST	PSV (Ned)	Manchester United (Eng)	£19m	2001
Antonio Cassano (Ita)	FW	Bari (Ita)	AS Roma (Ita)	£18m	2001
Rio Ferdinand (Eng)	CD	West Ham United (Eng)	Leeds United (Eng)	£18m	2000
Ronaldo (Bra)	ST	Barcelona (Spa)	Inter Milan (Ita)	£18m	1997
Marcio Amoroso (Bra)	ST	Udinese (Ita)	Parma (Ita)	£18m	1999
Juan Veron (Arg)	AM	Parma (Ita)	Lazio (Ita)	£18m	1999
Francesco Toldo (Ita)	GK	Fiorentina [old] (Ita)	Inter Milan (Ita)	£18m	2001
David Beckham (Eng)	CM	Manchester United (Eng)	Real Madrid (Spa)	£17.25m	2003

Contrats de jeunes en formation

Statuts des joueurs en formation par « contrats types »

	Age minimum	Age maximum	Durée	Effectif en 2001/2002
Joueur apprenti	15-16 ans	17-18 ans	2 ans	54
Joueur aspirant	15-16 ans	18 ans	2 ans[1)]	359
Joueur stagiaire	18 ans	20 ans	2 ans	189
Joueur espoir	17 ans	20 ans	5 ans maximum	334

Annexe 5

Statuts des joueurs en formation par « contrats types » (source Moustapha Kamara).

Annexe 6

Montant des indemnités de formation par an et par joueur (Tableau n°1 source Moustapha Kamara).

MONTANT DES INDEMNITÉS DE FORMATION - PAR ANNÉE ET PAR JOUEUR - BARÈME-PROVISOIRE			
Afrique	2e catégorie	USD	30.000
	3e catégorie	USD	10.000
	4e catégorie	USD	2.000
Asie	2e catégorie	USD	40.000
	3e catégorie	USD	10.000
	4e catégorie	USD	2.000
Europe	1e catégorie	Euros	90.000
	2e catégorie	Euros	60.000
	3e catégorie	Euros	30.000
	4e catégorie	Euros	10.000
Amérique du Nord et Amérique centrale	2e catégorie	USD	40.000
	3e catégorie	USD	10.000
	4e catégorie	USD	2.000
Océanie	2e catégorie	USD	30.000
	3e catégorie	USD	10.000
	4e catégorie	USD	2.000
Amérique du Sud	1e catégorie	USD	50.000
	2e catégorie	USD	30.000
	3e catégorie	USD	10.000
	4e catégorie	USD	2.000

TABLEAU 1 – AFC

Association membre	Catégorie I	Catégorie II	Catégorie III	Catégorie IV
Afghanistan				X
Bahreïn				X
Bangladesh				X
Bhoutan				X
Brunei				X
Cambodge				X
Chine			X	X
Chinese Taipei				X
Guam				X
Hongkong				X
Inde				X
Indonésie				X
Iran		X	X	X
Irak			X	X
Japon		X	X	X
Jordanie				X
Corée du Nord				X
Corée du Sud		X	X	X
Koweït			X	X
Kirghizistan				X
Laos				X
Liban			X	X
Macao				X
Malaisie			X	X
Maldives				X
Mongolie				X
Myanmar				X
Népal				X
Oman				X

Association membre	Catégorie I	Catégorie II	Catégorie III	Catégorie IV
Pakistan				X
Palestine				X
Philippines				X
Qatar			X	X
Arabie Saoudite			X	X
Singapour			X	X
Sri Lanka				X
Syrie				X
Tadjikistan				X
Thaïlande				X
Turkménistan				X
Emirats Arabes Unis			X	X
Ouzbékistan				X
Vietnam				X
Yémen				X

TABLEAU 2 – CAF

Association membre	Catégorie I	Catégorie II	Catégorie III	Catégorie IV
Algérie		X	X	X
Angola				X
Bénin				X
Botswana				X
Burkina Faso				X
Burundi			X	X
Cameroun		X	X	X
Cap-Vert				X
République Centrafricaine				X
Tchad				X
Congo				X
RD Congo				X
Côte d'Ivoire		X	X	X
Djibouti				X
Egypte		X	X	X
Guinée équatoriale				X
Erythrée				X
Ethiopie				X
Gabon				X
Gambie			X	X
Ghana		X	X	X
Guinée				X
Guinée-Bissau				X
Kenya				X
Lesotho				X
Liberia				X
Libye			X	X
Madagascar				X
Malawi				X

Association membre	Catégorie I	Catégorie II	Catégorie III	Catégorie IV
Mali			X	X
Mauritanie				X
Maurice				X
Maroc		X	X	X
Mozambique				X
Namibie				X
Niger				X
Nigeria		X	X	X
Rwanda			X	X
Sao Tomé-et-Principe				X
Sénégal		X	X	X
Seychelles				X
Sierra Leone				X
Somalie				X
Afrique du Sud		X	X	X
Soudan			X	X
Swaziland				X
Tanzanie				X
Togo			X	X
Tunisie		X	X	X
Ouganda				X
Zambie				X
Zimbabwe				X

TABLEAU 3 – CONCACAF

Association membre	Catégorie I	Catégorie II	Catégorie III	Catégorie IV
Anguilla				X
Antigua-et-Barbuda				X
Aruba				X
Bahamas				X
Barbade				X
Belize				X
Bermudes				X
Iles Vierges britanniques				X
Canada			X	X
Iles Caïmans				X
Costa Rica		X	X	X
Cuba				X
Dominique				X
Rép. dominicaine				X
Salvador			X	X
Grenade				X
Guatemala		X	X	X
Guyane				X
Haïti				X
Honduras			X	X
Jamaïque			X	X
Mexique		X	X	X
Montserrat				X
Antilles néerlandaises				X
Nicaragua				X
Panama				X
Porto Rico				X
Saint-Kitts-et-Nevis				X
Sainte-Lucie				X
Saint-Vincent-et-Les-Grenadines				X
Surinam				X
Trinité-et-Tobago			X	X
Turks et Caicos				X
Etats-Unis		X	X	X
Iles Vierges américaines				X

TABLEAU 4 – CONMEBOL

Association membre	Catégorie I	Catégorie II	Catégorie III	Catégorie IV
Argentine	X	X	X	X
Bolivie			X	X
Brésil	X	X	X	X
Chili		X	X	X
Colombie			X	X
Equateur			X	X
Paraguay			X	X
Pérou			X	X
Uruguay		X	X	X
Venezuela			X	X

TABLEAU 5 – OFC

Association membre	Catégorie I	Catégorie II	Catégorie III	Catégorie IV
Samoa américaines				X
Australie		X	X	X
Iles Cook				X
Fidji				X
Nouvelle-Calédonie				X
Nouvelle-Zélande			X	X
Papouasie Nouvelle-Guinée				X
Samoa				X
Iles Salomon				X
Tahiti				X
Tonga				X
Vanuatu				X

TABLEAU 6 – UEFA

Association membre	Catégorie I	Catégorie II	Catégorie III	Catégorie IV
Albanie			X	X
Andorre				X
Arménie			X	X
Autriche		X	X	X
Azerbaïdjan			X	X
Belarus			X	X
Belgique		X	X	X
Bosnie-Herzégovine			X	X
Bulgarie			X	X
Croatie			X	X
Chypre			X	X
République tchèque			X	X
Danemark		X	X	X
Angleterre	X	X	X	X
Estonie			X	X
Iles Féroé				X
Finlande			X	X
France	X	X	X	X
Géorgie			X	X
Allemagne	X	X	X	X
Grèce		X	X	X
Hongrie		X	X	X
Islande			X	X
Irlande		X	X	X
Israël			X	X
Italie	X	X	X	X
Kazakhstan			X	X
Lettonie			X	X
Liechtenstein				X

Association membre	Catégorie I	Catégorie II	Catégorie III	Catégorie IV
Lituanie			X	X
Luxembourg			X	X
Macédoine			X	X
Malte			X	X
Moldavie			X	X
Pays-Bas	X	X	X	X
Irlande du Nord			X	X
Norvège		X	X	X
Pologne			X	X
Portugal		X	X	X
Roumanie			X	X
Russie		X	X	X
Saint-Marin				X
Ecosse		X	X	X
Serbie et Monténégro		X	X	X
Slovaquie			X	X
Slovénie			X	X
Espagne	X	X	X	X
Suède		X	X	X
Suisse		X	X	X
Turquie		X	X	X
Ukraine		X	X	X
Pays de Galles			X	X

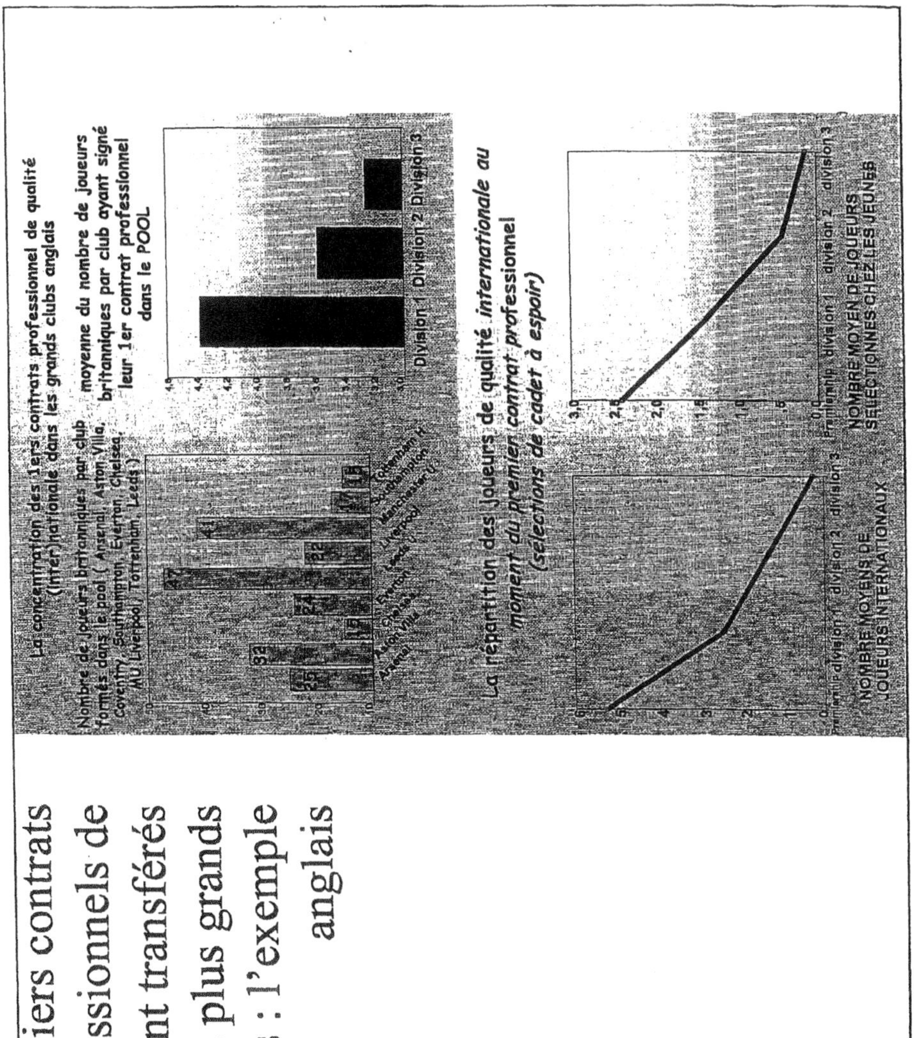

Annexe 7

Tableau relatif à la concentration des premiers contrats professionnels de qualité dans les plus grands clubs anglais (source Moustapha Kamara).

Annexe 8

Les 8 propositions relatives à la situation des agents sportifs du groupe de travail placé sous l'égide de la LFP : voir www.fff.fr

Annexe 9

Le règlement de la FIFA relatif au statut et aux transferts des joueurs du 1er septembre 2001. www.fifa.fr

Annexe 10

Le règlement de la FIFA relatif aux agents de joueurs du 1er mars 2001 ainsi que le code de déontologie. www.fifa.fr

Annexe 11

Le règlement modifié de la FIFA relatif au statut et aux transferts de joueurs du 1er juillet 2005. www.fifa.fr

BIBLIOGRAPHIE

Ouvrages et manuels généraux

- ALAPHILIPPE (F) et KARAQUILLO (J.P.), *Dictionnaire permanent droit du sport*, Activité commerciale des associations sportives, éd. Législatives, n° 58.

- ANTONMATTEI (P.H.) et RAYNARD (J.), *Droit civil ; Contrats spéciaux*, 3e éd., Litec, 2002, pp. 397-429.

- BERAUD (J-M), *La suspension du contrat de travail*, Sirey, 1980, p. 294.

- BERTRAND (J.J.) et VERHEYDEN (D.), *Le sportif et son agent- le guide- comment choisir son agent et réussir sa carrière sportive*, Puits Fleur, 1999, pp. 19-20.

- BERTRAND (A.), *Droit à la vie privée et droit à l'image*, Paris, LITEC, 1999, p. 222.

- BLANPAIN (R.), *L'affaire BOSMAN*, Leuven : éd. Peeters, 1996, p. 407.

- BONIFACE (P.), *Géopolitique du football, interventions*, éditions Complexe, Bruxelles, 1998, p. 66.

- BONIFACE (P.), *La terre est ronde comme un ballon, géopolitique du football*, Seuil, mai 2002, pp. 83-84.

- BONNECHERE (M.), *Introduction au droit*, Découverte, 1994, p.123.

- Sous la direction de BONNECHERE (M.), « *Trente ans de libre circulation des travailleurs, Travaux de la CEDECE* », in Actes du colloque de Paris du 10 octobre 1997, Documentation française, pp. 36-42.

- BOUCHARD (J Ph.) et CONSTANT (A.), *Un siècle de football*, édition Calmann-Lévy, 1996, p. 159.

- BOURG (J-F) et GOUGUET (J-J.), *Analyse économique du sport*, PUF, 1998, p. 171.

- BOURG (J-F) et GOUGUET (J-J.), *Economie du sport*, La Découverte, 2001, p. 62.

- BROMBERGER (Ch.), *Football la bagatelle la plus sérieuse du monde*, éditions Fayard, Mai 1998, p. 147.

- CAGNACCI (A.), *Pays du foot, une passion et des styles*, collection mutation, n° 179, mai 1998, 215 p.

- COLLIARD (Cl. A.) / DUBOUIS (L.), *Institutions internationales*, Dalloz 10e éd., 1995, p. 532.

- COUTURIER (G.), *Droit du travail. Les relations individuelles de travail*, 3° éd., PUF, 1996.

- M. COZIAN (M.)/ A. VIANDIER (A.)/ F. DEBOISSY, *Droit des sociétés*, Litec 17e éd., 2004, pp. 435-441.

- DE WAELE (J. M.) et HUSTING (A.), *Sport et Union européenne*, op.cit, p. 30.

- DIDIER (PH. et P.), *Droit commercial, Tome I ; Introduction générale*, L'entreprise commerciale, Paris, Economica, p. 570 à 602.

- DRUFFIN-BRICCA (L.) et CAROLINE HENRY (L.), *Mémentos, droit civil : l'essentiel du droit des biens*, 2° éd. Gualino, 2003, p. 10.

- DUVAL (J-M.), *Droit public du sport*, P. Un. Aix Marseille, 2002, p. 67.

- ELIAS (N.) et DUNNING (E.), *Sport et civilisation, la violence maîtrisée*, Fayard, 1986

- Encyclopédie des sports modernes, le football, Kister (R.) et Schmid (G.) éd. Académie des sports, Genève-Zurich, 1955, tome II, p. 309 .

- FOILLARD (Ph.), *Droit administratif,* Paradigme, 2003/2004, pp. 265-278.

- GATSI (J.), *Droit du sport*, Que sais-je, PUF, 2000, p. 127.

- GAUDU (F.) / VATINET (R.), *Les contrats du travail*, sous la direction J. GHESTIN, LGDJ, pp. 306-321.

- GERMAIN (J-Cl.), *Les sportifs et le droit,* collection scientifique de la faculté de droit de Liège n° 40, 1975, p. 57.

- GHESTIN (J.), JAMIN (C.), BILLIAU (M.), *Traité de droit civil, Les effets du contrat*, 3e édition, LGDJ, 2001, p. 1148.

- GRYNFOGEL (C.), *Droit communautaire de la concurrence*, LGDJ, 1997, p. 125.

-HUSTING (A.), *L'Union Européenne et le sport* : l'impact de la construction européenne sur l'activité sportive, Juris service, 1998, p. 148.

-HUET (J.), *Les principaux contrats spéciaux, Traité de droit civil* sous la direction de J. GHESTIN, LGDJ 2e éd., 2001, pp. 1067-1228.

- JEULAND (E.), *Droit des obligations*, Montchrestien, 1999, p. 213.

- LAPOUBLE (J.Ch.), *Droit du sport*, Paris, LGDJ, 1999, pp. 167-173.

- LATTY (F.), *Le Comité International Olympique et le droit international,* Montchrestien, 2001, p. 235.

- LE CANNU (P.), *Droit des sociétés*, Montchrestien, 2002, pp. 329-543, n° 26.

- MONTAGNIER (G.) et GUINCHARD (S.) *Lexique des termes juridiques*, 10° édition, Dalloz, mai 1995, p.89.

- KARAQUILLO (J.P), *Prêt d'un sportif salarié, Dictionnaire juridique du sport*, Dalloz, 1991.

- MAGNIER (V.), *Droit des sociétés*, Dalloz 2e éd., 2004, pp. 203-206.

- MAINGUY (D.), *Contrats spéciaux*, Dalloz 4e éd., 2004, pp. 463-514.

- MALAURIE (Ph.) et AYNES (L.), *Obligations : contrats et quasi-contrats*, 11e éd., Cujas, 2001, p. 312.

- MALAURIE (Ph.)et AYNES (L.), *Les contrats spéciaux*, Défrenois, 2004.

- MALAURIE (Ph.), AYNES (L.), GAUTHIER (P.Y.), *Contrats spéciaux*, Cujas 14e éd., 2001/2002, pp. 319-375.

- MERLE (Ph), *Droit commercial ; sociétés commerciales*, 9e éd., Dalloz, 2003, p. 518.

- MINQUET (J. P.L.), *Economie et gestion du sport*, 1998, éd. City et York, 1997, p.228.

- MOULY (J.), *Dictionnaire juridique du sport*, sous la direction de KARAQUILLO (J.P.)et ALAPHILIPPE (F.), Dalloz, 1990, p. 358.

- MOURGEON (J.), *La répression administrative*, LGDJ, 1967, p. 331.

- PAILLISSIER (J.B.), *Le droit social du sport*, J. Delmas et Cie, 1988, pp.85-86.

- PAUTOT (M.), *Sportifs, transferts et liberté de circulation*, Litec, 2001, pp. 52-54.

- PETIT (B.), *Droit des sociétés,* 2e éd. Litec, 2004, pp. 136-138.

- POLI (R.) et RAVENEL (L.), *Les migrations des footballeurs en Europe : lorsque les réseaux perpétuent les territoires*, étude publiée in www.cies.ch.

- POULAIN (G.), *Les contrats de travail à durée déterminée*, 2e éd. LITEC, 1994, p. 305, Pratique sociale sous la direction de B. TEYSSIE.

- RADNEDGE (K.), *L'encyclopédie du football*, Olympe, 1996, pp.188-196.

- SIMLER (P.) et TERRE (F.), *Droit civil ; les biens*, 5° éd., D., 1998, p. 33.

- SIMON (G.), *Les contrats des sportifs, l'exemple du footballeur professionnel*, PUF, 2003, p. 212.

- SOUTY (F.), *La politique de concurrence aux Etats-Unis*, PUF, collection « que sais-je ? », 1995.

- TERCINET (A.), *Droit européen de la concurrence, opportunités et menaces*, Monchrestien, février 2000, p. 397.

- CHARREAUX (G), *Théorie Positive de l'Agence : positionnement et apports*, Litec, pôle d'économie et gestion, Dijon, décembre 1994.

- TOURNIER (P.) et RETHACKER (J-Ph.), *La formation du footballeur, comment devenir joueur professionnel,* Amphora, 1999, p. 206.

- *Vocabulaire juridique*-Association H. Capitant, sous la direction de CORNU (G), PUF, p. 925.

- WAHL (A.), *La balle au pied histoire du football*, Gallimard, 1990, pp. 89-93

- ZARKA (J.C.), *L'essentiel des institutions de l'Union Européenne*, Gualino, 2003, 6° éd., pp. 130-139.

<u>Articles et Revues</u>

- ALFANDARI (E.), la liberté d'association *in Libertés et droits fondamentaux*, 8e éd. Dalloz, 2002, pp. 429-446.

- ANCEL (P.), « Les droits sur la propriété de l'image du sportif », in *Les contrats des sportifs, l'exemple du footballeur professionnel*, 2003, pp. 244-245 sous la direction de SIMON (G.).

- BOLOTNY (F.), revenus des sportifs et droit à l'image, in *revue de presse du centre de droit et économie du sport de Limoges*, mai 2001.

- BOURG (J. F.), « Le sport et la télévision : économie des relations », in *Revue juridique et économique du sport*, ESPORT, n° 19-1991-4

- BUY (F.), L'affaire FESTINA, *Petites Affiches*, 8 septembre 2003, p. 7.

- CARIUS (M.), « La réforme du sport professionnel, loi du 15 décembre 2004 », *JCP* 2005, n° 27, I 150.

- CAUSSE (H), L'investissement, le président de la République et le droit, *D*, 2006, pp. 4-5.

- CHARREAUX (G.), *La théorie positive de l'agence : lecture et relecture*, IAE Dijon, 1994.

- COEURET (A.), Prêt de main d'œuvre, *J-Cl. Travail*, V° Fasc. 3-20, 1999 ; J-P.

- COLLOMB (P.), L'accès au professionnalisme, in *Les contrats des sportifs professionnels ; l'exemple du footballeur professionnel* , PUF, 2003, pp. 99-102 sous la direction de G. SIMON.

- COLLOMB (P.) et RAINAUD (J.M), Commentaire de la loi du 13 juillet 1992 modifiant la loi du 16 juillet 1984 relative à l'organisation et à la promotion des activités physiques et sportives et portant diverses dispositions relatives à ces activités, Chron. SPORT, *AJDA*, 1992, pp. 799-815.

- COTTET-BRETONNIER (Ch.), « L'exploitation de l'image du footballeur », in *les contrats des sportifs*, PUF, 2003, pp. 272-278.

- DEFRANCE (J.), « L'institution sportive ; les institutions sportives », in *les Cahiers français* : Sport et société, n° 320, mai-juin 2004, pp. 11-15,

- DE MASSIAC (B.), Réflexions à propos de l'abus de biens sociaux, *RJDA* 1996, p. 719.

- DERUE (A.), DOUSSET (F.), Le nouveau régime du recours au CDD d'usage, *Semaine sociale Lamy*, 5 avril 2004, p. 6.

- DE SILVA (I.), La judiciarisation du football , *Pouvoirs* n° 101 sur le Football, Seuil 2002, pp. 105 -112.

- DOREMUS (S.), « Le sportif étranger à l'Union européenne », in *Revue affaire européenne* 2002, n° 3, p. 333.

- Dossier sur le « Financement du sport professionnel » in *Droit et patrimoine*, n° 139, 2005, pp. 53-92.

- ETIENNOT (P.), KESSLER (F.) et MOUKHA (S.), Les conditions de recours au contrat à durée déterminée, *Dr. Soc.* 1992, p. 66.

- GALLAIS (H.), La vente de l'image des sportifs in *Les contrats des sportifs, l'exemple du football professionnel,* PUF, 2003, pp. 279-281.

- JACOTOT (D.), *Les contrats des sportifs professionnels ; l'exemple du footballeur professionnel,* PUF, 2003, p.212 sous la direction de SIMON (G).

- JACK (P.), « Les structures », in *Sport, Droit et relations internationales*, sous la direction P. COLLOMB, Economica, 1988, pp. 1-44.

- JESTAZ (F.), La qualification en droit civil, *Droits*, 1993/18. 3.

- LACHIEZE (Ch.), L'autonomie de la cession conventionnelle de contrat, *D.* 2000, chr. 184.

- LAGARDE (F.), « L'exploitation de l'image du sportif : consentement et risques juridiques », in *les contrats sportifs*, PUF, 2003,p.289 sous la direction de SIMON (G) .

- LAGNIER (J.), Secrétaire général de la DNCG, in *les contrats des sportifs, l'exemple du football professionnel,* pp. 153-154. sous la direction de SIMON (G).

- MAINGUY (D.) et MOUSSERON (P.), Match autour d'un transfert de joueur de football, *droit et patrimoine*, n° 99, déc.2001, pp.114-115.

- MESSECA (J.), Qualification des primes à la signature, in *Lamy droit du sport*, n° 346-90.

- MESSECA (J.), Imposition des revenus perçus à l'occasion de la rupture du contrat de travail, in *Lamy droit du sport*, n° 251-200 et La fiscalité des transferts in *Lamy du sport.*

- MOUSSERON (J.M.), Valeurs, Biens, Droits, Mélanges en hommage à A. BRETON et F. DERRIDA, *D*,.1991, p. 277.

- RODA (J.Ch.), Sport et droit américain, n° 184, Mackey v. NFL, 543 F 2d. 606 8th Cir. 1976 in *Lamy Droit du Sport*, étude n° 184.

- RIZZO (F.), Le droit de la concurrence au spectacle sportif, in *Lamy droit du sport*, n° 178-35.

- Les modalités de la réglementation des activités économiques privées in *Lamy droit public des affaires*, année 2004, pp.358-374 sous la direction de RAPP (L.) et TERNEYRE (P.).

- Lamy droit civil 2005, Observations sur la phase de préparation du transfert de joueur, n° 22, p.55.

- *LEGISPORT*, Les obligations du groupement sportif, n°18 juillet-août 1999.

- *LEGISPORT*, Bulletin d'informations juridiques sportives ; les obligations médicales, n° 30, juillet-août 2001.

-*LEGISPORT*, Bulletin d'informations juridiques sportives ; les obligations de sécurité, n° 31 septembre-octobre 2001.

- *LEGISPORT*, Bulletin d'informations juridiques sportives, n° 27 de janvier-février 2001, « Sport et Médias ; la stratégie des chaînes de T.V. dans les clubs de football », p. 3.

- *LEGISPORT*, Bulletin d'informations juridiques sportives, n°38, novembre-décembre 2002, p. 2.

- *LEGISPORT*, Bulletin d'informations juridiques sportives ; les obligations sociales des clubs, n° 40, mars-avril 2003.

- Sportifs étrangers : vers une extension des arrêts BOSMAN et KOLPAK aux joueurs russes ? In *dictionnaire droit du sport*, Bull. 110, fév. 2005, p. 6872.

- Affaire SIMUTENKOV : le principe de non-discrimination s'applique aux joueurs russes, In *dictionnaire droit du sport*, Bull. 112, avril 2005, pp. 6819-6821.

- Affaire KOLPAK : la CJCE renforce le principe de non-discrimination en raison de la nationalité, In *dictionnaire droit du sport*, Bull. 89, mai 2003, pp. 7336-7337.

- Arrêt MALAJA : conséquences des accords d'association sur la coopération des sportives, In *dictionnaire droit du sport*, Bull. 86, fév. 2003, pp. 7395-7398.

- LE LOSTECQUE (Y.), « Les transferts de joueurs », in *Revue affaires européennes*, 2002, p. 324.

- MANDIN (F.), Les obligations du sportif professionnel, in *les contrats des sportifs ; l'exemple du football professionnel*, op. cit., pp. 164-179.

- MIEGE (C.), « Sport et droit », in *les Cahiers français* n°320 ; sport et société, mai-juin 2004, documentation française, p. 24.

- NYSSEN (L.) et DENOEL (X.), « La situation des ressortissants de pays tiers suite à l'arrêt BOSMAN », in *la revue du Marché Unique Européen* 1/1996, p. 127.

- PARLEANI (G.), Les transferts internationaux de footballeurs professionnels et le droit communautaire, *Petites affiches*, 7 septembre 1994, n°107.

- PATAULT (A.M.), Regard historique sur l'évolution du droit des biens, histoire de l'immeuble corporel in *l'évolution contemporaine du droit des biens, troisièmes journées R. SAVATIER,* PUF, 1991, p. 192.

- PAUTOT (M.), l'arrêt BOSMAN étendu à de nouveaux pays ? in *Legisport*, 1999, n° 15, pp. 1-4.

- PORACCHIA (D.), Abus de biens sociaux et transfert des sportifs, *D*, 2006, n°4, pp. 304-309.

- THILL (M.), L'arrêt BOSMAN et ses implications pour la libre circulation des sportifs à l'intérieur de l'Union européenne dans des contextes factuels différents de ceux de l'affaire BOSMAN, in *Revue du Marché Unique Européen* 1/ 1996 pp. 89-117.

- Les conclusions de l'avocat général M. Carl Otto LENZ dans l'affaire dite BOSMAN publiés dans la *Revue MARCHE UNIQUE européen*, 1-1996 CJ, pp. 243-361.

- O'KEEFFE (D.) et OSBORNE (P.), l'arrêt BOSMAN, un arrêt important pour le fonctionnement du marché unique européen, in *Revue du Marché Unique Européen* 1/1996, pp .17-44.

- PRIMAULT (D.), Quelle régulation pour les sports collectifs professionnels ?, in *Problèmes économiques*, n°2.744, 16 janvier 2002, pp. 5-7.

- RASQUIN (G.), « Les incidences du droit communautaire sur le sport », in *Actes des entretiens de l'INSEP* (cahiers) n° 7, mai 1994, p. 84.

- RIDEAU (J.), « Règles sportives et droit communautaire », in *Sport, Droit et relations internationales* sous la direction de Pierre COLLOMB, Economica, 1988, p. 140.

- RIZZO (F.), « A propos de l'activité d'intermédiaire du sport », in *Droit et Patrimoine*, n° 91, 2001, pp. 40-45.

- RIZZO (F.), « A propos de la réification de la personne du sportif professionnel salarié », in *Les Cahiers de droit du sport, centre de droit du sport,* Aix-Marseille, CDS 1, 2005, p. 50.

- RIZZO (F.), Les contrats d'agent sportif (aspects de droit interne), *D.*, 2005, n° 37, pp. 2594-2600.

- RIZZO (F.), Le fondement de l'indemnité de transfert de joueurs in *Lamy droit du sport*, n° 342-35.

- SAVATIER (J.), « Treizième mois de salaire et primes analogues », *Dr. Social*, 1993, pp. 641-644.

- SIMMONS (R.) et FORREST (D.), « Une perspective économique post-BOSMAN sur le marché des footballeurs européens », in *Sport et Union européenne*, éd. Université de Bruxelles, 2000, p. 93.

- THIRIEZ (F.), « Les clubs français à l'épreuve du « foot business » », in *Pouvoirs* n°101, Seuil, 2002, p. 66

- VASSORT (P.), la violence ordinaire des supporters de football in *violence et sport* du 2 au 5 juillet 2001, les actes de la 9éme université sportive, citoyen sportif, p.71 à 81.

- VERLY (M), la loi du 1er août 2003 : une profonde réforme du régime juridique des fédérations sportives, *Gazette du palais*, Dimanche 21 au mardi 23 mars 2004, pp.2-9.

<u>Jurisprudence</u>

- Cass. Requêtes, 11 mars 1824, *Jur. Gén.*, V° Mandat, n° 75.

- Civ. 17 janv. 1866, *DP* 1866. 1. 76.

- Civ. 13 mai 1885 ; *DP* 1885. 1. 350.

- CE, 15 février 1901, *Rec.* 1901, p. 177.

- Requête 9 févr. 1938 ; *DH* 1938. 213.

- Soc. 30 nov. 1945, *D.* 1945. 155.

- Colmar, 20 avril 1955, *D.*, 1956, p. 723, note R. SAVATIER.

- CE, 11 juillet 1956, Amicale des annamites de Paris

- Civ. 23 févr. 1960, *D.* 1961. 55.

- C.A Paris 1ere chambre, 30 juin 1961, DROUILLET c/ ALMASY : *D.* 1962. J. 208 cité par A. BERTRAND, p. 22.

- C.A Paris, 27 février 1967, *D.* 1967, p. 450, note FOULON-PIGANIOL.

- Com. 20 avril 1967 ; *JCP* 1968. II. 15389.

- Civ.1e, 7 novembre 1967, *Bull.civ.* I, n° 326.

- Paris, 12 décembre1967 ; *D.* 1968. 269.

- Crim. 17 novembre 1970, *JCP* 1971. II. 16692, note LESTANG.

- Civ. 3eme, 20 février 1973, *Bull.*, n° 145.

- Civ. 1ere, 8 juillet. 1975 ; *D.* 1976. 315, note GAURY.

- *CJCE*, 12 décembre 1974, Affaire C-36/74.

- Affaire dite SUIKER UNIE, CJCE, 16 décembre 1975, *Rec.* 1976, p. 1663. Ou encore Affaire dite Impérial Chemical Industries Ltd c. Commission, 14 juillet 1972, *Rec.* 1972, p. 619.

- *CJCE*, 14 juillet 1976, Affaire C-13/76.

- Riom, 31 janvier 1977 ; *D.* 1979. IR. 310, obs. ALAPHILIPPE (F)et KARAQUILLO (J.P).

-*CJCE*, 14 février 1978, affaire 27/76, Unitde Brands Compagny et United Brands continental BV c/ Commission, Rec. p. 207.

- Civ. 8 nov. 1978, *RTD com*. 1979. 484.

- Soc.14 juin 1979 ; *D.* 1980. 96, obs. KARAQUILLO (J.P).

- Bordeaux, 3 juillet 1979 ; *D.* 1980, IR.492, obs. ALAPHILIPPE (F) et KARAQUILLO (J.P).

- Civ.2e, 2 octobre 1980, *Bull. civ*. II, n° 199.

- Soc. 29 octobre 1980, *D.* 1982. IR. 90, obs. ALAPHILIPPE (F) et KARAQUILLO (J.P).

- Civ.1ere, 13 avril 1983 : *Bull. Civ*. I, n°119.

- TGI Marseille, 6 octobre 1983, *D.* 1985. IR. 143.

- Soc. 19 oct. 1983 : *D.* 1985. IR. 489, obs. KARAQUILLO (J.P).

- Civ. 1ere, 2 mai 1984 ; *Bull. civ*. I, n°143.

- Com. 19 mars 1985 : *Bull. civ*. IV, n° 103.

- Arrêt GUL, 7 mai 1986, Affaire 131/85, *recueil,* p. 1583.

- Civ. 1ere, 10 juin 1986 ; *Bull. civ*. I, n° 161.

- Civ.2e, 7 oct. 1987, *Bull. civ*.II, n°191.

- TGI Paris, 1re Ch., 14 octobre 1987, Cl. BEZ c/ Société L'Equipe, *D.* 1988, jur., p. 558, note AZEMA (J), GARAGNON (J) et REINHARD (Y).

- C.A Versailles, 9 juin 1988, *D.* 1990, Somm. 239, obs. AMSON (D).

- Civ. 1ere, 18 janvier 1989 : *D.* 1989. 302, note LARROUMET (C).

- CE, 12 mai 1989, Association Brest-Armorique.

- Civ. 1er , 23 octobre 1990, *Bull.* I, n°. 222.

- Com. 22 janvier 1991 ; *Bull. civ.* IV, n°. 33.

- Conseil d'Etat du 10 mai 1991, Association Girondins de Bordeaux football-club, *Revue Juridique et économique du sport*, juillet 1991, numéro spécial, p. 31

- Com., 22 mai 1991, *Bull. civ.* IV, n°173 ; *RTD civ.*, 1992.86, note MESTRE (J).

- CJCE, arrêt dit HÖFNER et ELSER, 23 avril 1991, *Rec.* p. I-1979.

- Soc. 10 juill. 1991 : pourvoi n° 87-42. 340.

- Déc. n° 92/521/ CEE de la Commission, 27 octobre 1992, *JOCE* 12 nov., n° L 326, p. 31.

- Civ.1ere, 2 décembre 1992, *Bull.civ.* I, n°298 ; *Defrénois* 1993. 1070, obs.VERMELLE.

- La chambre sociale de la Cour de Cassation du 3 février 1993, *Revue juridique et économique du sport*, 1993, n° 24, p.72

- Paris, 26 février 1993, D.1994. 440, obs. MOULY (J.).

- *CEDH,* 30 juin 1993, arrêt SIGURJONSSON

- Tribunal de Berne, 9 sept. 1993, Affaire O.M contre UEFA.

- Grenoble, 19 octobre 1993 ; *D.* 1995. Somm. 60, obs. KARAQUILLO (J.P).

- Conseil de prud'hommes de Grasse, 14 janv. 1994 ; 2e esp., *D.*1995. Somm. 60, obs. KARAQUILLO (J.P).

- Com. 4 juillet 1995 ; *D.* 1995. 488, note MARTIN (D-R) et SYNVET (H).

- Civ.2e, 22 mai 1995, *Bull. civ.*II, n° 155.

- CE, 6 nov. 1995, *AJDA*, 1996. 224

- Lyon, 14 déc. 1995 : *Juris-Data* n° 051844.

- CJCE, 15 déc. 1995, aff. C- 415/93, *Rec. CJCE,* p. 5040.

- Civ. 1ere, 6 fév. 1996, *Bull.*, I, n° 70.

- C.A Rennes, 7 février 1996, *JCP* 1997, I, n° 3991, obs. DELEBECQUE (PH) et SIMLER (PH).

- Soc. 9 avril 1996, *D.* 1997, jurisprudence, p.193, note MOULY (J).

- *CEDH*, 25 avril 1996, arrêt GUSTAFSSON.

- Lyon, 24 juin 1996, *D.* 1998. Somm. 41, obs. KARAQUILLO (J.P).

- Com, 28 janvier 1997, *Bull.civ.*IV, n° 35 ; *D*, 1998, somm. p. 140, obs. Jobard-Bachellier (M.N).

- Civ.1ere, 6 mai 1997, *D.* 1997, pp. 588-591, note BILLIAU (M), JAMIN (Ch.).

- Tribunal des conflits, 20 octobre 1997, *Revue juridique et économique du sport*, 1997, n° 24, p.72

- *D. Affaires* 1998, n° 127, note LEVENEUR.

- l'affaire dite BALOG soumise en 1998 à la Cour européenne de justice tiré de R. SIMMONS et D. FORREST, précité.

- Limoges, 4 mai 1998 ; *Dr. Soc.*1998. 1003, note MOULY (J).
- Soc. 6 mai 1998, *D.* 1998. 611, note LAGARDE (F).

- Aix-en-Provence, 4 juin 1998, *JCP* 1998. IV. 2757.

- Soc. 23 mars 1999, *D.* 1999. 470, note LAGARDE (F).

- Civ. 3e, 14 avril 1999 : *Bull. civ.* III, n° 98.

- Soc., 5 octobre 1999, pourvoi n° 97-43. 861, *D.* 2000, Jur., p.617, « le recours au contrat de travail à durée déterminée pour pourvoir les emplois des sportifs professionnels », par MOULY (J).

- Com. 26 octobre 1999 ; *RTD civ.* 2000. 136, obs. GAUTIER.

- CAA, Nancy (première chambre), 3 février 2000, n° 99NC00282.

- C.A Orléans, ch. écon. comm., 4 mai 2000.

- Cass. 2e civ., 10 mars 2004, n° 01-15. 322, Sté Hachette Filipacchi associés c/ Barthez.

- Cass. 2e civ., 10 décembre 2004, n° 03-30.368, Assoc. AJA football c/ Urssaf de l'Yonne et Drass de Bourgogne.

- Cass. 2e civ., 13 décembre 2005, n° 04-18.349.

- Civ. 1ere, 18 juillet 2000, n° 1348, *D.* 2000 I.R p. 250.

- CEDH, 27 oct. 2000, arrêt CHASSAGNOU, *JCP* 1999. 328, note MALAFOSSE et *D.* 1999, Chronique de CHAROLLOIS (G) p. 389.

- Civ. 1ere, 20 décembre 2000, *Bull.*I, n° 341.

- Conclusions de la présidence, Conseil européen de Nice, 7, 8 et 9 décembre 2000, S.N 400/00, p. 15.

- Civ. 1ere, 20 décembre 2000, *Bull.* I, n° 341.

- Ass. Plén., 9 février 2001, Association club des sports de Rimberlieu.

- Civ. 1ere, 20 février 2001, *D.* 2001. 1199, note GRIDEL et Bull., I, n° 42.

- CE, 30 décembre 2002, n° 219646, *Rec. Lebon.*

- Soc. 19 février 2003, arrêt n° 476

- CJCE, 8 mai 2003, Affaire C-438/00 ; Droit du sport professionnel, *L'officiel juridique du sport,* n° 42, 3 juin 2003, pp. 31-40.

- Soc., 26 nov. 2003, 4 arrêts, n° 01-42.977, 01-44.263, 01-44.381 et 01-47.035, RJS 1/ 04, n° 9.

- Le jugement du 7 juin 2004 – n° 451/2004 du Tribunal de commerce de Grasse concernant BD Sports et consulting de Dominique BARBERAT (agent licencié) débouté et la société Deamsworld corporation Ltd enregistrée à Dublin non licenciée.

- CA. Aix-en-provence, 30 juin 2004, *Bull.Aix* 2004, n°3, p.109, note RIZZO (F).

- *Crim.*, 4 nov. 2004, *JCP* 2005. II. 10 051, note de ROBERT (J.H.).

-*CJCE*, 12 avril 2005, aff. C-265/03, Igor SIMUTENKOV c/ Ministerio de Educacion y Cultura et Real Federacion Espanola de Futbol, Dict.perm.droit du sport, Bull.112, p. 6819 et *Lamy droit du sport* n° 27, 12 octobre 2005, pp. 1-3.

- Soc., 13 avril 2005, in *Lamy droit du sport,* n° 239-465, juin 2005, p. 5.

<u>Lois, règlements et circulaires :</u>

- Ordonnance du 28 août 1945

- Article 7 du Code de commerce issu de la *loi du 2-17 mars 1791.*

- La loi dite HOGUET n° 70-9 du *2 janvier 1970.*

- Loi du 29 octobre 1975

- Loi du 16 juillet 1984

- Loi du 13 juillet 1992

- Loi du 28 décembre 1999

- Loi du 1er août 2003

- Loi du 15 décembre 2004

- La *loi du 30 septembre 1986* sur l'audiovisuel et les droits d'exploitation audiovisuelle.

- D. n° 86-407, *11 mars 1986*, art.1er, modifié par D. n° 2002-608, 24 avril 2002.

- Le décret n° 2002-649 du *29 avril 2002* modifié par le décret n° 2004-371du 27 avril 2004 pris pour application de l'article 15-2 de la loi du 16 juillet 1984 et relatif à la licence d'agent de joueurs précise les modalités d'attribution et de délivrance, les conditions du renouvellement et les modalités du retrait de la licence.

-Le décret n° 2004-22 du 7 janvier 2004 relatif à l'agrément des fédérations sportives, aux dispositions obligatoires des statuts des fédérations sportives agréées et à leur règlement disciplinaire type.

- Le décret n° 2004-699 du 15 juillet 2004 relatif aux droits audiovisuels vendus par les ligues et les clubs professionnels : enjeux économiques et juridiques de l'attribution.

-Le décret n° 2004-550 du 14 juin 2004 pris en application de la loi n° 2003-708 de la loi du 1er août 2003.

- L'arrêté du Ministre des sports du *16 juillet 2002* relatif à l'agent de joueurs qui précise les conditions d'exercice de la profession.

- L'arrêté du Ministre des sports du *24 décembre 2002* fixant les conditions d'homologation du programme et des épreuves de l'examen relatif à la licence d'agent sportif modifié par l'arrêté du Ministre des sports du 21 février 2003.
- L'arrêté du Ministre des sports du *24 février 2003* portant homologation du programme des épreuves de l'examen relatif à la licence d'agent sportif de la Fédération française de football.

- Le règlement du 1er juillet 2005 de la FIFA relatif au statut et aux transferts de joueurs.

- Le règlement du 1er mars 2001 de la FIFA relatif aux agents de joueurs.

- Le nouveau règlement des transferts adopté par le Comité exécutif de la FIFA (lors de son congrès des 18 et 19 décembre 2004), entré en vigueur le 1er juillet 2005.

- La Circulaire n° 769 datée du *24 août 2001*, relative à la version révisée du Règlement de la FIFA, concernant le Statut et le Transfert des joueurs, son au règlement d'application date du 5 juillet 2001.

- La Circulaire n° 775 de la FIFA datée du 3 octobre 2001.

- La Circulaire n° 801 datée du *28 mars 2002*, relative à l'interprétation du Règlement révisé de la FIFA, concernant le Statut et le Transfert des joueurs.

- La Circulaire n° 826 de la FIFA datée du *31 octobre 2002.*

- La Circulaire n° 867 de la FIFA datée du *18 septembre 2003.*

- La Circulaire du Ministre français du travail sur la situation des sportifs au regard de la sécurité sociale datée du 28 juillet 1994.

- Instruction fiscale sur la TVA et les indemnités de transferts du 4 juillet 2006, 3 B 3 0 6.

Articles de presse

- Le magazine **AFRIQUE/FOOTBALL**, n°38, octobre/ novembre 2003, pp. 27-33 sur la liste complète des 677 footballeurs professionnels africains évoluant en Europe.

- Le journal **Aujourd'hui en France**, *PSG, la grande triche*, 29 septembre 2005, pp. 12-13.

- **Capital** n° 160 de janvier 2005, pp. 34 -36.

- **France - Dimanche**, 4 juillet 1963 (M. KOPA dénonçant le système de transfert).

- **France - Football,** n°3003/ Mardi 18 novembre 2003, René GIRARD.

- **France - Football**, (Interview de Talal el KARKOURI), 6 avril 2004, p. 10.

- **France - Football**, n° 3032, mardi 18 mai 2004, pp. XX-XXIV, « *la FIFA, un siècle de légende* ».

- **France - Football**, n° 3041 du mardi 20 juillet 2004 (à propos du transfert de Didier DROGBA à Chelsea).

- **France - Football**, *L'UEFA exige des joueurs locaux*, du 26 avril 2005, p. 17.

- **L'Equipe** du 5 janvier 1991.

- Transferts, le système GUILLOU, Dossiers de ***l'Equipe***, 15 avril 2003, pp. 20-21.

- **L'Equipe**, 21 février 2004, (Interview du ministre de l'intérieur Nicolas SARKOZY sur la LNFP,) p. 11.

- **L'Equipe** du 26 août 2004 sur Quatre dossiers liés à des transferts de jeunes joueurs à l'étranger, pp. 18-19.

- **L'Equipe**, 8 octobre 2004, pp. 10-11.

- **L'Equipe**, *La justice veut mettre de l'ordre* , 1 mars 2005, p. 6.

- **L'Equipe**, *Il y'a dix ans l'arrêt BOSMAN révolutionnait le sport professionnel*, 15 décembre 2005, pp. 10-11.

- **Le Monde**, 10 décembre 2003, p. VI.

- **Le Monde**, *Un agent sportif dit avoir été contraint de verser des fonds à PIERI* du 12 janvier 2004.

- **Le Monde**, 5 avril 2004, p. 15.

- **Le Parisien**, *MALAJA-accord de COTONOU, le changement est déjà sensible*, 23 octobre 2003, p. 20.

- **Le Parisien**, *Agents de joueurs ; LAMOUR et le fisc mènent l'enquête*, 11 septembre 2004, p. 18.

- **La Tribune**, *L'économie du sport ; le spectacle sportif court après l'argent*, supplément n° 3173, du 3 juin 2005.

Rapports, thèses et autres documents

Rapports

- Rapport de l'UEFA de 1972, p. 38.

- XXVIe rapport de la Commission européenne - « Sport et concurrence », in *La politique européenne de concurrence*, 1996, pp. 39-41.

- XXXIe rapport de la Commission européenne - « Sports », in *La politique européenne de concurrence*, 2001, pp. 54-61 ou encore le communiqué comm. CE, n° IP/02/824, 5 juin 2002.
- Rapport d'information de l'assemblée nationale sur le sport et l'Union européenne, n° 1966, présenté par A. BARRAU, 25 novembre1999, pp. 17-19.

-Rapport n° 1831 sur la proposition de loi (n° 1758) de MM. E. LANDRAIN et J-M. GEVEAUX portant diverses dispositions relatives au sport professionnel, Assemblée nationale, 5 octobre 2004.

-Rapport de l'inspecteur dcs finances DENIS (J.P.) à M. le ministre des sports M. LAMOUR relatif à certains aspects du sport professionnel en France, nov. 2003.

-Rapport du Sénat sur le droit à l'image du sportif professionnel.

-Rapport 2003 de la Direction nationale de répression de la fraude sur le blanchiment et les implications dans le sport.

<u>Thèses</u>

- ANCEL (P.), *L'indisponibilité des droits de la personnalité : une approche critique de la théorie des droits de la personnalité,* Thèse, Dijon, 1978.

- ANTONMATTEI (P-H.), *Contribution à l'étude de la force majeure*, Bibl. dr. privé. Thèse, LGDJ, 1992, p. 455.

- BICHON-LEFEUVRE (E.), *Les conventions relatives aux droits de la personnalité*, Thèse, Paris XI, 1997.

- BUY (F.), *L'organisation contractuelle du spectacle sportif*, P. Un. Aix Marseille, 2002, p. 177.

- DOUSSET (F.), *Rugby et droit social*, Thèse, Montpellier, 2002, n° 183.

- DUBEY (J.P.), *La libre circulation des sportifs en Europe*, Thèse, Berne, Staempfli, 2004, 631 p.

- FILIPPONE (C.), *La contractualisation des droits de la personnalité*, Thèse, Paris I, 2001.

-GARRIGUES (Ch.), *Activités sportives et droit communautaire*, Thèse, Strasbourg, 1982, p. 403.

- GARRIGOU-LAGRANGE (J.M), *Recherches sur les rapports des associations avec les pouvoirs publics*, LGDJ, 1970, pp. 106-112.

- GERSCHEL (Ch.), *Les groupements sportifs : aspects juridiques*, Paris, LGDJ, 1994, 373 p.

- JEANNOT-PAGES (Gh.), *L'image du sportif en droit français*, Thèse, Limoges, 1996, p. 276.

- LARROUMET (Ch.), *Les opérations juridiques à trois personnes en droit privé*, Thèse, 1968.

- LEFRANC (C.), *Le contrat à durée déterminée du footballeur professionnel*, Thèse, Rennes I, n° 350.

- LEFRANC (D.), *La renommée en droit privé*, Thèse, Defrénois, 2004, p. 473.

- LOUIT-MARTINOT (N.), *L'évolution contemporaine du droit des contrats de travail à durée limitée ; vers un régime juridique harmonisé*, P.U. AIX-MARSEILLE, 2003, p. 205.

- NERSON, *Les droits extrapatrimoniaux*, Thèse, Lyon, 1939.

- PAUTOT (M.), *le Sport et l'Europe,* Thèse, Nice, 2000.

- RAVARINO (C.), *Le statut du footballeur professionnel,* mémoire de DEA, Université de Nice, p. 38.

- REVET (Th.), *La force du travail (Etude juridique),* Thèse, 1992, p. 53.

- SIMON (G.), *Puissance sportive et ordre juridique étatique*, LGDJ, Thèse, 1990, p. 120.

Autres documents

-La Charte du football professionnel et règlement administratif de la LFP.

- Les Cahiers de la sécurité intérieure, Football, ombres au spectacle, IHESI, n° 26, 1996, 229 pages.

- Lettre du Conseil supérieur de l'audiovisuel, n° 70, février 2004.

-Lettre U.N.F.P., n° 56 du 26 novembre 2004.

Sites internet

-www.cdes.fr. (Centre de droit et d'économie du sport de Limoges).

-www.fifa.fr (Fédération internationale de football association).

-www.fff.fr. (Fédération française de football, voyez le compte rendu de la réunion du Conseil fédéral du 19 mars 2004).

-www.footpro.fr (Commentaire du conseil d'administration de la LNFP sur les statistiques financières de la saison 2002-2003, 22 octobre 2004, pp. 1-2).

-www.humanité.presse.fr

-www.legisport.com

- www.lemonde.fr

-www.lequipe.fr.

-www.lequotidien.sn

-www.lextenso.fr

-www.senat.fr. (Rapport sur le droit d'image des sportifs professionnels du 18 mars 1999).

-www.tas-cas.org (Tribunal arbitral du sport, voyez rubrique jurisprudence)

-www.téléfoot.fr

-http ://www.unfp.org/presentation/historique.htm

INDEX ALPHABETIQUE

TABLE DES MATIERES

L'HARMATTAN, ITALIA
Via Degli Artisti 15 ; 10124 Torino

L'HARMATTAN HONGRIE
Könyvesbolt ; Kossuth L. u. 14-16
1053 Budapest

L'HARMATTAN BURKINA FASO
Rue 15.167 Route du Pô Patte d'oie
12 BP 226
Ouagadougou 12
(00226) 50 37 54 36

ESPACE L'HARMATTAN KINSHASA
Faculté des Sciences Sociales,
Politiques et Administratives
BP243, KIN XI ; Université de Kinshasa

L'HARMATTAN GUINÉE
Almamya Rue KA 028
En face du restaurant le cèdre
OKB agency BP 3470 Conakry
(00224) 60 20 85 08
harmattanguinee@yahoo.fr

L'HARMATTAN CÔTE D'IVOIRE
M. Etien N'dah Ahmon
Résidence Karl / cité des arts
Abidjan-Cocody 03 BP 1588 Abidjan 03
(00225) 05 77 87 31

L'HARMATTAN MAURITANIE
Espace El Kettab du livre francophone
N° 472 avenue Palais des Congrès
BP 316 Nouakchott
(00222) 63 25 980

L'HARMATTAN CAMEROUN
BP 11486
Yaoundé
(237) 458 67 00/976 61 66
harmattancam@yahoo.fr

635160 - Décembre 2015
Achevé d'imprimer par
1livre.com
du rêve à la réalité !

www.ingramcontent.com/pod-product-compliance
Lightning Source LLC
LaVergne TN
LVHW050759061126
851857LV00012B/619
* 9 7 8 2 2 9 6 0 3 6 8 9 5 *